Recursos humanos y dirección de equipos en restauración

Miriam León Sánchez
Elena Díaz Paniagua

W0331175

Paraninfo

Recursos humanos y dirección de equipos en restauración

Miriam León Sánchez
Elena Díaz Paniagua

HOSTELERÍA Y TURISMO | DIRECCIÓN DE COCINA
| DIRECCIÓN DE SERVICIOS DE RESTAURACIÓN

Paraninfo

Recursos humanos y dirección de equipos en restauración

© Miriam León Sánchez y Elena Díaz Paniagua

Gerente Editorial
María José López Raso

Técnico Editorial
Paola Paz Otero

Editora de Adquisiciones
Carmen Lara Carmona

Producción
Nacho Cabal Ramos

Diseño de cubierta
Ediciones Nobel

Preimpresión
Montytexto

Reservados los derechos para todos los países de lengua española. De conformidad con lo dispuesto en el artículo 270 del Código Penal vigente, podrán ser castigados con penas de multa y privación de libertad quienes reprodujeren o plagiaren, en todo o en parte, una obra literaria, artística o científica fijada en cualquier tipo de soporte sin la preceptiva autorización. Ninguna parte de esta publicación, incluido el diseño de la cubierta, puede ser reproducida, almacenada o transmitida de ninguna forma, ni por ningún medio, sea este electrónico, químico, mecánico, electro-óptico, grabación, fotocopia o cualquier otro, sin la previa autorización escrita por parte de la Editorial.

Todas las marcas comerciales y sus logos mencionados en este texto son propiedad de sus respectivos dueños.

COPYRIGHT © 2019 Ediciones Paraninfo, SA
2.ª edición, 2019

C/ Velázquez 31, 3.° Dcha. / 28001 Madrid, ESPAÑA
Teléfono: 914 463 350 / Fax: 914 456 218
clientes@paraninfo.es / www.paraninfo.es

ISBN: 978-84-283-4099-1
Depósito legal: M-15348-2019

(18.603)

Impreso en España /*Printed in Spain*
Gráficas Summa S. A.
Llanera (Asturias)

La editorial recomienda que el alumnado realice las actividades sobre el cuaderno y no sobre el libro.

Paco, Jimena y Bruno, mi refugio.
Familia y amigos, mi oxígeno.
Disfrutar de lo que hago, mi satisfacción.
Vivir, se trata de eso.

Elena, gracias por sumar. Siempre.

MIRIAM LEÓN SÁNCHEZ

A mi hijo, Pelayo, por descubrirme la verdadera felicidad.
A Roberto, por ser como eres y estar siempre a mi lado.

A mis cinco sobrinos porque puedo
seguir soñando junto a vosotros.

A mis padres, Eugenio y Toñi, a mis hermanas, Esther y Laura;
y a mis cuñados, Javier y Víctor,
por hacer de mí la persona que soy hoy en día.

A Miriam, porque es un lujo trabajar contigo
y aprender cada día de ti.

A todos vosotros, ¡eternamente gracias!

ELENA DÍAZ PANIAGUA

Presentación

Este libro desarrolla los contenidos del módulo profesional de **Recursos Humanos y Dirección de Equipos en Restauración** de los Ciclos Formativos de grado superior de Dirección de Cocina y de Dirección de Servicios de Restauración, de la familia profesional de Hostelería y Turismo.

Las unidades del libro se acompañan de multitud de **recursos didácticos** que ayudarán al futuro profesional a comprender la materia y acercarlo a su inminente realidad laboral:

- Legislación y normativa.
- Recuadros de texto con información complementaria.
- Casos prácticos resueltos.
- Ejemplos reales.
- Gran cantidad de actividades propuestas.
- Numerosas ilustraciones y fotografías.
- Resúmenes al final de cada unidad.
- Actividades de tipo test y de desarrollo, tanto para trabajo individual como en equipo.

Este libro dispone de los siguientes **materiales y recursos** disponibles en línea para el **profesorado** que confirme su adopción como libro de texto para impartir la materia:

- **Programación de aula.**
- **Solucionario.**
- **Examina.**
- **LDP (Libro Digital Proyectable).**

© Ediciones Paraninfo

Índice

© Ediciones Paraninfo

© Ediciones Paraninfo

© Ediciones Paraninfo

© Ediciones Paraninfo

© Ediciones Paraninfo

1 Introducción a los recursos humanos en la empresa

Contenidos

Objetivos

- Reconocer la importancia de la gestión empresarial.
- Identificar los momentos más importantes en la evolución empresarial.
- Distinguir entre la misión, la visión y los valores en la empresa.
- Establecer los conceptos básicos de organización empresarial.
- Introducir los conocimientos en la gestión de los recursos humanos en la empresa.

Introducción

En Restauración, como en el resto de las empresas, los recursos humanos son un activo sumamente importante. La dirección de la empresa debe asumir este concepto y actuar en consecuencia.

Para que en una empresa sea posible una buena gestión de recursos humanos, antes debe tener un profundo conocimiento de sí misma y estar bien organizada desde sus cimientos. Eso es lo que vamos a trabajar en esta unidad. Nos introduciremos en los pilares básicos de la empresa, en su misión, en su visión, en sus valores, etc., para, a partir de ahí, poder construir una buena política de gestión de los recursos humanos.

1.1. Organización

Las **organizaciones** están presentes en nuestra vida económica y social. Son asociaciones privadas, entes públicos, fundaciones, empresas, etcétera.

Todas las organizaciones están formadas por un grupo de individuos que desarrollan funciones establecidas para alcanzar los objetivos, las metas y los fines que tienen marcados con un patrimonio determinado.

Todas las organizaciones buscan la eficiencia: mayor productividad posible con el mínimo gasto. Para ello, es necesario planificar la actividad y organizar los recursos materiales y humanos adecuadamente.

Sabías que...

Organizar consiste en disponer de los medios materiales y humanos para alcanzar las metas establecidas bajo unas normas de conducta marcadas y basándose en criterios de eficiencia.

1.2. Evolución de la organización empresarial

Desde la más remota antigüedad el hombre tuvo que practicar alguna forma de división del trabajo y asumir, aceptar, pelear o apoyar un liderazgo.

- En el clan se dan las primeras formas de gestión: su organización y maduración dará origen a las tribus. La caza, la agricultura, la pesca, la construcción, el comercio y la guerra requieren de un grado avanzado de organización y de gestión de los recursos humanos.
- Los grandes arquitectos o constructores de la antigüedad tuvieron que hacer un perfil del personal, seleccionarlo, asignarle labores, iniciarlo, capacitarlo y motivarlo. Su liderazgo era básico.

© Ediciones Paraninfo

Los primeros estudios de la organización de las empresas y la gestión de los recursos humanos se realizan a comienzos del siglo XX, como consecuencia del crecimiento y la complejidad de las tareas organizacionales. Todas las corrientes de pensamiento han estado condicionadas por la realidad de las empresas en cada momento histórico.

Así, en un principio, el trabajo era concebido como algo mecánico y la organización se basaba en la autoridad. La única preocupación era la producción. Más adelante se descubrirá la importancia de la motivación y de los aspectos psicosociales de quienes desempeñan las tareas.

Son muchas las figuras destacables en la evolución de los Recursos Humanos.

Robert Owen, pionero en su época, administró varias fábricas de hilados en Escocia, a principios del siglo XIX. Las condiciones de trabajo y de vida eran deficientes; hombres, mujeres y niños trabajaban hasta catorce horas diarias, seis días a la semana con salarios muy bajos y gran pobreza a su alrededor. Owen construyó viviendas, puso bazar en la compañía, redujo la jornada laboral a diez horas y media y se negó a contratar niños menores de diez años.

Frederick Winslow Taylor y Henry Fayol también realizaron aportaciones que han influido en las organizaciones hasta el momento actual, así como muchos otros.

A continuación vamos a estudiar las aportaciones más importantes en este ámbito:

1.2.1. F.W. Taylor

Frederick Winslow Taylor fue un ingeniero norteamericano que comenzó su carrera profesional como obrero y llegó a ser un importante consultor.

Como fruto de toda su investigación, Taylor pretende incrementar la productividad en la empresa mediante la racionalización del trabajo, bajo la creencia de que si aumenta la riqueza de patronos y obreros, desaparecerá el conflicto de intereses entre ambos.

En 1911 publicó el libro *Los Principios de Dirección Científica*. Este libro ha sido la base de la organización empresarial durante mucho tiempo. Los principios que trata en el mismo se resumen en los siguientes puntos:

- **Separación** entre la programación del trabajo y su ejecución: un área técnica debe encargarse de estudiar la mejor forma de desarrollar las tareas y establecer después normas de conducta para todos los obreros. Los obreros serán formados y entrenados según estas normas.
- **Medición del tiempo** necesario para realizar cada tarea: así, se marcan tiempos predeterminados, que se trasladarán a los empleados a modo de norma por parte de la dirección.
- **Remuneración** que incentive el cumplimiento de las normas establecidas por la dirección y que penalice el incumplimiento: esto se conoce como **sistema diferencial.**

- **Organización funcional,** cada obrero depende de tantos jefes especialistas como facetas tenga la tarea que desarrolle. En la empresa, cada obrero recibe órdenes simultáneas de varios jefes especialistas.
- El **trabajo** y la **responsabilidad** se reparten casi por igual entre el director y los obreros. El director ejecuta y se responsabiliza del trabajo para el que está más capacitado que los obreros, mientras que, en el pasado, casi todo el trabajo y la mayor parte de la responsabilidad recaía sobre los trabajadores.

El Taylorismo tuvo una gran acogida inicial pero, después, fue duramente criticado. Se opinaba que sus métodos convertían el trabajo en algo monótono, que igualaba a los seres humanos con máquinas.

La solución para mejorar este aspecto se encontró mediante la introducción de reformas como los descansos en el trabajo, la música ambiental, etcétera.

Sabías que...

Frederick Winslow Taylor comenzó en un taller de maquinaria, donde observó minuciosamente el trabajo de los obreros que se encargaban de cortar los metales.

De esa observación práctica extrajo la idea de **analizar** el trabajo, **descomponiéndolo** en tareas simples, y **cronometrarlo** estrictamente para **exigir** a los trabajadores la realización de las tareas necesarias en el tiempo justo.

1.2.2. H. Gantt

Henry Gantt (1861-1919) fue un ingeniero civil que trabajó con Taylor.

Al separarse, reconsideró el sistema de incentivos tayloriano. El sistema de tarifas diferenciadas no era motivación importante y estableció bonos para los trabajadores que terminaban su trabajo de un día y bonos para su supervisor. Evaluó al personal y creó la gráfica del cronograma de actividades, conocida como la Gráfica de Gantt.

1.2.3. H. Fayol

El ingeniero francés Henry Fayol, coetáneo de Taylor, es otro de los precursores del estudio científico de la organización empresarial. Su obra más conocida, *Administración General e Industrial*, la publica en 1916.

Entre los puntos más importantes de su teoría se encuentra su agrupación de las funciones de la empresa en seis áreas principales, que son:

- **Técnica:** relacionada con la producción de bienes o de servicios de la empresa.
- **Comercial:** relacionada con la compra, la venta y el intercambio.
- **Financiera:** relacionada con la búsqueda y gerencia de capitales.

- **Seguridad:** relacionada con la protección y preservación de los bienes de las personas.
- **Contable:** relacionada con los inventarios, los registros, los balances, los costes y las estadísticas.
- **Administrativas:** relacionada con la integración de las otras cinco funciones, es decir, las funciones administrativas coordinan y sincronizan las demás funciones de la empresa, siempre por encima de ellas.

Establece como eje principal la función administrativa porque, a partir de ella, se dirigen el resto de funciones. En ella integra las actividades de previsión, organización, mando, coordinación y control.

Respecto a la gestión administrativa, Fayol establece catorce principios que toda empresa debería aplicar para una administración eficiente:

1. **Unidad de mando:** cada empleado debe recibir órdenes de un solo superior. Así, se evitan cruces de indicaciones que pueden crear confusión.
2. **Autoridad y responsabilidad:** la autoridad es el derecho de dar órdenes y el poder de esperar obediencia. La responsabilidad es una consecuencia natural de la autoridad e implica el deber de rendir cuentas. Ambas deben estar equilibradas entre sí.

> La **autoridad** conlleva responsabilidad por las decisiones tomadas.

3. **Unidad de dirección:** se asignará un jefe responsable de cada grupo de actividades que impliquen la consecución de un mismo objetivo.
4. **Centralización:** la autoridad final se concentra en la cúpula jerárquica de la organización, aunque se delegue parte de la misma en mandos intermedios subordinados.
5. **Jerarquía:** la línea de autoridad de la empresa, que va del escalón más alto al más bajo, debe estar claramente definida. Todos los trabajadores deben conocer a su superior directo y se debe respetar la autoridad de cada nivel.

Sabías que...

Henri Fayol cree en la organización científica del trabajo. Su metodología consiste en:

- Observar los hechos.
- Realizar experiencias.
- Extraer reglas.

Su modelo administrativo se basa en:

- División del trabajo.
- Aplicación de un proceso administrativo.
- Formulación de los criterios técnicos que deben orientar la función administrativa.

6. **División del trabajo:** consiste en la especialización de las personas en determinadas tareas para aumentar la eficiencia. Su éxito se basa en que cada trabajador conozca claramente el trabajo que debe desempeñar, delimitando y dividiendo correctamente las funciones.
7. **Orden:** material y humano. Cada empleado debe ocupar el cargo más adecuado para él. Igualmente, el material debe estar en el lugar más adecuado para su uso.
8. **Disciplina:** cada miembro de la organización debe obrar con obediencia, dedicación, energía, comportamiento y respeto a las normas establecidas.
9. **Espíritu de equipo:** se debe promover el trabajo en equipo, que constituirá una gran fortaleza para la organización.
10. **Subordinación de los intereses individuales a los generales:** los intereses generales de la empresa deben estar por encima de los intereses particulares. Se debe buscar el beneficio para que recaiga sobre la mayoría.
11. **Remuneración del personal:** la remuneración debe ser justa y garantizada para los empleados y para la organización, y se asignará según el trabajo realizado.
12. **Equidad:** consiste en la toma de decisiones justas en el momento adecuado, y trato amigable entre jefes y subordinados.
13. **Estabilidad del personal:** debe existir una razonable permanencia de una persona en su cargo; así, los trabajadores sienten seguridad. En cambio, la rotación de personal no es conveniente para un funcionamiento eficiente de la empresa. Cuando un empleado deja un cargo, se lleva con él mucha experiencia, que aportaba efectividad en sus funciones.

Sabías que...

A pesar de que el cargo otorga la autoridad formal, no siempre se tendrá obediencia si no existe la **capacidad de liderazgo.**

Por ello, es necesario tener la capacidad de dar órdenes y que estas se cumplan.

14. **Iniciativa:** debemos potenciar la iniciativa para crear y llevar a cabo planes, dando libertad a los subordinados para decidir cómo realizar ciertas tareas.

1.2.4. Otros autores importantes

Elton Mayo trabajó con la vertiente social de la organización:

La atención y la consideración de la empresa hacia los trabajadores influyen positivamente en la satisfacción, mejoran la moral, reducen la fatiga y, en consecuencia, incrementan la productividad.

La **escuela organizativa neoclásica** es continuadora de los trabajos de Taylor y Fayol y, aunque no supone grandes aportaciones, pretende adaptar los planteamientos de los autores clásicos:

- Compatibiliza la especialidad funcional con la unidad de mando, creando el esquema de **línea** (mando) y ***staff*** (asesoramiento).
- Presta importancia a la estructura de autoridad formal: las normas de la empresa.
- Incorpora ideas sociológicas.

Figura 1.1. El trabajador que se siente valorado en la empresa resulta más productivo.

Actividad propuesta 1.1

Debate en el aula.

Leed el siguiente texto y debatid el razonamiento.

«El objetivo principal de la administración debe ser conseguir la máxima prosperidad para el empresario y para cada uno de sus empleados (...)

«La máxima prosperidad para cada empleado significa, no tan solo que perciba salarios más elevados que los corrientes en su categoría profesional, sino, lo que es más importante, el que cada hombre alcance sus máximas posibilidades de eficiencia, de modo que sea capaz de realizar el trabajo más complejo para el que sus habilidades naturales le capaciten; y significa, también, que, siempre que sea posible, se le ofrecerá precisamente ese tipo de trabajo (...)

«La mayoría de estos hombres cree que los intereses fundamentales de los empresarios y de los trabajadores son necesariamente antagónicos. En cambio, el management científico tiene como base la firme convicción de que los verdaderos intereses de ambos son los mismos: que la prosperidad del empresario no es posible a largo plazo a menos que vaya acompañada por la prosperidad del empleado, y viceversa; y que es posible dar al trabajador lo que más desea (salarios elevados) y al empresario lo que más le interesa: un bajo coste de producción.»

Fuente: Frederick Winslow Taylor: *Management científico*. Ediciones Orbis. Barcelona, 1984, págs. 21 y 22.

1.3. Cultura empresarial

Las organizaciones conviven con la sociedad en una realidad cultural. A su vez, la **cultura empresarial** de la propia compañía reflejará un conjunto de valores, creencias, ideas, sentimientos y voluntades.

> Se puede definir la **cultura empresarial** como el conjunto de normas, valores y formas de pensar que caracterizan el comportamiento del personal en todos los niveles de la empresa.

Toda organización se identifica y se distingue por una cultura inherente, que orienta sus acciones y sus modos de hacer, controlando sus percepciones y la imagen que los demás tienen de ella. Hay organizaciones donde la cultura es tan evidente, que se aprecia fácilmente el cambio de la conducta de sus trabajadores en el momento que traspasan la puerta de la empresa.

La cultura la constituyen los valores, las creencias, los principios, las estrategias, los procedimientos y las conductas gerenciales en los que se basa la **gestión** de la organización.

Para que la cultura sea **eficaz**, las empresas deben comprenderla como un concepto dinámico, que evoluciona y cambia según las exigencias del entorno social, en constante movimiento.

Las funciones que cumple la cultura en la organización son:

- Regula el **comportamiento** de los miembros de la organización: la cultura supone una guía informal de comportamiento, que define los límites ante una determinada situación empresarial. Esto proporciona a la empresa un entorno estable, consistente y seguro.
- Inculca el **sentido de pertenencia e identidad** para los miembros de la organización: se desarrolla un sentimiento de pertenencia al grupo que refuerza los lazos de unión y distingue a los miembros de aquellos que no lo son. Nos sentimos vinculados a la empresa y nos identificamos con sus valores frente a la sociedad.
- Ofrece **motivación:** los valores compartidos generan cooperación y motivan al personal. Se facilita la creación de un compromiso personal con metas relevantes, algo mayor que los intereses propios del individuo. Si, como hemos dicho antes, nos sentimos identificados con la cultura de la empresa, nos sentiremos parte de ella y nos involucraremos más para preservar sus intereses, porque sus intereses son también los nuestros.

Figura 1.2. Funciones de la cultura en la organización.

- Incrementa la **estabilidad del sistema social:** representa la vida social de un grupo, da sentido a su comportamiento y a su trabajo. Compendia, resume, y expresa los valores o ideales sociales y las creencias que comparten los miembros de la organización, ayudando a mantenerla unida.

Además, estos son algunos ejemplos de culturas que podemos encontrarnos en una empresa:

- Cultura de **tipo equipo de fútbol:** valora a los trabajadores con talento, emprendedores y comprometidos, fidelizándoles con incentivos y reconocimientos laborales.
- Cultura **tipo club:** concentra sus esfuerzos en la lealtad, el trabajo para el bien del grupo y para el fin común.
- Cultura **tipo fortaleza:** busca la supervivencia y ofrece poca seguridad en el empleo. Se centra en las oportunidades de cambio.
- Cultura **tipo academia:** busca la fidelidad de los trabajadores, motivando y formando continuamente para que consigan avanzar profesionalmente gracias a la obtención de experiencia y habilidad en conocimientos funcionales.

1.4. Misión, visión y valores en la empresa

Uno de los pasos más importantes al definir el **plan estratégico** de una empresa, es saber qué hace la empresa, cómo lo hace y a dónde quiere llegar. Esto supone definir su misión, su visión y los valores de la misma.

La **misión** nos conciencia de nuestra labor en el mercado; la **visión** establece las metas y objetivos generales que queremos alcanzar; y los **valores** definen nuestros métodos de trabajo para lograr esta visión.

1.4.1. Misión de la empresa

La **misión de la empresa** es la que explica la razón de ser de la organización, para qué existe.

Define el negocio al que se dedica la organización en todas sus dimensiones, las necesidades que cubren con sus productos y servicios, el mercado en el que opera y la imagen pública de la empresa u organización.

Sabías que...

La misión de la empresa es la respuesta a la pregunta:

¿Para qué existe la empresa?

Una buena declaración de la misión de empresa debe tener las siguientes características:

- Ser clara y comprensible para todos los miembros de la empresa.
- No limitar la acción de los miembros de la empresa, pero ser concreta.
- Distinguir a la empresa de otras similares.

Para ayudarnos a concretar nuestra misión, nos podemos fijar en los siguientes elementos:

- **Clientes:** ¿quiénes son nuestros clientes?
- **Productos:** ¿cuáles son nuestros principales productos o servicios?
- **Mercado:** ¿en qué mercado trabajamos?
- **Tecnología:** ¿cuál es nuestra tecnología?
- **Interés por el crecimiento:** ¿nos interesamos por alcanzar objetivos económicos?
- **Filosofía:** ¿cuáles son nuestras creencias, valores o principios?
- **Capacidades:** ¿cuál es nuestra diferenciación o nuestra ventaja competitiva?
- **Interés por la imagen pública:** ¿nos preocupamos por asuntos sociales, comunitarios o ambientales?
- **Interés por los empleados:** ¿nos interesamos por nuestros trabajadores?

Actividad resuelta 1.1

Trabajo de investigación. ¿Podrías buscar ejemplos reales de la misión de varias empresas?

SOLUCIÓN

Ejemplos de declaración de misión:

- McDonald's: «*Servir con rapidez un menú limitado de comida caliente en un restaurante limpio y agradable por un buen precio*».
- Google: «*Organizar la información mundial para que resulte universalmente accesible y útil*».
- Meliá Hotels International: «*Ofrecer experiencias y servicios globales de alojamiento con criterios de excelencia, responsabilidad y sostenibilidad. Y como empresa familiar, queremos contribuir a conseguir un mundo mejor*».
- Grupo Vips: «*Ejercer un liderazgo basado en la excelencia profesional y la confianza del consumidor*».
- Grupo Restalia: «*Ser el grupo español de restauración organizada líder en el mundo*».
- Burger King: «*Ser la mejor cadena de restaurantes de hamburguesas en el mundo en términos de servicio a clientes y ganancias por restaurante*».

1.4.2. Visión de la empresa

La **visión** define y describe la situación futura que desea tener la empresa. Pretende guiar, controlar y alentar a la organización en su conjunto para alcanzar el estado deseable. La visión se alcanza mediante la **estrategia empresarial.**

La razón de establecer la visión de una empresa, es que sirva como guía que dirija los esfuerzos de todos los miembros de la empresa hacia una misma dirección; lograr que se establezcan objetivos, se diseñen estrategias, se tomen decisiones y se ejecuten tareas, bajo sus pautas, logrando coherencia y orden.

> La **visión de una empresa** sirve como fuente de inspiración para que todos los miembros de la empresa se sientan identificados, comprometidos y motivados en poder alcanzarla.

Una buena visión de empresa debe tener las siguientes **características:**

- Ser positiva, atractiva, alentadora e inspiradora. Debe promover el sentido de identificación y compromiso de todos los miembros de la empresa.
- Ser coherente con los valores, los principios y la cultura de la empresa.
- Ser clara, comprensible y fácil de seguir para todos.
- No debe ser fácil de alcanzar, pero tampoco imposible.
- Ser retadora, ambiciosa y factible.
- Ser realista según el entorno, los recursos de la empresa y sus reales posibilidades.

Para establecer la visión de una empresa, debemos definir:

- ¿Cuál es la imagen futura que queremos proyectar de nuestra empresa?
- ¿Cuáles son nuestros deseos o aspiraciones?
- ¿Hacia dónde nos dirigimos?
- ¿Hacia dónde queremos llegar?

Recuerda que...

Diferencias entre la **misión** y la **visión:**

- Lo que **es** ahora el negocio (o el motivo, propósito, fin o razón de ser de la existencia de una empresa u organización en la actualidad), es la misión.
- Lo que **será** el negocio más adelante (o el hacia dónde se dirige la empresa a largo plazo y en qué se deberá convertir), es la visión.
- La misión pone énfasis en la **actualidad** del negocio; en cambio, la visión, en el **futuro** a largo plazo de este.

Sabías que...

La visión de la empresa es la respuesta a la pregunta:

¿Qué queremos que sea la organización en los próximos años?

Actividad resuelta 1.2

Trabajo de investigación. ¿Podrías buscar ejemplos reales de la visión de varias empresas?

SOLUCIÓN

Ejemplos de visión de algunas empresas conocidas:

- Burger King: *«Deleitar a sus clientes con las mejores hamburguesas del mercado" y una variedad de comidas asadas a la brasa más saludables y de exquisito sabor».*
- McDonald's: *«Ser el mejor restaurante de comida rápida en el mundo. Ser el mejor significa proveer calidad excepcional, servicio, higiene y valor, de manera tal que hagamos que cada cliente en cada restaurante sonría».*
- Samsung: *«Liderar la revolución de la convergencia digital».*
- Grupo Restalia: *«Buscamos ofrecer opciones de inversión seguras y sencillas para aquellos que buscan emprender su propio negocio a través del modelo de franquicia y formar parte de la vida de nuestros consumidores».*

1.4.3. Valores de la empresa

Los **valores** son el conjunto de principios, creencias y reglas que regulan la gestión de la organización. Constituyen la filosofía institucional y el soporte de la cultura organizacional.

Los valores corporativos se establecen para tener un marco de referencia que inspire y regule la vida de la organización. Debemos identificarnos con los valores de la empresa en la que trabajamos si queremos nuestro plan de carrera en la misma, con visión de futuro.

Ejemplo de la declaración de los valores de Meliá Hotels International

- Vocación de servicio: porque nuestro huésped es nuestra razón de ser.
- Excelencia: porque hacemos las cosas bien: con profesionalidad, eficiencia y agilidad.
- Innovación: porque evolucionamos anticipándonos para ser cada día mejores.
- Proximidad: porque nos apasiona compartir, escuchar... sentir.
- Coherencia: porque hacemos lo que decimos.

Sabías que...

Los valores de una empresa son la respuesta a la pregunta:

¿En qué creemos y cómo somos?

Actividad propuesta 1.2

Muchas de las empresas más importantes de restauración publican en sus páginas web sus valores.

Busca los valores de la empresa McDonald's en su página web.

1.5. Conceptos básicos de la organización empresarial

Toda estructura organizativa, a pesar de sus características únicas, se rige por unos conceptos y principios comunes que debe conocer y aplicar en la búsqueda de la eficacia.

1.5.1. Concepto de organización y de estructura organizativa

Cuando un grupo de personas trabajan juntas, su eficacia será mayor si conocen las tareas y funciones que cada uno debe desarrollar, y cómo estas se relacionan con las que deben realizar los demás.

Una organización existe si hay personas capaces de organizarse, dispuestas a contribuir con su acción y tratando de cumplir un propósito común.

Organizar significa ordenar, crear una estructura y dotar de los medios necesarios para que se puedan cumplir los fines que se han programado.

Figura 1.3. Toda empresa debe organizar sus actividades, estableciendo la autoridad y las responsabilidades.

La estructura organizativa es la forma en la que se ordena todo el conjunto de relaciones de una empresa (puestos de trabajo, tareas, flujos de autoridad y decisiones) mediante un nivel adecuado de comunicación y coordinación entre todos los miembros.

La función de organizar consiste en realizar los siguientes pasos:

- Identificar y clasificar todas las actividades que se deben realizar en la empresa para alcanzar los objetivos.

- Agrupar actividades y asignarlas a departamentos, definiendo las obligaciones y quién debe desempeñarlas.
- Asignar a cada departamento un responsable con autoridad, responsabilidad, control y poder de decisión.
- Coordinar las relaciones de información y autoridad entre departamentos y dentro de los mismos.

1.5.2. Elementos de la organización

Una organización se compone de una serie de **elementos básicos** y **elementos generales** o **estructurales**, que son:

- **Elementos básicos:**
  - Capital humano: las personas que trabajan en la organización.
  - Recursos de trabajo: maquinaria, tecnología, recursos financieros, etcétera.
- **Elementos generales o estructurales:**
  - Jerarquía y autoridad: definición de las líneas de mando, niveles de decisión, etcétera.
  - Responsabilidad: cada trabajador es responsable de su trabajo y de su actuación en la organización en cada momento.
  - Flexibilidad: capacidad de adaptación ante las situaciones que puedan surgir.
  - Concreción profesional: cada trabajador cumple sus funciones sin interferir con las del resto.

1.5.3. Características de la organización

En la organización podemos hablar de tres puntos de vista o **sistemas de organización:**

- **La organización como sistema abierto.** La empresa es un elemento vivo que nace, crece y se desarrolla, realiza actividades, se transforma, se integra en la sociedad, sufre y muere.

  La organización no puede ser hermética, ya que le afecta lo que ocurre en su entorno; lo que recibe del exterior, lo asimila y lo devuelve.

  Una empresa que quiera tener éxito debe conocer continuamente lo que ocurre en su entorno y adaptarse a las nuevas situaciones rápidamente.
- **La organización como ordenación.** Los recursos humanos, técnicos y financieros de la empresa deben estar ordenados con criterios objetivos y en perfecto equilibrio, teniendo en cuenta:
  - Las funciones a desarrollar por cada puesto.
  - Las actividades que componen las funciones.

- El espacio donde debe trabajar.
- El tiempo para efectuar operaciones.
- Los objetivos que se pretenden alcanzar.

La ordenación de estos recursos es el cimiento de la organización.

- **La organización como estructura.** La organización busca conseguir una estructura: un conjunto armónico, racional, sistemático y efectivo, compuesto por partes relacionadas entre sí de forma adecuada y equilibrada.

La **estructura** es la distribución organizada de las partes de un todo. Es la concreción material de la organización.

Sabías que...

Los elementos del entorno influyen de forma decisiva en la actividad empresarial.

Estos elementos son los sistemas económicos, los mercados, la competencia, el marco jurídico y político, los factores socioculturales, tecnológicos, sociológicos, etcétera.

Para estructurarse, la empresa tiene que relacionar, coordinar y ordenar todos sus elementos, formando una unidad equilibrada y un conjunto racional efectivo para el desarrollo del trabajo.

Los elementos a coordinar son tanto los recursos de la empresa como las normas organizativas, los objetivos y las formas de actuar.

Cada empresa buscará su modelo de organización y en él aplicará la estructura más conveniente según su realidad concreta.

La forma más evidente de reflejar la estructura de una empresa es su organigrama, que veremos en el Apartado 1.5.7.

1.5.4. Principios de la organización

Los **principios de organización** son pautas de funcionamiento que mejoran la eficacia de la empresa. Estos principios son:

- **Principio de jerarquía y autoridad.** Autoridad es el poder legítimo que da derecho a actuar sobre un grupo de personas. El principio de autoridad es aquel por el que se reconoce al superior la capacidad para decidir. Los miembros de una organización reconocerán la autoridad de sus superiores y deberán imponer autoridad a las personas que jerárquicamente dependan de ellos.

  El principio de autoridad va unido a la responsabilidad. Quien ejerce la autoridad, siempre responde de las consecuencias de sus órdenes frente a sus superiores.

- **Principio de delegación.** En una empresa, todas las decisiones no pueden ser tomadas por una sola persona, porque se crearía un *cuello de botella* en la toma de decisiones que reduce la dinámica de la empresa y la eficacia en la actuación.

  Delegar supone ceder a favor de otra persona poder o autoridad para realizar determinados actos.

  La delegación debe ser concreta y expresa:

  - Concreta: sobre las funciones y las responsabilidades.
  - Expresa: hay que manifestar la voluntad de delegar y la voluntad de aceptar la delegación.

- **Principio de unidad de decisión.** La persona que tiene el poder delegado debe asumirlo y solamente ella debe decidir sobre las cuestiones que le han sido delegadas.

  Cada trabajador debe depender de un solo jefe, contribuyendo a la asignación clara y concreta de órdenes y funciones.

- **Principio de jerarquía y escalar.** Es necesario relacionar coordinadamente a todos los individuos que integran una organización, definiendo y delimitando las posiciones de autoridad y las designaciones de mando que a ellas hayan de corresponder.

- **Principio de la división del trabajo.** En una organización, es necesaria la distribución y la ordenación de la estructura de la organización en cuanto a un todo.

  Se deben realizar agrupaciones de actividades, subactividades y tareas, vinculables a la relación «superior-subordinado», con especificaciones de autoridad-responsabilidad y con equilibrio.

- **Principio de especialización.** Cuando las organizaciones crecen, se hacen más complejas y multiplican sus funciones.

  La especialización de los trabajadores que realizan las diferentes tareas consigue disminuir el esfuerzo, aumentar la eficacia e incrementar la eficiencia de la organización.

- **Principios de motivación y participación.** La motivación del personal y la formación e integración de equipos es fundamental en la empresa actual. Los trabajadores deben participar en las entidades donde prestan sus servicios.

Figura 1.4. Los principios de la organización.

Actividad propuesta 1.3

En el restaurante «Casa Hernán», el propietario y director ha contratado un encargado para que gestione los departamentos de Sala y Cocina, organizando el trabajo y diseñando la carta y el estilo de servicio. Él se encarga de la gestión administrativa y compras.

En la gestión de pedidos, es habitual que el dueño cambie las calidades de los géneros por otras más económicas, y durante los servicios se pasea por la sala corrigiendo a los camareros y dando órdenes.

A final de semana, se queja de que la carta no cumple las expectativas de los clientes, y de que la atención a los mismos no sigue una coherencia.

¿Qué principios organizativos están fallando en el restaurante? Razona la respuesta.

1.5.5. Tipos de organización

Es posible distinguir entre organización formal y organización informal. Veamos sus características:

- **Organización formal.** Estructura oficial que ha establecido la empresa para ordenar y distribuir todos sus recursos humanos y que supone:
  - Identificación y clasificación de las tareas de nuestra actividad.
  - Agrupamiento en departamentos, atribuyendo funciones.
  - Asignación de autoridad y responsabilidad.
  - Establecimiento de los canales de comunicación y coordinación.

  La organización formal es aprobada por la dirección y comunicada a todos a través de manuales de organización, de descripción de cargos, de organigramas, de procedimientos, etcétera.

  La organización formal nunca ha de establecerse de forma rígida. La empresa tiene que crear un sistema donde el individuo se sienta motivado y se potencie el desarrollo de sus capacidades, y que canalice los esfuerzos individuales hacia el logro de los objetivos comunes.

- **Organización informal.** Al margen de la organización formal, surge una organización espontánea y natural, causada por las interacciones y las relaciones sociales entre las personas que ocupan posiciones en la organización formal.

> La organización informal aparece cuando surgen grupos, fuera del organigrama, por las relaciones de amistad nacidas entre los trabajadores que tienen aficiones o preocupaciones comunes.

Estos aspectos no han sido planeados por la organización, pero surgen espontáneamente y la empresa debe apoyarlos y potenciarlos para que contribuyan a la satisfacción conjunta de la empresa y de su equipo humano.

Figura 1.5. Actividades de ocio potencian el desarrollo de la organización informal.

Sabías que...

A menudo, la organización formal va a utilizar conscientemente a la organización informal para obtener datos, observar reacciones y adoptar estrategias. Por ejemplo, un nivel jerárquico superior puede utilizar grupos informales para emitir rumores y tomar decisiones según las reacciones percibidas.

Actividad propuesta 1.4

Debate en el aula

La organización informal de la empresa:

a) ¿Es siempre positiva para la organización?

b) ¿Qué posibles riesgos tiene?

1.5.6. Eficacia organizacional

La **eficacia organizacional** consiste en los siguientes logros:

- Alcance de objetivos.
- Mantenimiento del sistema interno.
- Adaptación al ambiente externo.
- Equilibrio energético de los recursos.
- Plena adaptación y producción de los recursos.
- Satisfacción del accionista, del proveedor, del cliente y del trabajador.

Actividad propuesta 1.5

El restaurante «Maravillas» es un restaurante familiar que ha ido creciendo hasta adquirir un tamaño considerable.

Además, del salón comedor inicial y la parte de bar, ahora han ampliado el local y tienen un salón de bodas. Además, tienen servicio de *catering* a disposición de los clientes. Esta circunstancia les ha obligado a contratar personal extra.

Hasta ahora, la empresa era un caso típico en el que el poder se concentraba en el dueño, que dirigía a su familia de forma autoritaria y centralizada, estableciendo sus criterios. Con el aumento de tamaño, se han dado cuenta de que tienen que cambiar su estilo de organización y su gestión del equipo humano.

¿Qué cambios tienen que introducir en la empresa en cuanto a su organización para conseguir la eficacia?

Si se cumplen todos los logros, lo denominamos **estado de máxima rentabilidad.** Solo cuando se ha alcanzado este estado, se llega al máximo grado de eficacia organizacional.

1.5.7. Organigrama

Los **organigramas** son representaciones gráficas de la estructura de la empresa, en los que se determinan de forma clara y sencilla las personas, los puestos o funciones y las relaciones internas entre ellos.

Son un elemento indispensable en la organización formal de la empresa. Gracias a él cada miembro sabe en qué lugar se encuentra en la empresa, con quién debe o puede mantener contactos profesionales y cuál es la naturaleza de estos contactos, es decir, la jerarquía.

Las características fundamentales del organigrama son:

- Representa la realidad de la empresa en un momento y un entorno determinado.
- Debe considerarse como un elemento dinámico que evolucione paralelamente a la organización.

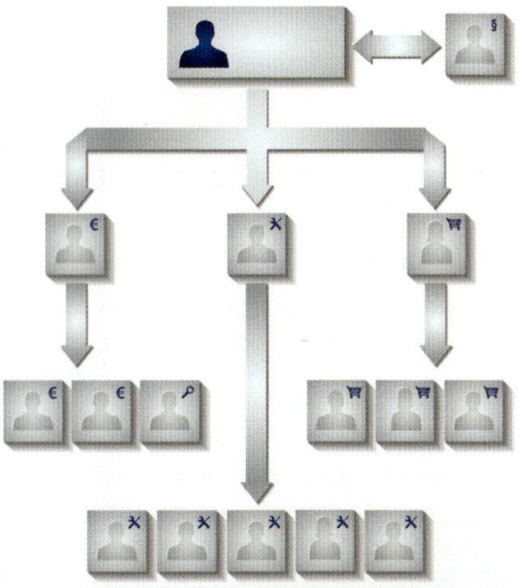

Figura 1.6. El organigrama establece la estructura formal de la empresa.

- Es una representación concreta y real de la jerarquía de la empresa y de sus relaciones internas. Es fundamental para concretar responsabilidades.
- Muestra a la sociedad y a la propia empresa los métodos de dirección, gestión y organización de la empresa.
- Es un documento que sirve de referencia informativa para todos los trabajadores, funciones y actividades y también para terceras personas ajenas a la empresa.
- Es un documento completo, que debe incluir todos los puestos de trabajo. En ocasiones, cuando la empresa es muy grande, completamos el organigrama general con **organigramas parciales** o **de detalle**, que reflejan una o varias áreas concretas de la empresa

Los principales tipos de organigramas que utilizamos en las empresas de restauración se muestran en la Tabla 1.1.

Tabla 1.1. Principales tipos de organigramas

	Clasificación	Características
Según su extensión	General	Visión conjunta de la organización. Aparecen todos los departamentos y unidades.
	Parcial o de detalle	Refleja específicamente un área de la empresa que se quiere destacar.
Según la información	Estructural	Muestra las unidades estructurales de la empresa y las conexiones entre las mismas.
	Funcional	Indica, además de las unidades estructurales, las funciones de cada una de ellas.
	De personal	En cada puesto se indica el nombre de la persona que lo ocupa y su cargo.
Según su representación	Vertical	Los puestos se representan en forma de ramas invertidas. El de mayor categoría, arriba, y se va descendiendo hasta los puestos más básicos, abriéndose tantas ramas como departamentos, subdepartamentos y puestos se posean. Representa la jerarquía de forma muy visual.
	Horizontal	El puesto de mayor rango figura en un lado, el izquierdo, y el resto se representa abriéndose en ramas horizontales hacia la derecha, que se alejan según disminuye la categoría.

(Continuación)

Tabla 1.1. Principales tipos de organigramas

	Clasificación	Características
Según su representación *(continuación)*	Radial	La persona de mayor categoría se representa en el centro del organigrama y el resto forman órbitas alrededor, alejándose según disminuye la jerarquía.
	Escalar	Resalta la línea de mando en la parte superior izquierda y va desplazando los niveles hacia abajo y a la derecha.
	AFNOR	Coloca el mayor nivel jerárquico en la esquina superior izquierda y va desplazando los niveles hacia abajo y a la derecha. Su característica principal es que se trazan líneas verticales hasta abajo indicando el número de empleados a cargo de cada nivel, representados con distintas formas geométricas.

Actividad resuelta 1.3

El «Asador Chivis» tiene el siguiente organigrama:

- El dueño actúa como director del establecimiento.
- El departamento de sala tiene como jefe un metre, que supervisa a ocho camareros.
- El departamento de cocina tiene un jefe de cocina, que supervisa dos partidas:
  - Cuarto frío, con encargado y dos cocineros.
  - Asador, con un encargado y tres cocineros.
- El departamento de economato tiene al encargado y un ayudante.
- El departamento de administración y contabilidad lo forma una sola persona como encargada.

Representa el organigrama vertical.

SOLUCIÓN

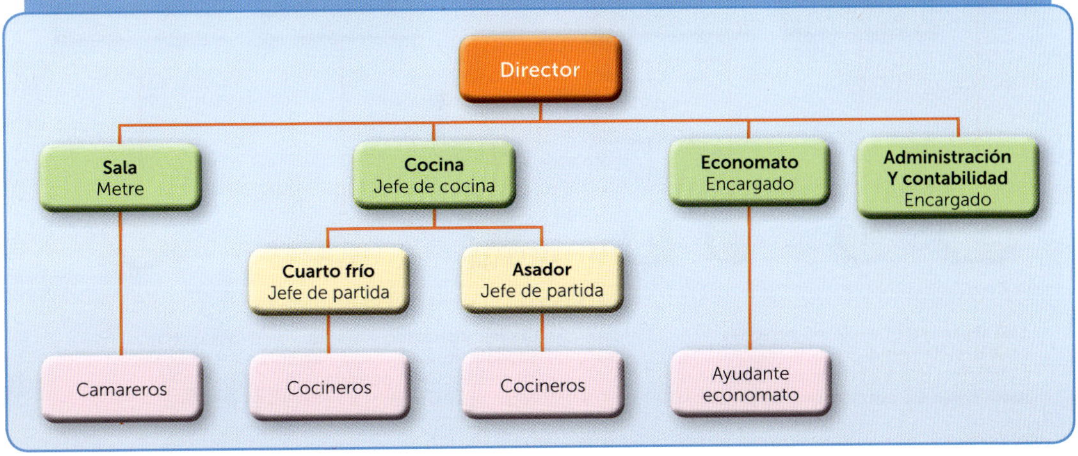

© Ediciones Paraninfo

Actividad resuelta 1.4

Para el mismo supuesto de la Actividad resuelta 1.3, dibuja el organigrama escalar.

SOLUCIÓN

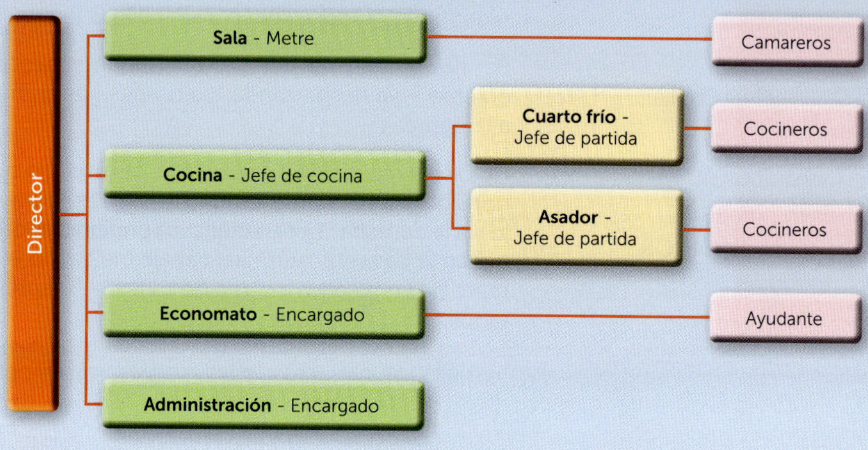

Actividad resuelta 1.5

De nuevo, para el mismo supuesto de la Actividad resuelta 1.3, dibuja el organigrama AFNOR.

SOLUCIÓN

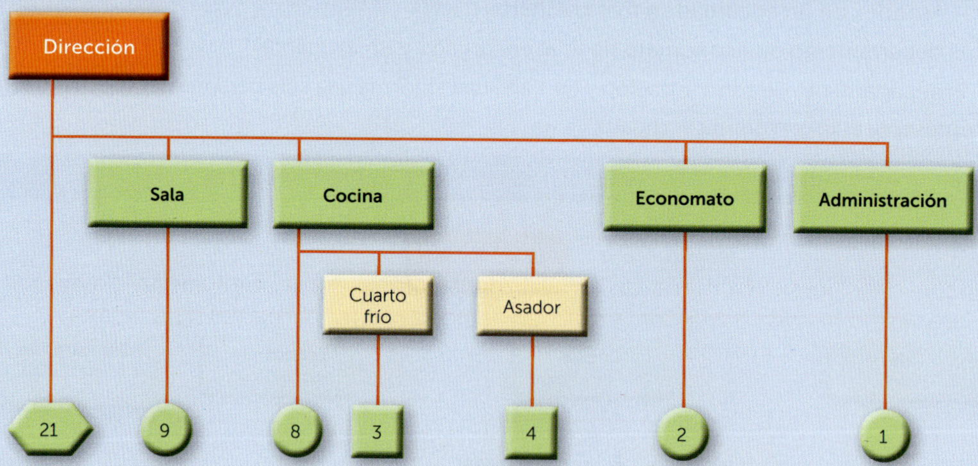

Sala: 8 camareros + jefe = 9 personas en el departamento.
Cuarto frio: jefe + 2 cocineros= 3 personas.
Asador: jefe + 3 cocineros= 4 personas.

Cocina: cuarto frío + asador + jefe= 8 personas.
Economato: encargado + ayudante = 2 personas.
Administración: 1 persona.
Total: departamentos + director= 21 personas.

© Ediciones Paraninfo

Actividad resuelta 1.6

La cadena hotelera «Helron» está organizada con una dirección central y después se especializa en áreas de negocio que se encargan de distintos hoteles:

- Grand Vacations: vacaciones gran lujo.
- Tru by Helron: balance calidad-precio para disfrutar de la vida.
- Home 2 suites: estancias prolongadas para sentirse en un segundo hogar.
- City Helron: céntrico y accesible.
- Embassy Helron: lujo en negocios.

Con esta información, ¿podrías hacer una representación de su organigrama? ¿Cuál sería la forma más adecuada?

SOLUCIÓN

La forma más adecuada sería un organigrama parcial radial:

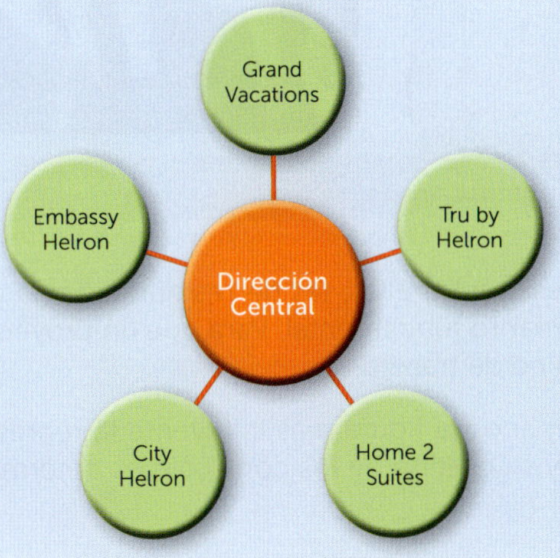

1.6. Recursos humanos en la empresa

El papel de los recursos humanos en las organizaciones ha ido evolucionando a lo largo de la historia hasta convertirse en el elemento fundamental para alcanzar los objetivos marcados.

1.6.1. Evolución de los recursos humanos

La **gestión de recursos humanos** supone la gestión de las personas que forman parte de la organización. Estas personas son el principal recurso del que disponen las organizaciones para mantener y mejorar su competitividad, porque son las que van a impulsar la innovación, y las que van a centrar toda la actividad en conseguir la satisfacción de los clientes.

© Ediciones Paraninfo

> *«La gestión exitosa de proyectos, independientemente de la estructura organizativa, es solo tan buena como lo sean los individuos y líderes que gestionen las funciones básicas.»*
>
> (Kerzner, 1998)

Figura 1.7. Los recursos humanos son el pilar de las organizaciones.

En cualquier empresa, entre ellas, las de restauración, la gestión de recursos humanos es un elemento fundamental. Para que un proyecto funcione necesitamos un buen equipo de trabajo.

En los recursos humanos la figura más influyente la representa el **director:** su estilo de dirección y su gestión de los conflictos es determinante en la marcha de la organización.

Las relaciones humanas han existido desde el principio de los tiempos, pero la ciencia de tratarlas y manejarlas es relativamente nueva.

Tradicionalmente, las empresas eran más pequeñas, y las relaciones de trabajo, más sencillas. Los departamentos de Personal contrataban, despedían y gestionaban las nóminas, pero no participaban en absoluto en la política de gestión de la empresa.

Actualmente, con la revolución tecnológica, las empresas se han dado cuenta de que es preciso considerar valores que antes no existían o no se tomaban en cuenta. Las empresas son grandes y complejas y los trabajadores están muy preparados y son más exigentes respecto a sus relaciones laborales.

La gestión de los recursos humanos se ha convertido en un factor determinante para el posicionamiento empresarial respecto a la competencia. Su departamento goza de una gran consideración, tiene muchas más responsabilidades y se sitúa junto a la gestión de la alta dirección. La globalización, la internacionalización de la cultura y las relaciones internacionales son las causas principales.

© Ediciones Paraninfo

Las características de los recursos humanos hoy en día son:

- Se han convertido en un órgano de consulta, asesoramiento y coordinación, próximo a la dirección y asequible para los empleados.
- Los directores de recursos humanos intervienen cada día más en las decisiones estratégicas y en otras funciones que antes estaban limitadas a la alta dirección.
- Las empresas invierten en profesionales de muchas especialidades que busquen soluciones para agilizar la gestión de las empresas y mejorar los resultados.
- Se cede el protagonismo de la empresa al factor humano. Los empleados son los actores principales, los ideólogos e ideólogas, y no piezas de «quita y pon».
- Se pretende crear profesionales diferentes, trabajadores creativos y libres, que puedan expresarse en el entorno empresarial tal y como son.

Antes, el éxito de la empresa residía en que se tuviese un buen producto o servicio, en que se dispusiera de recursos económicos o en que se vendiera en el mercado aquel producto o servicio que los clientes demandaban más. Los empleados se consideraban como un elemento fácilmente sustituible, cuyo coste había que reducir al máximo.

Actividad propuesta 1.6

Según lo estudiado en esta unidad, ¿quiénes fueron los primeros en preocuparse por la gestión adecuada de los recursos humanos?

La actual gestión de los recursos humanos exige:

- **Equilibrio:** tenemos que acoplar retos necesarios para la empresa pero que, *a priori*, pueden parecer contradictorios como:
  - Remunerar más al personal y aumentar los fondos propios de la organización.
  - Contratar en el exterior y promocionar desde el interior.
  - Fidelizar a los empleados y aumentar su productividad.
- **Optimización:** debemos mejorar la gestión existente, intentando conseguir el mejor funcionamiento posible. Se puede aplicar de muchas maneras, como por ejemplo:
  - Ampliando la competencia de las personas.
  - Incrementando la productividad del trabajo colectivo.
  - Mejorando la calidad de las realizaciones.
  - Consiguiendo la comunicación eficaz entre las personas.

1.6.2. Recursos humanos en restauración

En la restauración, los recursos humanos comprenden uno de los activos más importantes que tienen las empresas.

© Ediciones Paraninfo

Nuestros establecimientos venden experiencias agradables. Todos los factores que contribuyen a la misma son importantes y entre ellos destaca el **capital humano.**

La dirección es responsable de conseguir de sus trabajadores compromiso, motivación, credibilidad, confianza en ellos mismos, conocimientos técnicos, comprensión, lealtad, etc. Todos estos elementos contribuirán a la excelencia en el servicio.

Para dirigir bien una empresa de restauración, debemos planificar, fijando objetivos claros para nosotros y para nuestro equipo de trabajo, determinando metas medibles y realizables, definiendo las estrategias y fijando nuestras políticas.

Recuerda que...

En la empresa de restauración vendemos experiencias y nuestro personal está en contacto con el cliente, pudiendo contribuir positiva o negativamente.

La **dirección** debe ser la primera que conozca hacia dónde nos dirigimos, hacia dónde va la organización, de qué manera vamos a llevar a cabo esa tarea, qué estrategia y qué alternativa elegiremos para crecer diariamente. Después, tiene que saber comunicárselo a los empleados.

El personal necesita trabajar en un ambiente predecible que estimule el crecimiento a partir del compromiso y la participación.

© Ediciones Paraninfo

En la gestión de los recursos humanos en la restauración, tenemos que entender que:

- Solo tienen éxito aquellas empresas que se basan en la satisfacción de las necesidades del cliente.
- Es esencial formar un verdadero equipo de trabajo, donde todos los que participen ocupen un rol primordial, y las jerarquías solo indiquen responsabilidad.
- La atención personalizada necesaria para la excelencia en el servicio solo se consigue con un alto grado de compromiso por parte del equipo de trabajo.
- El resultado del trabajo depende, tanto de las actitudes como de las aptitudes de los trabajadores: la técnica es importante, pero lo son aún más la amabilidad, la sonrisa, el esmero y la dedicación.
- La dirección de la empresa es quien debe promover todos estos elementos.

Figura 1.8. La amabilidad y la sonrisa son técnicas importantes a la hora de prestar un servicio a un cliente.

Actividad propuesta 1.7

Debate en el aula

En el sector de la restauración, ¿qué tipo de empresas son las que más se preocupan de gestionar adecuadamente los recursos humanos?

Enlaces web de interés

www.infohoreca.com
www.mcdonalds.com
www.meliahotelsinternational.es
www.nh-hoteles.es

© Ediciones Paraninfo

Resumen

- **Organización:** disponer de los medios materiales y humanos para alcanzar las metas establecidas, bajo unas normas de conducta marcadas y basándonos en criterios de eficiencia..
- **Estudios** de la organización empresarial
  - **Taylor:**
    - ✓ Incremento de la productividad en la empresa con la **racionalización** del trabajo.
    - ✓ Programación del trabajo, medición de tiempos, jefes especialistas, incentivos.
  - **Fayol:**
    - ✓ Organiza la empresa en **6 áreas:** técnica, comercial, financiera, seguridad, contable, administrativa.
    - ✓ Establece los **14 principios básicos de la administración.**
  - Otros autores siguen perfeccionando los planteamientos clásicos.
- **Cultura empresarial:**
  - Conjunto de normas, valores y formas de pensar que caracterizan el comportamiento del personal.
  - **Funciones:** regula el comportamiento, pertenencia, motivación y estabilidad.
- **Misión, visión y valores en la empresa**
  - **Misión** de la empresa: ¿para qué existe la empresa? Metas, objetivos y valores.
  - **Visión** de la empresa: ¿qué queremos ser en los próximos años?
  - **Valores** de la empresa: ¿en qué creemos y cómo somos? Principios, creencias y reglas.
- **La organización empresarial**
  - La **estructura organizativa** es la forma de ordenar todo el conjunto de relaciones de una empresa.
  - **Elementos** de la organización:
    - ✓ Básicos: capital humano + recursos de trabajo.
    - ✓ Generales o estructurales: jerarquía + + responsabilidad + flexibilidad + concreción profesional.
  - **Características** de la organización:
    - ✓ Sistema abierto: le afecta lo que sucede en el entorno.
    - ✓ Ordenación y equilibrio de los recursos.
    - ✓ Estructura: partes relacionadas entre sí de forma adecuada, equilibrada y armónica.
  - **Principios** de la organización:
    - ✓ Autoridad: capacidad de decisión y responsabilidad.
    - ✓ Delegación: cesión de la autoridad.
    - ✓ Unidad de decisión: solo toma decisiones quien tiene el poder.
    - ✓ Jerarquía: coordinación de la organización definiendo posiciones de mando.
    - ✓ División del trabajo: especificación de tareas, actividades y responsabilidades.
  - **Tipos** de organización:
    - ✓ Formal: establecida por la empresa.
    - ✓ Informal: relaciones sociales espontáneas.
  - La **eficacia** organizacional supone:
    - ✓ Alcanzar los objetivos.
    - ✓ Mantener el sistema interno.
    - ✓ Adaptar el ambiente externo.
    - ✓ Conseguir el equilibrio energético.
  - El **organigrama** es la representación gráfica real y concreta de la estructura de la empresa.
- **Los recursos humanos en la empresa:**
  - **Gestión** de las personas que forman parte de la organización.
  - En restauración, la **satisfacción** del cliente depende del trabajo coordinado y eficiente de los recursos humanos.

© Ediciones Paraninfo

Actividades finales

De comprobación

1.1. En la empresa, organizar significa:

a) Ordenar todos los equipamientos y utillaje para un mejor aprovechamiento.

b) Alcanzar la mayor productividad posible con el mínimo coste posible.

c) Disponer de los medios materiales y humanos para alcanzar unas metas según las normas y los criterios de eficiencia establecidos.

d) Todas las respuestas son correctas.

1.2. El ingeniero norteamericano Taylor escribió el libro:

a) *Administración general e industrial*.

b) *Los principios de Dirección Científica*.

c) *La incapacidad industrial del Estado*.

d) Ninguna de las respuestas es correcta.

1.3. El modelo administrativo de Fayol se basa en:

a) La aplicación de un proceso administrativo.

b) La división del trabajo.

c) La formulación de los criterios técnicos que deben orientar la función administrativa.

d) Todas las respuestas son correctas.

1.4. Las funciones de la cultura empresarial son:

a) Regular el comportamiento.

b) Educar a los trabajadores.

c) Otorgar identidad corporativa y motivar.

d) Solo la respuesta b) es incorrecta.

1.5. La misión en la empresa supone dar respuesta a la pregunta:

a) ¿En qué creemos?

b) ¿Para qué existe la empresa?

c) ¿Qué queremos ser en los próximos años?

d) ¿Cómo es nuestra empresa?

1.6. Para establecer la visión de una empresa debemos definir:

a) ¿Cuál es la imagen futura que queremos proyectar de nuestra empresa?

b) ¿Cuáles son nuestros deseos o aspiraciones?

c) ¿Hacia dónde nos dirigimos y dónde queremos llegar?

d) Todas las respuestas son correctas.

1.7. Los elementos estructurales de la organización son:

a) Capital humano y flexibilidad.

b) Jerarquía y recursos de trabajo.

c) Responsabilidad y concreción profesional.

d) Ninguna de las respuestas es correcta.

1.8. La delegación de autoridad debe ser:

a) Concreta.

b) Limitada jerárquicamente.

c) Expresa.

d) Las respuestas a) y c) forman la respuesta completa.

1.9. La eficacia organizacional es sinónimo de:

a) Máxima rentabilidad.

b) Equilibrio energético.

c) Plena producción de los recursos.

d) Mantenimiento del sistema interno.

© Ediciones Paraninfo

1.10. La gestión de los recursos humanos exige:

a) Equilibrio y optimización.
b) Una autoridad clara y contundente.
c) Una buena gestión del liderazgo.
d) Ninguna de las respuestas es correcta.

1.11. El estudioso de los recursos humanos que introdujo la gráfica del cronograma de actividades fue:

a) Fayol.
b) Taylor.
c) Gantt.
d) Owen.

De aplicación

1.12. Define cuáles son los elementos de la organización de un restaurante.

1.13. Adolfo Martín posee en un restaurante en un polígono industrial. Está intentando captar nuevos clientes porque ha escuchado que van a cerrar una importante empresa del polígono. ¿Por qué hace esto? ¿Qué es lo que le influye?

1.14. Al terminar el ciclo formativo, un grupo de alumnos decidís abrir un restaurante de comida rápida. Se basará en elaboraciones sencillas pero con mucha calidad en materias primas, procesos, altos controles de seguridad e higiene y atención personalizada al cliente.

Desarrolla:

a) La visión del establecimiento.
b) Su misión.
c) Los valores de la empresa.
d) ¿Cuál es el elemento que representaría la organización formal de la empresa?
e) En cuanto a la organización informal, ¿en qué momentos podría potenciarla?

1.15. El restaurante tiene las siguientes áreas:

- Los tres dueños, que hacen de directores y toman decisiones conjuntas.
- Cocina, dividida en:
  - Cuarto frío, con un encargado y cuatro cocineros.
  - Cocina caliente, con un encargado y 6 empleados.
- Pastelería, con un encargado y dos pasteleros.
- Sala, con un metre y 10 camareros.
- Economato, con un encargado y dos ayudantes.

Representa:

a) El organigrama vertical.
b) El organigrama escalar.
c) El organigrama AFNOR.

© Ediciones Paraninfo

De ampliación

1.16. ¿Cuáles son los principios de dirección que debería seguir la empresa de la Actividad de aplicación 1.13 para que estos alumnos tengan éxito?

1.17. ¿Crees que el hecho de que sean tres socios gestionando y tomando decisiones conjuntas se enfrenta a alguno de los principios de dirección? ¿Cuál puede ser la consecuencia? Razona la respuesta.

1.18. Navega por la página web de alguna cadena hotelera y visita su visión, su misión y sus valores. Realiza un breve informe sobre tu investigación.

1.19. Lee el ejemplo siguiente de misión y principios del Grupo Vips, publicado en su página web corporativa:

> La misión de Grupo Vips es: *«Ejercer un liderazgo basado en la excelencia profesional y en la confianza del consumidor».*
>
> Para lograr el éxito ha sido esencial que todas las personas que componen el Grupo Vips tengan presente en su labor esta misión y los principios de la compañía:
>
> - Respetar a las personas valorando su diversidad.
> - Entender el éxito asociado al trabajo en equipo.
> - Conseguir la máxima satisfacción de los clientes.
> - Comprender que la rentabilidad es esencial para el presente y para el éxito del futuro.
> - Contribuir positivamente a la sociedad.

Razona el papel y la importancia de los recursos humanos para lograr su misión, teniendo en cuenta que se trata de una empresa de restauración que trabaja de cara al cliente.

1.20. Observa la imagen siguiente:

¿Puedes enumerar todos los elementos de la organización que influyen en la satisfacción del consumidor en una empresa de restauración?

© Ediciones Paraninfo

2 Puesto de trabajo

Contenidos

Objetivos

- Reconocer la importancia de la creación de puestos de trabajo.
- Desarrollar inventarios de puestos de trabajo.
- Analizar el diseño de los puestos de trabajo.
- Elaborar profesiogramas y perfiles psicoprofesiográficos.
- Definir los conceptos básicos de la ergonomía.

Introducción

Todas las personas, durante su trayectoria profesional, ocupan un puesto de trabajo, con unas funciones asignadas en una determinada empresa.

De este modo, para las empresas, el puesto de trabajo es el pilar para la organización de las personas en unas funciones y tareas específicas; para las personas, el puesto es la causa de sus motivaciones y expectativas en el ámbito profesional.

La clave del éxito en las empresas del sector turístico habita en las personas pero, ¿cómo pueden hacer beneficioso el esfuerzo de las mismas? La respuesta está en el diseño correcto de puestos de trabajo.

Por tanto, en esta unidad analizaremos el diseño, el análisis y la descripción de los puestos de trabajo, así como las herramientas para su planificación y valoración.

2.1. Puestos de trabajo: definición y desarrollo de inventarios

Los trabajadores en la empresa se organizan según las condiciones de su puesto de trabajo.

2.1.1. Definición de puesto de trabajo

El concepto básico de **puesto de trabajo** se concreta en el lugar donde el trabajador desarrolla su actividad profesional, es decir, donde lleva a cabo su trabajo.

Este puesto de trabajo está condicionado por:

- El tipo de trabajo que se realiza.
- Las condiciones y el ambiente del lugar donde se desarrolla.
- Los métodos de trabajo y los medios disponibles para llevarlo a cabo.
- Las actitudes y aptitudes de quien realiza el trabajo.
- La responsabilidad que implica el propio trabajo.
- La posición que ocupa en el organigrama de la empresa.
- Las relaciones ascendentes y/o descendentes con otros puestos de trabajo.
- Los resultados que se esperan conseguir del trabajo y del trabajador.

¿Sabías que...

La primera persona que empezó a hablar de puestos de trabajo fue Herbert Alexander Simon (1916-2001), que en su libro *La ciencia de lo artificial* hablaba de las diferentes disciplinas que han sido creadas por el hombre. En todas ellas identifica como principal actividad el **diseño de puestos** y lo destaca como la capacidad humana y distintiva frente al resto de las especies.

© Ediciones Paraninfo

Si analizamos con más profundidad este concepto, el puesto de trabajo se basa en cuatro elementos fundamentales:

- **Tareas:** son las actividades más sencillas que realiza la persona que ocupa un puesto de trabajo y se suelen atribuir a puestos sencillos y repetitivos.
- **Obligaciones:** son tareas más complicadas, por lo general, más mentales y menos físicas. Constituyen una actividad significativa en la realización de un trabajo.
- **Función:** es el conjunto de tareas o de obligaciones que se realizan de forma reiterada por el ocupante del puesto de trabajo y, por tanto, se convierte en la razón de ser del mismo.
- **Responsabilidad:** valor que permite al trabajador reflexionar, administrar, orientar y valorar las consecuencias de sus actos en su actividad laboral.

El **puesto de trabajo** es el conjunto de funciones (compuestas de tareas y obligaciones) y responsabilidades que lleva a cabo una persona, empleando determinados métodos o procesos, y con los medios disponibles, teniendo una posición totalmente definida en el organigrama de la empresa.

El puesto de trabajo se compone de todas las actividades desempeñadas por una persona, correspondientes a una unidad organizativa (área o departamento), con una posición formal en la estructura de la empresa.

Según Herbert J. Chruden y Arthur W. Sherman en su libro *Personnel Management* el puesto de trabajo es una unidad de la organización que consiste en un grupo de obligaciones y responsabilidades que lo separan y distinguen de los demás puestos. Estas obligaciones y responsabilidades pertenecen al empleado que desempeña el puesto y contribuyen al logro de los objetivos de una empresa.

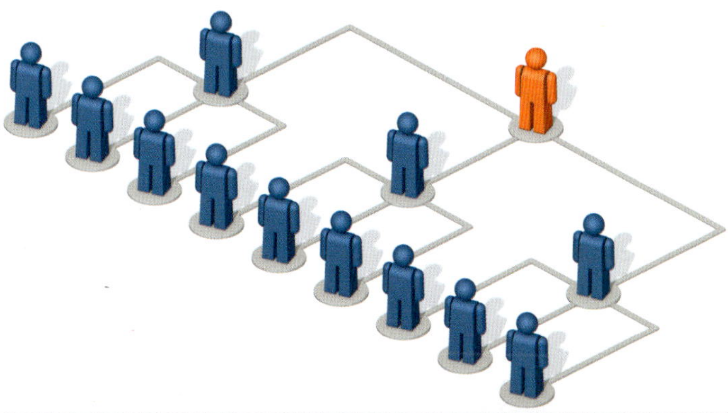

Figura 2.1. El organigrama de la empresa representa las personas que ocupan los puestos de trabajo y sus relaciones laborales.

2.1.2. Desarrollo de inventarios

El inventario consiste en elaborar una relación con todos los puestos y sus respectivas denominaciones, con un código y el nombre del empleado, en caso de conocerlo. La identificación de cada puesto de trabajo la obtendremos del **organigrama** de la organización.

Para la realización del inventario, no existe un documento oficial o común a todas las empresas; cada una puede desarrollar su propio documento interno.

A continuación, se muestra un ejemplo de inventario:

Tabla 2.1. Ejemplo de inventario de puestos de trabajo

Inventario de puestos de trabajo	
Código	**Denominación del puesto de trabajo**
0	DEPARTAMENTO DE COCINA
001	Jefe de cocina
002	Segundo jefe de cocina
003	Jefe de partida cuarto fría
0....	Etc.
1	DEPARTAMENTO DE SALA
101	Primer metre
102	Segundo metre
103	Sumiller
104	Jefe de rango
1....	Etc.
2	DEPARTAMENTO DE ECONOMATO
201	Jefe de economato
202	Ayudante de economato
203	Bodeguero
2....	Etc.
3	DEPARTAMENTO DE ....
.....	......

Se recomiendan los siguientes aspectos a la hora de elaborar un inventario:

- En la **denominación** del puesto de trabajo, no se deben utilizar las categorías contractuales, ya que inducen, en ocasiones, a confusiones. De esta forma, cada empresa debe construir su propia terminología, por ejemplo, en una cocina, el responsable se denominará *jefe de cocina*; en otra, *chef*, *chef ejecutivo*, etcétera.
- El **código** debe facilitar la sistematización y simplificar las comunicaciones, por lo que el sistema más utilizado para construirlo es el de numeración decimal, dando un significado interno a cada una de las cifras utilizadas.

  Por ejemplo, en una empresa en la que cada departamento no supere las 99 personas, podríamos hacerlo de la siguiente manera:

  - La centena marca el departamento.
  - Las unidades y las decenas marcan el puesto en ese departamento.

Actividad propuesta 2.1

Elabora un inventario citando los puestos de trabajo que existen actualmente en las empresas de hostelería, dividiéndolo en las siguientes áreas:

a) Puestos de trabajo relacionados con la cocina.
b) Puestos de trabajo relacionados con la sala/comedor.
c) Puestos de trabajo relacionados con el economato/bodega.
d) Puestos de trabajo relacionados con la gestión/administración.

Recuerda que...

Como el **éxito** de las empresas se basa en un correcto desarrollo de sus puestos de trabajo, es indispensable conocer con toda precisión lo que hace cada trabajador y las aptitudes que requiere para hacerlo bien.

2.2. Diseño, análisis y descripción de puestos

Las empresas, en su actividad diaria, desempeñan multitud de actividades. Cada una organiza sus procesos y métodos para poder aglutinar funciones y delegarlas en una o varias personas.

El **diseño**, **análisis** y **descripción** de puestos de trabajo consiste en determinar qué tareas y obligaciones corresponden a cada puesto y establecer qué cualificaciones y competencias son necesarias para conseguir los objetivos del puesto y, consecuentemente, de la empresa, con éxito.

Según Fernández-Ríos (1997), «El análisis y descripción de puestos de trabajo es la herramienta básica y primordial de gestión y dirección de recursos humanos y también de dirección y gestión empresarial, sin importar cuáles sean los fines de la empresa, el número de miembros que la constituyen o su cualificación, ni el nivel de sofisticación tecnológica».

Figura 2.2. Cocinera que desarrolla las funciones de su puesto de trabajo.

El diseño de puestos es un proceso que se compone de tres fases, que se suceden de lo general a lo específico:

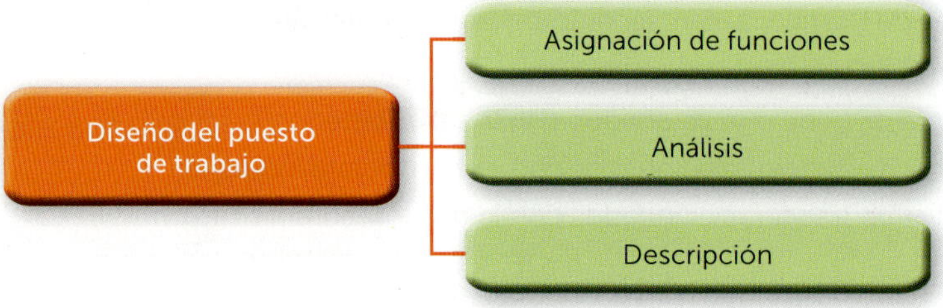

Figura 2.3. Fases del diseño del puesto de trabajo.

1. La primera fase consiste en **estructurar** el trabajo y **asignar las funciones** a cada puesto. Por ejemplo, cuántas tareas se realizan en una cocina y asociarlas con cada puesto diferenciado (pastelería, cuarto frío, cocina caliente, etcétera).
2. A continuación se realiza un **análisis** para recabar información precisa de cada puesto de trabajo. Este es un proceso en el que un puesto de trabajo se descompone en unidades más pequeñas e identificables: tareas y obligaciones, e incluso se puede llegar al nivel de acciones, movimientos, etc. Además, el análisis puede incluir la identificación de requerimientos del trabajo y de otras características del entorno del puesto de trabajo.
3. La última fase concluye con la **descripción del puesto,** señalando el total de funciones que se realizan, los métodos que se utilizan y las responsabilidades del mismo. Según Fernández-Ríos (1997), «(...) es la exposición detallada, estructurada, ordenada y sistemática, según un protocolo dado, del resultado del análisis de puestos de trabajo. Esta exposición podrá ser redactada en prosa, en forma narrativa o presentada en formatos codificados según reglas previamente establecidas o de forma mixta y no tiene que incluir necesariamente la especificación, aunque es común que se acompañe».

El objetivo de este proceso es conocer la estructura de la organización y los niveles de exigencia que se requieren de esos profesionales para lograr su eficiencia productiva de cara a la organización.

Figura 2.4. Una de las funciones del departamento de recursos humanos es analizar los puestos de trabajo.

2.2.1. Diseño del puesto de trabajo

El **diseño del puesto** es la especificación del contenido, de los métodos de trabajo y de las relaciones con los demás puestos.

Las preguntas a las que debemos responder cuando elaboramos el alcance y contenido de un puesto de trabajo son, por ejemplo, las mostradas en la Figura 2.5.

Para diseñar de forma óptima un puesto de trabajo hay que analizar la posición que ocupa este en la estructura de la empresa, es decir, el lugar que ocupa en el organigrama y sus relaciones.

¿Quién?

Equipos de trabajo que realizarán las funciones.

¿Qué?

Cuántas habilidades, conocimientos y tareas diferentes se pueden asignar a un puesto y qué nivel de especialización debe tener cada una de ellas.

¿Cómo?

Métodos utilizados, técnicas empleadas, materias primas necesarias, maquinaria u otros utensilios requeridos para el cumplimiento de las funciones.

En qué medida el contenido del trabajo de cada puesto puede estar estandarizado.

¿Cuándo?

Periodicidad de su realización (diaria, semanal, mensual, anual, etcétera).

¿Dónde?

Lugar de trabajo en el que se van a desarrollar las funciones establecidas.

¿Por qué?

Objetivos que se esperan alcanzar.

Figura 2.5. Contenido del puesto de trabajo.

En este sentido, Frederic W. Taylor ofrecía patrones para el diseño de puestos y culminó sus estudios empíricos con cuatro principios reguladores de la administración correcta de un puesto de trabajo:

Figura 2.6. Diseño de puestos de trabajo.

1. Por cada elemento de trabajo de un hombre debemos desarrollar un método que sustituya las reglas o creencias populares del modo de hacer las cosas.
2. De manera científica debemos seleccionar, capacitar, enseñar y desarrollar al trabajador.
3. Hay que cooperar con los empleados para asegurar que los trabajos se llevan a cabo de acuerdo con la pericia que se ha desarrollado para ellos.
4. Hay que admitir que hay una división equitativa del trabajo y de las responsabilidades entre la gerencia y los empleados.

Actividad propuesta 2.2

Desarrolla el diseño de un puesto de trabajo de un jefe de rango o camarero.

Actividad resuelta 2.1

Desarrolla el diseño del puesto de trabajo de un cocinero.

SOLUCIÓN

¿Quién?

- Cocinero.

¿Qué?

- Aplica las normas de seguridad e higiene en la manipulación de alimentos.
- Se encarga de elaborar y condimentar platos en su partida.
- Distribuye el trabajo entre sus ayudantes.
- Elabora vales para retirar géneros del economato.
- Se responsabiliza del buen rendimiento de materias primas.

¿Cómo? → Utensilios: cocinas, plancha gratinadora, freidora, hornos, peladora y cortadora de patatas, hortalizas, etc.; mesa de pastelería, cortadora de fiambres, máquina de picar carne, balanzas (cocina y repostería), cuchillos, machetes, espátulas, tijeras, ralladores, brochas, abrelatas, escurridores, embudos, morteros, platos, marmitas de distintos tamaños, ollas a presión, sartenes de distintos tamaños.

¿Cuándo? → Diariamente.

¿Dónde? → Cocina.

¿Por qué? → Confeccionar platos incluidos en las ofertas culinarias, según las necesidades y características de los clientes, categoría del establecimiento, etc., observando los procedimientos y normas establecidas, así como organizando y desarrollando las actividades relacionadas con la preparación y puesta a punto de su área de trabajo —equipos, herramientas, útiles diversos y materias primas— para lograr los objetivos de calidad y rentabilidad fijados.

Recuerda que...

En la actualidad, las empresas buscan trabajadores con polivalencia funcional, es decir, un trabajador debe asumir funciones diversas, pero compatibles con sus condiciones de contratación.

En conclusión, el diseño de puestos de trabajo consiste en proporcionar a los trabajadores patrones objetivos y con bases previamente analizadas de lo que es un día de trabajo.

Figura 2.7. Utensilios necesarios para la elaboración de una tarea en un puesto de trabajo.

2.2.2. Análisis del puesto de trabajo

El **análisis del puesto** es el proceso a través del cual la empresa estudia, recopila, analiza y determina la información sobre el puesto de trabajo con la intención de identificar las tareas, obligaciones y responsabilidades del mismo, de forma que sirvan para establecer el perfil de persona que debería ocuparlo y qué se exige para su adecuado desempeño. En otras palabras, es la técnica de recursos humanos que, de forma sintética, estructurada y clara, recoge la información básica de un puesto de trabajo (funciones y responsabilidades) en una organización determinada.

El análisis de puestos se realiza en las siguientes ocasiones:

- Cuando la empresa inicia su actividad.
- Cuando la empresa necesita seleccionar y reclutar personal.
- Cuando la empresa quiere diseñar nuevas políticas o evaluar el desempeño de sus trabajadores.
- Cuando la empresa quiere analizar necesidades de formación.

Figura 2.8. Camarero que realiza una de las tareas de su puesto de trabajo.

Recuerda que...

Del **análisis de puestos** se obtendrá la información necesaria para proceder a un correcto reclutamiento y selección de los trabajadores necesarios.

Para poder elaborar un correcto análisis de puestos de trabajo debemos recabar la información suficiente, que nos permita conocer las conductas de los trabajadores, las condiciones laborales y las capacidades humanas necesarias.

Las técnicas más habituales para recoger información se muestran en la Tabla 2.2, pero para que el análisis sea más efectivo se recomienda combinar algunas de estas técnicas:

Tabla 2.2. Técnicas de recogida de información en el análisis de puestos

Técnica	Descripción	Ventajas	Inconvenientes
Entrevista	Obtención de información relativa al puesto objeto de análisis de forma directa y verbal con la persona que ocupa el puesto de trabajo. Puede hacerse individualmente o en grupo.	• Resulta fácil para aclarar las posibles dudas. • Es posible la aplicación a puestos de cualquier nivel. • Se obtienen datos relativos al puesto a través de las personas que mejor lo conocen. • Se obtienen informaciones, por lo general, más amplias.	• Necesita gran inversión de tiempo para su realización. • Resulta bastante costosa. • Es posible distorsionar información confundiendo opiniones y hechos. • Una entrevista mal dirigida puede conducir a reacciones negativas del personal.
Cuestionario	Entrega de un documento con preguntas que tiene que rellenar el ocupante de un puesto de trabajo sobre sus obligaciones, habilidades y conocimientos necesarios para desempeñar sus funciones. Suelen ser muy diferentes, ya que deben adaptarse a las personas que tienen que cumplimentarlos, y a su finalidad. (ejemplo de cuestionario en la Figura 2.10)	• Es sencillo para el análisis de gran cantidad de puestos. • Es rápido y económico: no requiere inversión de tiempo ni de esfuerzo en su cumplimentación. • Es ideal para puestos de alto nivel. • Permite la colaboración del trabajador, ya que el titular del puesto es quien mejor conoce las características del mismo.	• Es difícil su elaboración para poder obtener información real. • Exige una gran planificación. • Es probable que el titular del puesto se sienta inclinado a distorsionar la descripción de su trabajo. • Ofrece una escasez de contacto personal.

(Continuación)

Tabla 2.2. Técnicas de recogida de información en el análisis de puestos

Técnica	Descripción	Ventajas	Inconvenientes
Observación directa	Contempla las acciones del trabajador a lo largo del día y anota las características principales del puesto de trabajo en una hoja de análisis.	• Es útil en puestos con acciones repetitivas, sencillas, rutinarias y con gran contenido manual. • Permite que el trabajador no abandone su puesto durante el tiempo que dure la observación. • Elimina exageraciones, ya que se observa la realidad.	• Necesita una gran inversión de tiempo para su realización. • Puede llegar a ser poco precisa, ya que no recoge información sobre la dificultad o de la importancia de las tareas. • Es inadecuada para tareas con gran contenido mental y que impliquen largos periodos de tiempo.
Grupo de expertos	Recaba las opiniones de trabajadores especialistas o supervisores experimentados.	• Permite obtener información detallada sobre un puesto.	• Necesitan una gran inversión de tiempo para su realización. • Es un proceso lento.
Diario/ bitácora	Recoge las anotaciones del trabajador con las tareas que realiza y el tiempo que dedica a cada una ellas.	• Es un trabajo minucioso. • Ofrece la posibilidad de obtener información de puestos especializados.	• Necesitan una gran inversión de tiempo para el trabajador. • El trabajador puede dar opiniones subjetivas, positiva o negativamente, del trabajo que realiza.

Una vez recopilada la información, hay que analizarla de forma eficaz y, además, es necesario repasar los datos obtenidos con las personas que ocupan el puesto para corregir posibles errores y confirmar si la información es útil.

El resultado de este análisis se concreta a través de la descripción del puesto o **profesiograma.**

Figura 2.9. Ocupante de un puesto de trabajo rellenando un cuestionario.

Actividad propuesta 2.3

Investiga, con la ayuda de Internet, otras técnicas que se utilicen en la gestión de recursos humanos para obtener información sobre un puesto de trabajo.

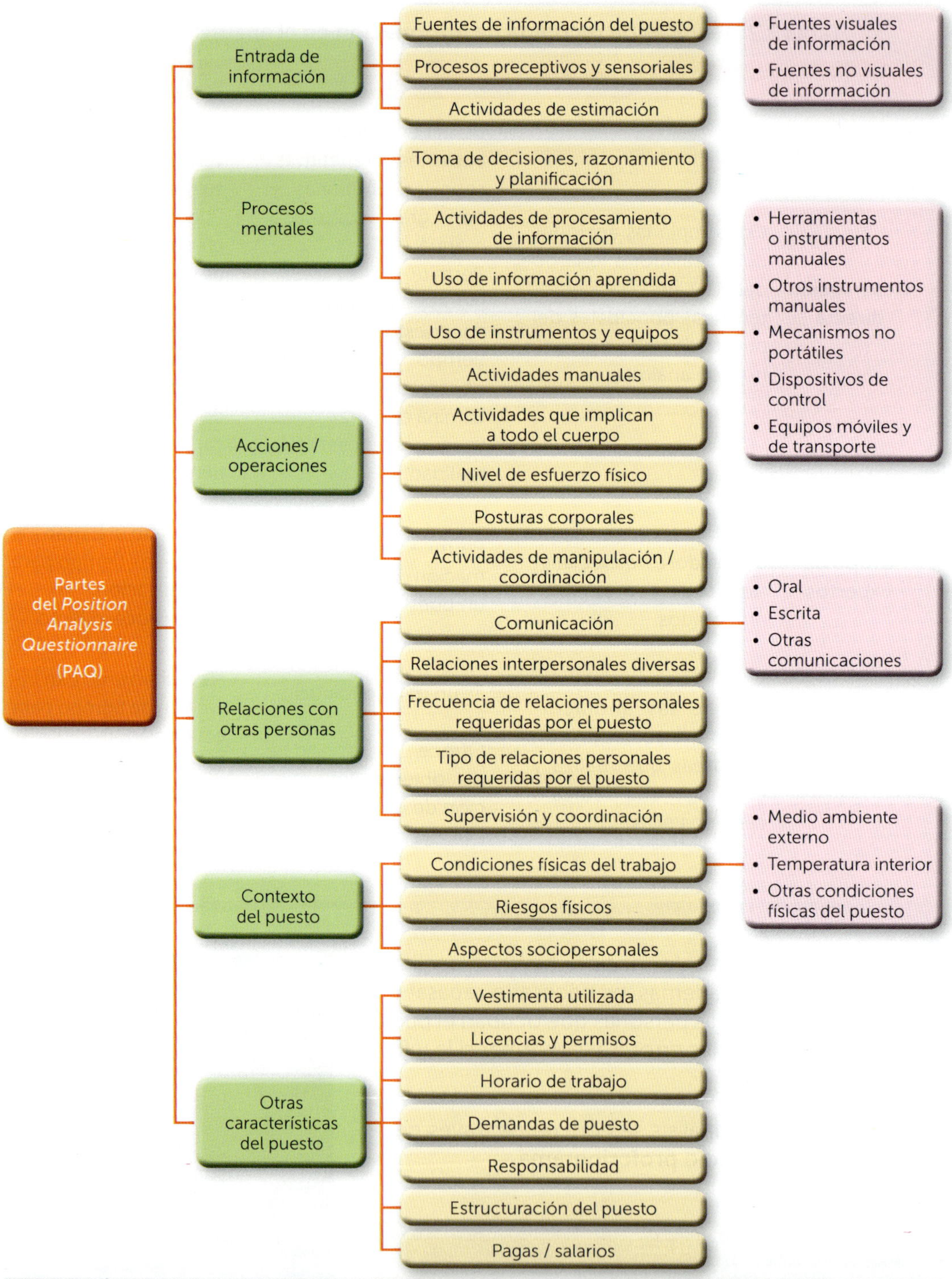

Figura 2.10. Uno de los cuestionarios más utilizados en recursos humanos para la evaluación sistemática de las características de puestos de trabajo es el *Position Analysis Questionnaire* (PAQ). El cuestionario se divide en seis partes.

2.2.3. Descripción del puesto de trabajo o profesiograma

La descripción del puesto de trabajo o **profesiograma** es el documento que recoge la información relativa a las funciones que una persona hace en su puesto de trabajo y las distingue del resto de los puestos de la empresa. Básicamente, consiste en hacer un inventario de los aspectos significativos del puesto de trabajo y de los deberes y las responsabilidades que comprende.

Figura 2.11. Jefa de cocina decorando una elaboración.

El profesiograma es el reflejo estático del puesto, es decir, la forma en la que hay que ejecutar las actividades para su puesta en funcionamiento y la determinación de las previsiones necesarias de establecer.

Los profesiogramas son de gran valor, tanto para el empleado como para la dirección de la empresa.

- Desde el punto de vista del empleado, favorecen el conocimiento de las obligaciones y de su puesto y ayudan a tener presentes los resultados que se esperan de él.
- Desde el punto de vista de la dirección de la empresa, reducen los malos entendidos o confusiones entre gerentes y subordinados respecto a las condiciones del puesto y, por otra parte, permiten emprender medidas correctoras cuando no se cumpla lo que se ha solicitado.

No existe un formato único para redactar el documento; su apariencia y contenido varía dependiendo de la empresa. La mayoría suele seguir las siguientes normas:

- Respetar la denominación formal del puesto.
- Evitar duplicidades y redundancias.
- Evitar detalles innecesarios para facilitar la comprensión del texto.

- Utilizar un correcto estilo literario y cuidar la expresión escrita.
- Evitar palabras ambiguas como «*quizás*», «*puede*», «*ocasionalmente*» o similares, que puedan causar dificultades interpretativas.
- Evitar tecnicismos para que la descripción del puesto de trabajo sea sencilla.

En cuanto al contenido, recoge los aspectos intrínsecos del puesto y se suelen clasificar en cuatro partes:

- **Nombre del puesto:** en primer lugar, hay que seleccionar el nombre del puesto. Esto tiene importancia psicológica, ya que establece el nivel jerárquico del empleado. Por ejemplo, *segundo* metre indica que este puesto tiene un nivel inferior a metre; o *camarero* indica un nivel superior que *ayudante de camarero*.

  Por otra parte, el nombre debe hacer referencia a las obligaciones que supone el puesto.
- **Identificación del puesto:** recoge los datos necesarios para localizar el puesto dentro de la organización, por lo que establece el departamento, la persona de quien depende y la fecha de la última revisión de la descripción. A veces, también incluye un número o código que identifica el puesto y cuántos empleados hay en el departamento donde se localiza.
- **Descripción o resumen del trabajo:** se refiere al contenido del puesto, para qué existe y cuáles son los resultados esperados.
- **Obligaciones y responsabilidades:** son las funciones o deberes del puesto y suelen colocarse en orden de importancia.

El profesiograma se obtiene de las fases anteriores, es decir, del diseño y análisis de los puestos. Es en esta fase cuando se da forma a toda la información obtenida en apartados anteriores.

Una vez identificado el contenido del puesto de trabajo (aspectos intrínsecos), se analiza el puesto de trabajo en relación con los aspectos extrínsecos, es decir, con los requisitos que el puesto de trabajo exige a su ocupante. Esto se denomina **perfil psicoprofesiográfico** y es un documento que detalla las cualidades personales que debe tener un trabajador, a fin de hacerse cargo de las obligaciones y responsabilidades contenidas en una descripción del puesto.

El formato y contenido de un perfil psicoprofesiográfico, al igual que el profesiograma, puede variar en función de las necesidades del puesto y de la empresa, pero se pueden establecer las siguientes áreas temáticas:

- Características personales:
  - Edad.
  - Requisitos familiares.
  - Exigencias de personalidad.
  - Cualidades especiales.
  - Puntos fuertes o débiles de la personalidad.

Recuerda que...

El **profesiograma** corresponde al puesto de trabajo, mientras que el **perfil psicoprofesiográfico** solo hace referencia al candidato para ese puesto específico.

- Requisitos intelectuales:
  - Formación necesaria.
  - Experiencia previa.
  - Iniciativa necesaria.
  - Aptitudes necesarias.
- Requisitos físicos:
  - Esfuerzo físico necesario.
  - Concentración visual necesaria.
  - Constitución física necesaria.
- Responsabilidades adquiridas:
  - Por supervisión de trabajadores.
  - Por uso de maquinaria, equipos y materiales.
  - Por métodos y procesos necesarios de cumplir.
  - Por dinero, títulos o documentos en tráfico o custodia.
- Condiciones de trabajo:
  - Ambiente de trabajo.
  - Riesgos de trabajo (si exige una adaptación al puesto).

Figura 2.12. Camarera desempeñando sus funciones.

Actividad resuelta 2.2

El «Hotel Centenario» ha realizado en los últimos años un importante esfuerzo por garantizar una correcta gestión de recursos humanos basándose en la gestión de la calidad del hotel.

El director de comidas y bebidas del hotel necesita un metre que gestione, bajo su supervisión, el área de sala o comedor del restaurante principal del hotel. Para ello, ha elaborado un exhaustivo profesiograma del puesto de trabajo, sobre el que pretende realizar el perfil psicoprofesiográfico adecuado para buscar a la persona más idónea.

Su idea es encontrar una persona joven, sin grandes obligaciones familiares, dinámica, con experiencia en el sector y con las cualidades necesarias para gestionar un equipo de trabajo.

Con base en el siguiente profesiograma, elabora el perfil psicoprofesiográfico para este puesto de trabajo:

PROFESIOGRAMA
NOMBRE DEL PUESTO: Metre
IDENTIFICACIÓN DEL PUESTO **Departamento:** Comidas y bebidas. **Persona de la que depende:** Director de comidas y bebidas. **Dependen de él:** jefes de rango, camareros, ayudantes de camarero. **Fecha última revisión:** 20-03-2019.

(Continuación)

DESCRIPCIÓN DEL TRABAJO

Planificar, organizar, desarrollar, controlar y gestionar las actividades que se realizan en el área del comedor, coordinando y supervisando la prestación de servicios de comida y/o bebida para conseguir el máximo nivel de calidad en el servicio a los clientes.

OBLIGACIONES Y RESPONSABILIDADES

- Planificar y organizar la prestación del servicio, estableciendo los procedimientos y las normas específicos del establecimiento:
  - Llevar a cabo la planificación de la dotación de personal necesaria para el establecimiento en donde desarrolla su actividad.
  - Realizar los turnos y cuadros de horarios para el personal.
  - Distribuir el trabajo por partidas o teniendo en cuenta otras circunstancias.
  - Gestionar todo lo relativo a las necesidades de material, herramientas e instalaciones propios de su área de trabajo.
- Organizar y aplicar el plan de mantenimiento y aprovechamiento de las instalaciones, equipos, útiles y herramientas.
  - Elaborar un plan de mantenimiento para el establecimiento y distribuir los equipos en las instalaciones.
  - Controlar la utilización óptima de todos los equipos, útiles y herramientas de su área de trabajo
- Planificar, organizar y supervisar los banquetes y otros eventos especiales, así como diseñar la decoración de las instalaciones.
  - Establecer la oferta de banquetes que se pueden desarrollar en el establecimiento.
  - Planificar las necesidades de material y de personal para la prestación de este tipo de servicio.
  - Coordinar las relaciones entre los distintos departamentos que participan en la prestación del servicio.
  - Definir la decoración de las instalaciones de manera acorde al tipo de evento que se vaya a prestar.
- Gestionar la bodega del restaurante y la oferta de bebidas existentes en el establecimiento.
  - Supervisar todo lo relativo a instalaciones, equipos, situación y temperatura, acondicionamiento y humedad, etcétera.
  - Elaborar la carta de vinos específica del establecimiento donde desarrolla su actividad.
  - Asesorar a los clientes para la elección de los vinos y otros tipos de bebidas.
- Supervisar los datos económicos relacionados con la actividad, establecer el presupuesto, controlar los costes y gestionar los *stocks* de bebidas.
  - Elaborar el presupuesto del departamento teniendo en cuenta las previsiones, costes, etcétera.
  - Definir y analizar las especificaciones de calidad de las bebidas.
  - Gestionar las compras, de manera que se establezcan y cumplan los procedimientos y las normas específicos.

(Continuación)

SOLUCIÓN

PERFIL PSICOPROFESIOGRÁFICO
CARACTERÍSTICAS PERSONALES
Edad: entre 25-30 años. **Requisitos familiares:** sin grandes obligaciones familiares.
REQUISITOS INTELECTUALES
Formación necesaria: Técnico Superior en Dirección en Servicios de Restauración. **Experiencia previa:** 3 años en puestos similares. **Iniciativa necesaria:** Conocedor/a del mercado, de los productos actuales y de los puntos fuertes y débiles del sector. Capacidad de toma de decisiones en momentos de tensión. Capacidad de gestionar equipos. **Aptitudes necesarias:** Organizado/a, comercial, persuasivo/a, integrador/a, respetuoso/a, innovador/a, con dotes de mando y de negociación, buenas relaciones públicas, trabajador/a.
RESPONSABILIDADES ADQUIRIDAS
Por supervisión de trabajadores .... Elevada Por uso de maquinaria, equipos y materiales .... Elevada Por métodos y procesos necesarios cumplir .... Media Por dinero, títulos o documentos en tráfico o custodia .... Baja

Actividad propuesta 2.4

Elabora el profesiograma y el perfil psicoprofesiográfico del mismo hotel que el de la Actividad resuelta 2.2 para el puesto de Jefe de cocina.

En este caso, se requiere que sea una persona con las mismas características que el anterior, que sepa dirigir equipos y, además, que tenga grandes dotes de creatividad para elaborar una oferta culinaria actual, innovadora y que atraiga a más clientes tanto del hotel, como del exterior.

Figura 2.13. Jefa de sala desempeñando las funciones de gestión.

Existe un último documento que completa y complementa al profesiograma y al perfil psicoprofesiográfico: las monografías profesionales.

Las **monografías profesionales** son estudios más completos, ya que contienen, además de la descripción y especificación del puesto de trabajo, datos como las perspectivas económicas, las oportunidades de promoción, etcétera.

TAREA:		
MONOGRAFÍA PROFESIONAL Identificación y características generales		
IDENTIFICACIÓN	**Taller o sección**	
	Personal actual	
	Fin general de la tarea	
	Tarea tipo	
CARACTERÍSTICAS DE LA TAREA	**Sociales** Trabajo individual, aislado, por equipo	
	Económicas Sueldo, primas, posibilidades de ascenso y mejora, etcétera.	
	Ambientales Iluminación, temperatura, humedad atmosférica, ruidos, vibraciones, música, etcétera.	
	Tecnológicas Posición para la ejecución de las tareas, características del puesto de trabajo, máquinas y herramientas empleadas, materiales utilizados, equipos de trabajo, etcétera.	

Figura 2.14. Monografía profesional.

2.3. Valoración de puestos

Según el comerciante y más tarde consultor de recursos humanos Robert Gray, la técnica de **valoración de puestos** «es el proceso completo de determinación del valor de un trabajo individual en relación con los otros trabajos de la empresa. Comienza con el análisis de los trabajos, para obtener las descripciones y especificaciones de las tareas, incluyendo un procedimiento para relacionar las descripciones con algún sistema apropiado para determinar el valor relativo de los trabajos o grupos de trabajo».

¿Sabías que...

La **valoración de puestos** forma parte del departamento de recursos humanos como una de sus funciones características y más importantes.

Por otra parte, la Organización Internacional del Trabajo (OIT) lo define como «*el método que permite comparar puestos de trabajo para determinar la situación de un puesto con respecto a otro en la escala salarial*».

Figura 2.15. Analistas valorando puestos de trabajo.

Por tanto, la valoración de puestos es un procedimiento de análisis y evaluación, cuyo objetivo es determinar con precisión el valor de las funciones desempeñadas en cada puesto de trabajo. Se tomará como base para la clasificación profesional, para la fijación de salarios y como instrumento para el desarrollo organizativo de la empresa.

Algunos de los beneficios que se derivan de la valoración de puestos, son:

- Proporciona un medio de llegar al análisis de las relaciones entre puestos, dentro de un mismo departamento y entre departamentos.
- Evita diferencias en los niveles de salarios para trabajos comparables.
- Establece una base salarial equitativa y definida.
- Proporciona una base para el reajuste de salarios de forma sensata.
- En el caso de trabajos nuevos, permite una comparación adecuada con trabajos similares; si no existen trabajos similares, da el medio para valorar los trabajos nuevos, ayudando así a la determinación de diferencias justas.
- Reduce las quejas y la rotación de personal, aumentando así la moral de los empleados y mejorando las relaciones entre empresa y empleado.

Los métodos básicos de valoración de puestos se clasifican en cuatro grupos:

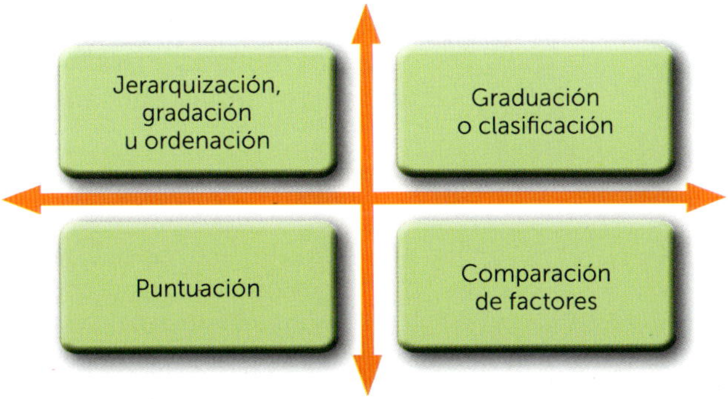

Figura 2.16. Métodos de valoración de puestos.

1. **Método de jerarquización, gradación u ordenación *(job ranking).***

   Consiste en averiguar si un puesto, en cuanto al grado de educación y experiencia requeridos, la complejidad de sus tareas, el grado de habilidad necesario, y las funciones y las responsabilidades exigidas es igual, superior o inferior a otro.

   Se marcan las diferencias entre los puestos de trabajo para graduar y jerarquizar de forma fundada y justificada.

   Este es un método fácil y rápido de aplicar, pero es esencial encontrar elementos de calificación adecuados, para que las mediciones y los resultados no caigan en la subjetividad.

2. **Método de graduación o clasificación *(job classification).***

   Este método completa y complementa el anterior, incluyendo en cada categoría una escala de medida.

   Considera que, dentro de una categoría de puestos, existen diferencias en los niveles de responsabilidades y funciones ejercidas en cada uno. Las diferencias se identifican y se expresan en términos de grados definidos y ordenados.

   El puesto se compara contra una escala, para determinar su posición relativa dentro del grupo que se clasifica.

3. **Método de puntuación *(the point system).***

   Este método descompone los puestos en cada una de las partes que compone el trabajo en su conjunto y asigna valores a cada uno de los elementos.

   El valor total del puesto se obtiene por la suma de los valores concedidos a cada factor del trabajo y su grado correspondiente, teniendo en cuenta las especificaciones y los requerimientos personalizados de quienes los desempeñan.

4. **Método de comparación de factores *(the factor comparison method).***

   En este método se definen los factores importantes que se encuentran en la mayoría de los puestos y se valoran. El valor total de cada puesto se calcula sumando los valores individuales asignados a cada factor, y los puestos son ordenados en el orden de su importancia para la compañía. Es una comparación factor a factor.

Los factores también se valorarán con criterios monetarios, así además de obtener un resultado analítico de ordenación tenemos un resultado cuantitativo que marca el salario de forma justificada.

Figura 2.17. Valoración de puestos de trabajo.

Sabías que...

Los primeros métodos de valoración de puestos surgieron después de la Primera Guerra Mundial cuando fue necesario ajustar la política retributiva a las necesidades del trabajo.

Actividad propuesta 2.5

Investiga sobre el sistema HAY de valoración de puestos de trabajo y anota en tu cuaderno sus características principales.

2.4. Ergonomía

Según la Asociación Internacional de Ergonomía, la **ergonomía** es «el conjunto de conocimientos científicos aplicados para que el trabajo, los sistemas, productos y ambientes se adapten a las capacidades y limitaciones físicas y mentales de la persona».

Según la Asociación Española de Ergonomía, la **ergonomía** es «el conjunto de conocimientos de carácter multidisciplinar aplicados para la adecuación de los productos, sistemas y entornos artificiales a las necesidades, limitaciones y características de sus usuarios, optimizando la eficacia, seguridad y bienestar».

En la actualidad, también se denomina **ingeniería de los factores humanos**, con el fin de expresar que esta disciplina abarca aspectos fisiológicos y psicológicos de las personas.

Sabías que...

El **ergónomo** o **ergonomista** es el profesional que aplica o desarrolla los conocimientos sobre el ser humano en el trabajo para adaptarlo a los trabajadores.

En definitiva, la ergonomía surge para facilitar y adaptar físicamente cada puesto de trabajo al hombre o mujer que lo va a desempeñar y su finalidad es mejorar la calidad de vida laboral del trabajador, su satisfacción en el trabajo y, con ello, aumentar su productividad.

La ergonomía pone énfasis en cómo se desarrolla el trabajo, es decir, qué movimientos corporales hacen los trabajadores y qué posturas mantienen al realizar sus labores. También se centra en las herramientas y el equipo que los trabajadores usan, y en el efecto que estos tienen en el bienestar y la salud de los trabajadores.

Sabías que...

El **síndrome del edificio enfermo (SEE)** se produce por un sistema de ventilación que no es capaz de eliminar la contaminación del aire que procede de las diversas fuentes existentes en los edificios: mobiliario, máquinas, personas, etcétera.

Los **objetivos** de la ergonomía son:

- Identificar, analizar y reducir los riesgos laborales (ergonómicos y psicosociales).
- Adaptar el puesto de trabajo y las condiciones de trabajo a las características del trabajador.

- Contribuir a la evolución de las situaciones de trabajo, no solo desde el ángulo de las condiciones materiales sino también, en sus aspectos socioorganizativos, con el fin de que el trabajo pueda ser realizado salvaguardando la salud y la seguridad, con el máximo nivel de confort, satisfacción y eficacia.
- Controlar la introducción de las nuevas tecnologías en las organizaciones y su adaptación a las capacidades y aptitudes de la población laboral existente.
- Aumentar la motivación y la satisfacción en el trabajo.

En nuestro sector, prácticamente la totalidad de trabajos que se realiza en un hotel, un restaurante, empresa de *catering* u otras empresas relacionadas con la hostelería son en posición de pie o desplazándose, realizando además, flexiones o giros con cierta asiduidad y soportando cargas pesadas durante largos periodos de tiempo.

Para prevenir lesiones o problemas de salud, las medidas ergonómicas que se deberían tener en cuenta en nuestro sector son las siguientes:

- Riesgos relacionados con la **carga de trabajo:**
  - Posturas corporales: diseñar las cocinas con la maquinaria a una altura adecuada, que permita trabajar con la espalda recta, evitando sobrecargas. Marcar pausas y descansos.
  - Formar en la manipulación de cargas: usar carros para el transporte de elementos pesados, emplear robots que limiten los movimientos repetitivos.
- Riesgos relacionados con las **condiciones de seguridad:**
  - Instalar suelos antideslizantes y de fácil limpieza.
  - Liberar obstáculos de las zonas de paso y salidas de emergencia.
  - Utilizar maquinaria especializada por parte del personal formado para ello.
  - Mantener los cuchillos bien afilados, limpios, ordenados y debidamente enfundados. Intentar mantener la muñeca en posición neutra doblándola lo menos posible.

Figura 2.18. La altura de la maquinaria facilitará una postura correcta.

- Riesgos relacionados con los **ruidos:**
  - Formar a los trabajadores sobre los riesgos a los que están expuestos en su actividad.
  - Aislar los lugares de trabajo con materiales que absorban el ruido.
  - Según el RD 286/2006, sobre la Protección de la Salud y la Seguridad de los Trabajadores contra los Riesgos Relacionados con la Exposición al Ruido, cuando se superen los 80 dBA y picos superiores a 135 dBA, habrá que facilitar a los trabajadores equipos de protección.
- Riesgos relacionados con la **iluminación:** se recomiendan los niveles de luz para la actividad de hostelería mostrados en la Tabla 2.3.

Tabla 2.3. Niveles de luz recomendados en hostelería

Zona	Nivel de luz
Vestuarios, accesos y pasillos	De 50 a 100 lux
Economato, almacén y bodega	De 100 a 150 lux
Lavado, *office* y similares	De 200 a 250 lux
Zona de cocina caliente y pastelería	De 300 a 400 lux
Cuarto frío	Mínimo 500 lux

- Riesgos relacionados con la **temperatura:** sobre todo, en cocinas, los trabajadores se ven expuestos a variaciones debido a la propia actividad. Hay temperaturas bajas en cámaras frigoríficas y de congelación (entre +5 °C y –18 °C), cuartos fríos (12 °C), y calor en las zonas de fogones y tren de lavado, donde las temperaturas pueden llegar a superar los 30 °C.

  Por ello, se deberán tomar las siguientes medidas:

  - Aislar zonas de temperaturas extremas.
  - Establecer zonas intermedias para separar zonas frías con zonas de calor.
  - Organizar periodos de descanso.

Figura 2.19. Los cocineros soportan muchos cambios de temperatura en su puesto de trabajo.

Actividad propuesta 2.6

Observa a tus compañeros/as o a tu profesor/a durante una clase práctica y analiza cómo es la posición de sus brazos, espalda y piernas así como la carga que transportan en cada situación.

Elabora un cuadro comparativo en función de cada actividad que se realiza en una clase práctica y coméntalo con el resto de la clase.

Enlaces web de interés

www.ergonomos.es
www.cehe.es
www.iea.cc
www.insht.es

Resumen

- El **puesto de trabajo** es el conjunto de funciones y responsabilidades que lleva a cabo una persona empleando determinados métodos o procesos y con los medios disponibles, teniendo una posición totalmente definida en el organigrama de la empresa.
- El puesto de trabajo se basa en cuatro conceptos fundamentales: tareas, obligaciones, funciones y responsabilidades.
- Un **inventario de puestos** es una relación con todos los puestos y sus respectivas denominaciones, que se obtienen del organigrama de la organización.
- El **diseño**, **análisis** y **descripción** de puestos de trabajo consiste en determinar qué tareas y obligaciones corresponden a cada puesto y establecer qué cualificaciones y competencias son necesarias para conseguir los objetivos del puesto.
- El **diseño** consiste en estructurar el trabajo y otorgar funciones a cada puesto. Hay que definir quién realiza el trabajo, qué habilidades y conocimientos puede desarrollar, cómo lo realizará (métodos, técnicas, etc.), cuándo se lleva a cabo la tarea, dónde se realiza y por qué se hace, es decir, qué objetivos se quieren alcanzar.
- El **análisis** es el proceso en el que la empresa estudia, recopila, analiza y determina la información sobre el puesto de trabajo para identificar las tareas, obligaciones y responsabilidades del mismo, de forma que sirva para establecer el perfil de persona que debería ocuparlo.
- Las **técnicas** que se utilizan en el **análisis de puestos de trabajo** son las entrevistas, los cuestionarios, la observación directa, los grupos de expertos y los diarios o bitácoras.
- La **descripción del puesto de trabajo** son el registro que se utiliza para recoger la información relativa a las funciones que una persona hace en su puesto de trabajo. Los documentos más utilizados por las empresas son los profesiogramas, el perfil psicoprofesiográfico y las monografías profesionales.
- Los **profesiogramas** recogen los aspectos intrínsecos del puesto y se componen de cuatro partes: nombre del puesto, identificación del puesto, descripción o resumen del trabajo y obligaciones y responsabilidades.
- El **perfil psicoprofesiográfico** recoge los aspectos extrínsecos al puesto de trabajo: características personales, requisitos intelectuales, requisitos físicos, responsabilidades adquiridas y condiciones de trabajo.
- Las **monografías profesionales**, además de contener la descripción y especificación del puesto de trabajo, incluyen datos económicos, de promoción, etcétera.
- La **valoración de puestos** es un procedimiento de análisis y evaluación cuyo objetivo es determinar con precisión el valor relativo de las diferentes funciones, y se utiliza como base para elaborar un sistema equilibrado de salarios.
- Los métodos básicos de valoración de puestos son el de **jerarquización, gradación** u **ordenación;** el de **graduación** o **clasificación;** el de **puntuación;** y el de **comparación de factores.**
- La **ergonomía** es el conjunto de conocimientos de carácter multidisciplinar aplicados para la adecuación de los productos, sistemas y entornos artificiales a las necesidades, limitaciones y características de sus usuarios, optimizando la eficacia, seguridad y bienestar.
- En nuestro sector, las **medidas ergonómicas** que se deben adoptar en los puestos de trabajo están relacionadas con la carga de trabajo, las condiciones de seguridad, los ruidos, la iluminación y la temperatura.

Actividades finales

De comprobación

2.1. Los puestos de trabajo incluyen:

a) Tareas y obligaciones.

b) Funciones y responsabilidades.

c) Funciones y valores.

d) Las respuestas a) y b) son correctas.

e) Ninguna de las respuestas es correcta.

2.2. El diseño del puesto de trabajo es:

a) La especificación del contenido, los métodos y las relaciones con los demás puestos.

b) El estudio y la obtención de información de un puesto de trabajo.

c) El documento que recoge la información relativa a las funciones de un puesto.

d) El registro de tareas y responsabilidades.

e) Ninguna de las respuestas es correcta.

2.3. ¿Qué tipo de contenidos se analizan en un profesiograma y en un perfil psicoprofesiográfico?

a) En el profesiograma se analizan contenidos intrínsecos al puesto y en el perfil psicoprofesiográfico, contenidos extrínsecos al mismo.

b) En el profesiograma se analizan contenidos extrínsecos al puesto y en el perfil psicoprofesiográfico, contenidos intrínsecos al mismo.

c) Ambos analizan tanto contenidos intrínsecos como extrínsecos.

d) Ambos describen contenidos relacionados con las categorías profesionales de la empresa.

e) Ninguna de las respuestas es correcta.

2.4. Una ventaja de elaborar un cuestionario para la recogida de información en el análisis de puestos de trabajo es que:

a) Es ideal para puestos de bajo nivel.

b) Es ideal para puestos con acciones repetitivas y rutinarias.

c) Es sencillo de elaborar.

d) Es ideal para puestos de alto nivel.

e) Ninguna de las respuestas es correcta.

2.5. La técnica de obtención de datos que nos permite analizar las opiniones de trabajadores especialistas o experimentados es:

a) El diario o la bitácora.

b) Las entrevistas.

c) Los grupos de expertos.

d) Los cuestionarios.

e) Ninguna de las respuestas es correcta.

2.6. La diferencia entre un profesiograma y un perfil psicoprofesiográfico es:

a) Que el profesiograma corresponde al candidato idóneo para un puesto y el perfil psicoprofesiográfico, al propio puesto de trabajo.

b) Que el profesiograma corresponde al puesto de trabajo y el perfil psicoprofesiográfico, al candidato idóneo para un puesto.

c) Que en el perfil psicoprofesiográfico se añade la edad del candidato.

d) No existen diferencias entre ambos documentos.

e) Ninguna de las respuestas es correcta.

© Ediciones Paraninfo

2.7. Un beneficio de la valoración de puestos es que:

a) Evita diferencias en los niveles de salarios para trabajos comparables.

b) Establece una base salarial equitativa y definida.

c) Reduce quejas y rotación de personal, aumentando así la moral del personal y mejorando las relaciones entre empresa y empleado.

d) Proporciona una base para el reajuste de salarios de forma sensata.

e) Todas las respuestas anteriores son correctas.

2.8. El método de valoración de puestos, que consiste en averiguar si un puesto es inferior, superior o igual a otro, se denomina:

a) Método de clasificación.

b) Método de jerarquización.

c) Método de puntuación.

d) Método HAY.

e) Ninguna de las respuestas es correcta.

2.9. ¿Cuál crees que es la mayor causa de accidentalidad en nuestro sector?

a) Heridas y lesiones superficiales.

b) Dislocaciones, esguinces y torceduras.

c) Quemaduras y congelaciones.

d) Conmociones y lesiones internas.

e) Ninguna de las respuestas es correcta.

2.10. Señala la respuesta correcta: Uno de los objetivos de la ergonomía es...

a) Adaptar el puesto de trabajo y las condiciones de trabajo a las características de la empresa.

b) Aumentar la motivación, la satisfacción y, en ocasiones, el salario.

c) Identificar y reducir los riesgos laborales.

d) Describir los procesos de trabajo.

e) Todas las respuestas son correctas.

2.11. La relación de los puestos de trabajo identificados con su respectiva denominación, un código y el nombre del empleado, en caso de saberlo, se conoce como:

a) Organigrama.

b) Inventario.

c) Profesiograma.

d) Perfil laboral.

e) Ninguna de las respuestas es correcta.

2.12. Señala la afirmación incorrecta sobre la valoración de puestos de trabajo:

a) Establece una base salarial equitativa.

b) Evita diferencias salariales en trabajos iguales.

c) Reduce la rotación del personal.

d) No sirve para reajustar salarios de forma juiciosa.

e) Mejora las relaciones entre empresa y empleado.

De aplicación

2.13. ¿Cuáles son las características fundamentales en el concepto de puesto de trabajo?

2.14. ¿Es lo mismo el análisis de puestos que la descripción de puestos? Razona tu respuesta.

2.15. Investiga el significado de la palabra profesiografía.

2.16. Define, con tus palabras, qué es la valoración de puestos de trabajo.

2.17. Investiga otros métodos, diferentes a los estudiados, para valorar puestos de trabajo.

© Ediciones Paraninfo

2.18. Desarrolla el diseño de los puestos de trabajo de un establecimiento de comida rápida, basándote en el siguiente organigrama.

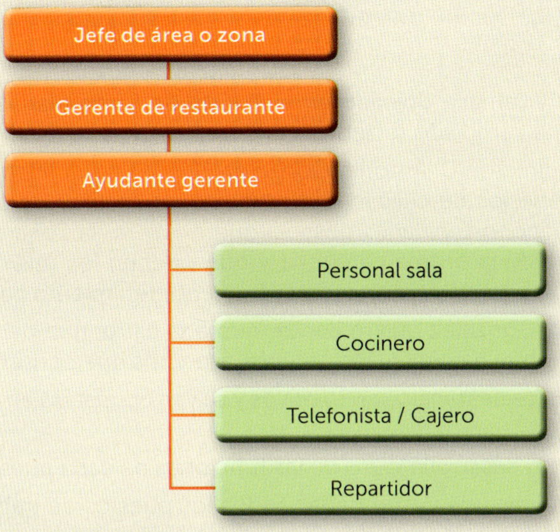

2.19. Elabora los profesiogramas y perfiles psicoprofesiográficos de la Actividad de aplicación 2.18.

2.20. Analiza los riesgos que existen en tu escuela en relación con:

a) La carga de trabajo.
b) Las condiciones de seguridad.
c) Los ruidos.
d) La iluminación.
e) La temperatura.

Una vez analizados, elabora un cuadro con las medidas ergonómicas que adoptarías para poder prevenir cada riesgo y compáralo con el que elaboraron tus compañeros y compañeras.

2.21. **Debates en el aula**

- ¿Crees que las empresas de hostelería planifican sus necesidades de recursos humanos? ¿Cuáles son los beneficios o inconvenientes de esta planificación?
- ¿Hasta qué punto crees que es ético que en el perfil psicoprofesiográfico y en el profesiograma aparezcan requisitos físicos, como por ejemplo, ir afeitado o no llevar *piercings*?
- Establece un debate con tus compañeros y compañeras, posicionando y razonando tu postura.

De ampliación

2.22. Caso práctico:

El «Hotel Villamar», ubicado en el Puerto de Santa María, con categoría de tres estrellas, ha cambiado recientemente la dirección.

El nuevo director, D. Antonio González, busca una política de expansión y quiere ofrecer servicios de calidad. Sin embargo, al analizar las debilidades, amenazas, fortalezas y oportunidades observa que existe en la zona una gran competencia en hoteles de la misma categoría y que ofrecen los mismos servicios, sin tener ninguno una oferta complementaria de entretenimiento para los turistas.

D. Antonio González quiere dar un giro a la estructura del hotel y a su forma de gestión, ya que ha observado algunos aspectos que considera negativos:

- Los puestos de trabajo son rotativos y se van ocupando en función de la demanda del hotel.
- No hay un desarrollo claro de las funciones de cada puesto de trabajo.
- Las personas que desempeñan todos los puestos de trabajo tienen escasa formación y profesionalidad.

Para el nuevo director, los recursos humanos son la clave del éxito del hotel, por lo que quiere emprender ampliaciones de personal. Para esto, necesita contar con alguien que conozca bien el hotel y realice un buen análisis de los puestos de trabajo para poder dotar al hotel del personal necesario.

La persona que ayudará a D. Antonio González ha elaborado un inventario con los puestos existentes actualmente en el hotel:

- Director.
- Administración.
- *Housekeeping*.
- Recepción y reservas.
- Restaurante.
- Cocina.
- Cafetería.
- Mantenimiento.

D. Antonio González observa que muchos de estos departamentos podrían juntarse en el mismo y que faltan otros de vital importancia para el hotel, como por ejemplo, marketing o comunicación.

Preguntas para el estudio

Distribuiros en grupos de tres personas y contestad a las siguientes preguntas:

a) Valorad los puestos de trabajo existentes en el hotel y elaborad una nueva propuesta que garantice la gestión actual.

b) Elaborad, según vuestra propuesta, la descripción de los puestos de trabajo mediante profesiogramas y perfiles psicoprofesiográficos.

c) Explicad la nueva organización del hotel al resto de grupos de la clase.

2.23. A continuación se recoge una lectura relacionada con la creación de puestos de trabajo en una cadena de cafeterías.

Starbucks creará 5000 empleos en Reino Unido en los próximos cinco años

La cadena estadounidense de cafeterías Starbucks Coffee tiene previsto crear alrededor de 5000 nuevos puestos de trabajo en el Reino Unido en los próximos cinco años gracias a su proyecto para acelerar la creación de establecimientos *drive-thru,* aquellos en los que los clientes hacen su pedido por una ventanilla y lo recogen desde su vehículo, según informó la empresa en un comunicado. La compañía explica que en los próximos cinco años tiene previsto abrir 200 nuevos establecimientos *drive-thru* en el país, con el objetivo de situarse como líder en este negocio. «Combinado con la apertura de tiendas convencionales en el mismo periodo, la compañía espera crear 5000 nuevos empleos», explica.

En este sentido, añade que el crecimiento de su negocio refleja el continuado interés de los británicos por consumir un mejor café independientemente de donde se encuentren. Así, recuerda que, según un estudio, los ciudadanos del Reino Unido piensan que el café servido en las carreteras es «muy malo» y reclaman la misma calidad que existe en High Street.

Starbucks cuenta actualmente con nueve establecimientos *drive-thru* en Reino Unido, el primero de los cuales se abrió en Cardiff en 2008. Alrededor de la mitad de las nuevas tiendas serán abiertas en las estaciones de servicio Euro Garages, la mayoría situadas en Midlands y el Norte de Inglaterra.

Con más de 700 establecimientos en el Reino Unido, Starbucks ha registrado un constante crecimiento de las ventas en los últimos dos años gracias a una serie de innovaciones, como el cambio al café de comercio justo, el lanzamiento de nuevos productos y nuevos diseños de los establecimientos o el servicio de Wi-Fi gratis. Asimismo, ha encontrado nuevos lugares para vender su café, como trenes y aviones o supermercados y lugares de trabajo. Además en 2012, Starbucks abrió 35 establecimientos en autopistas con Welcome Break, que sirvieron siete millones de tazas de café en un año.

Fuente: https://www.eleconomista.es/empresas-finanzas/noticias/3574299/12/11/Starbucks-creara-5000-empleos-en-Reino-Unido-en-los-proximos-cinco-anos-.html

Tras la lectura, contesta a las siguientes preguntas:

a) ¿Cómo plantearías la descripción del puesto de trabajo requerido en este artículo?

b) ¿Crees que en España tendría éxito este tipo de negocio?

Figura 2.20. En algunos países el consumo de café creará nuevos puestos de trabajo.

© Ediciones Paraninfo

3 Planificación del personal dependiente a la estructura organizativa

Contenidos

Objetivos

- Desarrollar perfiles por competencias.
- Conocer el proceso de planificación de personal.
- Analizar la normativa laboral del sector.
- Elaborar plantillas estables.
- Gestionar turnos de manera eficaz.
- Valorar la importancia de los métodos de medición de tiempos.

Introducción

Supongamos que gestionamos un restaurante en el que están trabajando actualmente ocho personas. En ocasiones, damos un servicio mediocre y como consecuencia, encontramos clientes insatisfechos. Eso ocurre cuando el restaurante está lleno, ya que no tenemos un número suficiente de trabajadores. Sin embargo, en otras ocasiones, ofrecemos un servicio excelente. ¿Qué ocurre? Que los días en los que apenas hay demanda, nuestros empleados trabajan de forma relajada y prácticamente podríamos decir que hay más trabajadores que clientes. Nuestro servicio estos días es muy correcto, pero estamos incurriendo en un coste inútil de personal. Lo ideal en una situación como esta sería tener un equilibrio y para ello las empresas deben planificar de forma apropiada sus recursos humanos.

En esta unidad analizaremos el proceso de planificación de recursos humanos así como la normativa laboral aplicable en nuestro sector. Una vez estudiados estos aspectos, podremos comenzar a gestionar plantillas y turnos.

3.1. Planificación de recursos humanos

Muchas de las empresas que existen en la actualidad tienen éxito y sobreviven porque fueron hábiles, en un momento determinado, como para prever el producto o servicio adecuado en el momento oportuno. Esto hace que determinadas empresas sean el número uno en los *rankings* empresariales.

Recuerda que...

Planificar significa establecer un plan de previsión de necesidades para el futuro.

Figura 3.1. Planificación de los recursos humanos en la empresa.

La **planificación de recursos humanos** consiste en alcanzar que una determinada organización tenga un número de trabajadores, con las competencias y cualificaciones necesarias, durante un tiempo determinado y en los puestos correspondientes, para que las actividades de la empresa se realicen de forma correcta y los clientes queden satisfechos, obteniendo la rentabilidad esperada. En definitiva, es el proceso sistemático de elaboración, dentro del marco de la organización, de planes estratégicos que permitan disponer, en todo momento y en el lugar adecuado, de las personas necesarias, con las competencias apropiadas, para conseguir, en el plazo y forma establecidos, los objetivos de la empresa.

Sabías que...

«La noción de que la estrategia es algo que debe ocurrir "allá arriba", bien alejados de los detalles del manejo del día a día de la organización es una de las grandes mentiras de la gerencia estratégica convencional.»

Henry Mintzberg

La planificación debe efectuarse no solo cuando se inicia la actividad de la empresa, sino también durante su evolución, ya que permitirá prever necesidades futuras de personal, detectar las carencias y excesos de los recursos humanos, organizar el sistema de promociones y transferencias internas y elaborar planes de personal.

Los **objetivos** de la planificación de personal son los siguientes:

- Utilizar de forma rentable los recursos humanos disponibles, creando un buen clima laboral y considerando la creación de políticas de promoción y formación.
- Garantizar la correcta distribución de personal para alcanzar los objetivos planificados en la empresa, siguiendo la tendencia de potenciar al personal existente sin recurrir al mercado exterior, salvo necesidad.
- Hacer sentirse motivado al personal, de modo que sepan que son valorados de forma periódica y se les tiene en cuenta para puestos nuevos o vacantes de superior categoría o mayor responsabilidad.
- Incorporar la actividad de planificación del personal con la planificación general, de modo que la información y las argumentaciones que puedan aportar a esta sean utilizadas por los otros departamentos de la empresa (marketing, contabilidad, etc.), y viceversa.
- Contribuir en el logro de beneficios.
- Tener previstas estrategias en caso de ampliación o reducción del negocio (por ejemplo, la reducción de personal en épocas de crisis económica o cuando, en verano, muchos hoteles requieren contratar más personal).

3.1.1. Desarrollo de perfiles por competencias

Continuando con lo expuesto anteriormente, las empresas planifican sus recursos humanos para obtener trabajadores con competencias necesarias, pero ¿qué es una competencia?

© Ediciones Paraninfo

Recuerda que...

Las **competencias**, como un conjunto de comportamientos en el puesto de trabajo, deben ser observables, ya que aquello que se puede observar se puede analizar, interpretar y hablar.

Según Richard E. Boyatzis (1982), técnico organizador estadounidense y distinguido profesor de universidad, *«una competencia es una característica subyacente en una persona que está causalmente relacionada con un desempeño bueno o excelente en un puesto de trabajo concreto y en una organización concreta»*.

Las **competencias** se componen de los siguientes **elementos:**

- Saber (conocimientos): el conjunto de conocimientos.
- Saber hacer (habilidades / destrezas): que la persona sea capaz de aplicar los conocimientos que posee a la solución de los problemas que le plantea su trabajo.
- Saber estar (actitudes / intereses): que los comportamientos se ajusten a las normas y reglas de la organización.
- Querer hacer (motivación): si un trabajador comprueba que sus esfuerzos por conseguir una utilización más eficaz del tiempo no se valoran puede llegar a decidir que no merece la pena esforzarse por hacerlo.
- Poder hacer (medios y recursos): se trata de que la persona disponga de los medios y recursos necesarios para llevar a cabo los comportamientos incluidos en la competencia.

Por tanto, en la gestión por competencias debemos distinguir entre competencias profesionales (aptitudes) y competencias personales (actitudes).

Figura 3.2. En el perfil por competencias las actitudes y las competencias personales adquieren gran importancia.

© Ediciones Paraninfo

Un perfil por competencias está formado por las habilidades y conocimientos que se requieren para desempeñar un puesto de trabajo, así como los comportamientos y actitudes que tienen las personas con el mayor desempeño dentro de sus puestos de trabajo.

El perfil por competencias debe ser un modelo conciso y describe comportamientos que se puedan observar. Está vinculado a la estrategia y a la cultura de la empresa.

Tabla 3.1. Competencias que todas las empresas deberían valorar y desarrollar en sus empleados

Perfil por competencias
• Orientación al cliente.
• Escucha activa.
• Capacidad para relacionarse.
• Anticipación.
• Toma de decisiones.
• Orientación al logro.
• Empatía.
• Resolución de problemas.
• Flexibilidad.
• Proactividad.
• Compromiso.
• Autocontrol

Actividad propuesta 3.1

Desarrolla los siguientes perfiles por competencias:

a) Jefe de cocina.
b) Cocinero.
c) Jefe de comedor.
d) Camarero.

3.1.2. Proceso de planificación de personal

En el proceso de planificación de personal se pueden establecer las siguientes fases:

- Establecer los objetivos específicos del área de recursos humanos que deben ir coordinados con los objetivos generales de la empresa.

- Analizar la situación laboral actual, desde dos vertientes:
  - **Análisis de la demanda de trabajadores:** en primer lugar, hay que hacer una aproximación de cuántos trabajadores tenemos y cuáles son sus perfiles profesionales.

    Para poder cuantificar esto habrá que tener en cuenta el tamaño de la empresa y lo que se espera de ella en el futuro, es decir, un posible crecimiento.

    Por otra parte, habrá que analizar si la mano de obra de la que disponemos es productiva, es decir, que si con los mismos empleados se puede aumentar la producción, un incremento de producción no incrementaría la mano de obra porque los mismos trabajadores podrían realizar más funciones.

    Además, será necesario tener en cuenta los siguientes factores internos, externos y laborales, que se muestran en la Tabla 3.2.

Tabla 3.2. Ejemplos de factores internos, externos y laborales en el análisis de la demanda de trabajadores

	Factores internos	Factores externos	Factores laborales
Definición	Aspectos organizativos de la empresa que modifican sus planes estratégicos.	Cambios que se producen en el entorno de la organización que no son controlables por la propia empresa.	Asuntos que pueden modificar positiva o negativamente la demanda de los recursos humanos.
Ejemplos	Planes estratégicos.	Ciclo económico.	Jubilaciones.
	Presupuestos.	Factores sociales.	Renuncias.
	Previsiones de ventas.	Factores culturales.	Maternidades.
	Nuevas tecnologías.	Factores tecnológicos.	Enfermedades.
	Lanzamientos de nuevos productos o servicios.	Factores competitivos.	Excedencias.
	Cambios en los precios.	Estacionalidad.	Despidos.
	Nuevos canales de distribución.	Nuevas tendencias de los consumidores.	Absentismo.

Por otra parte, para hacer una previsión de la demanda necesaria de trabajadores se utilizan diversas técnicas, que se clasifican como se muestra en la Tabla 3.3.

Tabla 3.3. Técnicas de previsión de la demanda de trabajadores

Cualitativas	Técnicas que analizan las motivaciones, aspiraciones y capacidades de los trabajadores actuales.	Técnica de grupo nominal	Reuniones de expertos para determinar la oferta y la demanda necesaria de recursos humanos.
		Técnica Delphi	Se basa en la elaboración de un cuestionario que ha de ser contestado por los expertos. Una vez recibida la información, se vuelve a realizar otro cuestionario basado en el anterior, para ser contestado de nuevo. Por último, se elabora un informe con las conclusiones.
Cuantitativas	Técnicas matemáticas o estadísticas.	Análisis de tendencias	Estudio histórico de las necesidades de personal que ha tenido la empresa y previsión en base a los resultados de necesidades futuras.
		Análisis de la razón	Relación entre el volumen de ventas y el número de trabajadores necesarios a través de la que se obtiene la cantidad de personal para el futuro.
		Regresiones	Fórmulas matemáticas que relacionan a los trabajadores con diferentes variables, como por ejemplo, la producción, las ventas, etcétera.

Figura 3.3. En la planificación de personal se analiza la demanda y la oferta de trabajadores.

- **Análisis de la oferta de trabajadores:** en este caso, hay que analizar qué trabajadores cualificados hay en el mercado que satisfagan las necesidades de la empresa.

  La oferta de mano de obra está limitada por la situación del mercado interno y del mercado externo.

  En cuanto al mercado interno, hay que analizar no solo cuantos empleados existen dentro de la empresa sino también cuál es su cualificación y su potencial para prever qué nuevos puestos o vacantes de la empresa podrían ser ocupados con estos trabajadores.

  Para valorar esto, las empresas suelen realizar auditorías de recursos humanos y, además, elaboran inventarios de recursos humanos (*ver* Unidad 2) a través de los que se obtiene información para tomar decisiones respecto a las promociones internas. Este paso es de gran importancia, ya que de estas decisiones va a depender la motivación de los trabajadores actuales.

  Si la empresa no encuentra a la persona adecuada para el puesto dentro de la organización, tendrá que recurrir a buscarla en el mercado externo o en otras empresas de la competencia. Para ello, tendrá que analizar las condiciones demográficas, los valores sociales y el nivel educativo de la población en cuestión.

  En nuestro sector, caracterizado por la estacionalidad, las empresas suelen recurrir al mercado externo para contratar personal extra o temporal durante los picos altos de demanda. Por ello, la empresa deberá tener previsto un plan para los puestos que deben ser reforzados en temporada alta.

Figura 3.4. Trabajadores de hotel.

- Una vez que conocemos la oferta y la demanda, compararla y analizar el ajuste entre ellas para poder implantar planes a corto, medio o largo plazo.

  Esta relación nos depara tres situaciones:

  - Cuando la demanda de trabajadores está **equilibrada con la oferta**, estaríamos en una situación ideal y la mayoría de las empresas desearía poder aspirar a ella. En estas situaciones, solo nos tendríamos que encargar de prever sustituciones o reajustes puntuales mediante la reasignación de trabajadores.

  - Cuando la empresa **necesita más trabajadores** de los que hay disponibles, tendrá que desarrollar las siguientes acciones: formar y reciclar trabajadores para aumentar sus habilidades y conocimientos y, con ello, su productividad; mantener a los trabajadores actuales; reclutar y seleccionar nuevos puestos; subcontratar determinados servicios externos, como por ejemplo, la lavandería en un hotel; y contratar trabajadores eventuales o que realicen horas extras.
  - Cuando la empresa tiene **más trabajadores de los que necesita**, estamos ante una situación compleja y para solucionarla se pueden tomar las siguientes medidas: amortizar puestos de trabajo, (por ejemplo, no contratar a alguien nuevo si un empleado se jubila) reducir el número de horas de trabajo, que consecuentemente repercutirá en los salarios de los empleados; ofrecer recortes salariales y jubilaciones anticipadas; y, si no queda otro remedio, la empresa tendrá que despedir a parte de la plantilla, lo que normalmente suele afectar a los trabajadores a tiempo parcial o con contratos temporales.
- Por último, cuando hayamos analizado y solucionado los desajustes, elaborar planes de recursos humanos que sirvan como base para el reclutamiento y la selección.

3.1.3. Planes de recursos humanos

El **plan de recursos humanos** es un documento que se elabora con la finalidad de analizar y determinar todos los aspectos relacionados con las políticas de personal, desde la detección de conflictos hasta el desarrollo de estrategias de solución de los mismos.

Los planes de recursos humanos se enfocan, generalmente, al desarrollo de los empleados y la organización del trabajo.

Recuerda que...

La mayor parte de las empresas actuales admiten que la administración de los recursos humanos desempeña una función clave en el desarrollo de una **estrategia competitiva viable.**

De forma general, un **plan de recursos humanos** incluye:

- La definición de competencias, teniendo en cuenta la descripción realizada de los puestos de trabajo.
- La eliminación de competencias que no sigan la consecución de objetivos, mediante la reclasificación del puesto, su desaparición, etcétera.
- Un plan de contrataciones, que incluya definición de los contratos, condiciones generales y relaciones laborales.
- Los planes salariales que establezcan salarios diferenciados para cada categoría.

Figura 3.5. Los planes de recursos humanos se enfocan a la búsqueda de soluciones en la organización del personal.

- La formación y el desarrollo de sistemas de reconocimiento y planes de carrera para incrementar o ampliar la responsabilidad de los empleados y su motivación.
- El plan de externalización de funciones: se deberá determinar la naturaleza de las funciones a externalizar, identificando los consultores externos idóneos y cuantificando su coste. Por ejemplo, actualmente el servicio de lavandería en los hoteles se suele externalizar; para ello, las lavanderías industriales ofrecen a los hoteles desde el alquiler de la ropa hasta todo el servicio de lavado, planchado, transporte y reposiciones.

Además, hay que tener previstos planes alternativos para las situaciones que no se hayan podido predecir, de modo que, ante cualquier situación, tengamos una alternativa para poder dar solución al problema.

Actividad propuesta 3.2

Reflexiona y debate con tus compañeros las siguientes preguntas:

a) ¿Piensas que las empresas de hostelería planifican y desarrollan sus perfiles por competencias?

b) Los trabajadores del sector, ¿buscan un puesto de trabajo sencillo, fácil y sin complicaciones o prefieren un puesto que les suponga un reto continuo y se sientan autorrealizados al desarrollarlo?

3.2. Normativa laboral

En España contamos con diferentes convenios laborales, entre autonómicos y provinciales, en el sector de hostelería que se van modificando y actualizando a lo largo de los años, añadiendo cambios salariales y otros aspectos.

En todos ellos se concretan y analizan diferentes condiciones, entre las que se destacan:

- La jornada laboral es el tiempo que ha de dedicar el trabajador a la realización de la actividad para la que ha sido contratado, computado en días, semanas o años. La jornada laboral máxima ordinaria será de 1800 horas anuales de trabajo efectivo y la jornada máxima semanal será de 40 horas de trabajo efectivo.
- Todos los trabajadores tendrán derecho a un descanso diario dentro de su jornada laboral diaria, siempre que esta exceda de seis horas, que no computará como trabajo efectivo.
- En cuanto a las horas extras, se considera hora extraordinaria toda aquella que se realice sobre la duración máxima de la jornada ordinaria semanal de trabajo establecida en el calendario laboral.

- Anualmente se entregará un calendario laboral que recoja aspectos como turnos, jornadas, días festivos, descansos semanales, etcétera.
- El descanso laboral es aquel periodo de tiempo durante el cual el trabajador está libre de la actividad laboral y no disponible para el empleador.
- El periodo de vacaciones variará dependiendo del tiempo que esté el trabajador al servicio de la empresa. Por ejemplo, si los trabajadores están menos de un año, se calcula de forma proporcional a su antigüedad en la misma.
- Todos los trabajadores disponen de 14 días festivos de cada año natural. Siempre que no se disfruten en sus fechas correspondientes, se compensarán o bien acumulándolos a las vacaciones anuales o disfrutándolos como descanso continuado en un periodo distinto.

Recuerda que...

El **descanso laboral diario** está retribuido y estará previamente pactado y definido. En este tiempo, el trabajador se desvincula del trabajo en sí, pero no de la relación laboral.

Figura 3.6. Es conveniente que los trabajadores lean y conozcan el convenio laboral de su sector.

Recuerda que...

El número de **horas semanales** que realiza un trabajador varían dependiendo del país. Por ejemplo, en Reino Unido la legislación no establece nada y se rigen por lo fijado en cada convenio colectivo.

Recuerda que...

El derecho a las vacaciones periódicas aparece reconocido en el Artículo 40.2 de la Constitución. Se trata de un derecho irrenunciable e incompensable económicamente. El empresario no podrá sancionar a los trabajadores con la reducción de la duración de las vacaciones u otras minoraciones de los derechos al descanso del trabajador.

Figura 3.7. Los trabajadores tienen derecho a disfrutar de un periodo de vacaciones.

¿Sabías que...?

De los 14 días festivos que corresponden a cada trabajador, 12 días corresponden a fiestas nacionales y 2 días a fiestas de las correspondientes comunidades autónomas.

Actividad propuesta 3.3

Busca en Internet el convenio laboral de tu comunidad autónoma y analiza, anotando en tu cuaderno, las características más importantes relacionadas con los puntos tratados en este apartado.

3.3. Planificación de plantillas y gestión de turnos

En un sector tan estacional y dinámico como el turístico, es fundamental realizar una gestión efectiva de plantillas y turnos para el buen funcionamiento del establecimiento.

3.3.1. Gestión de plantillas

En recursos humanos, se entiende por **plantilla** el conjunto de empleados o colaboradores que forman parte de la organización, prestando sus servicios, durante un periodo de tiempo determinado y con una categoría profesional acorde al puesto de trabajo desempeñado.

La **planificación de plantillas** es algo imprescindible para cumplir los objetivos establecidos por la dirección en la planificación general y establece la dimensión adecuada que debe tener la empresa, siendo su objetivo el conocer el número exacto de trabajadores que llevarán a cabo tareas durante un momento concreto y poder establecer la oferta de trabajo de la empresa a medio plazo.

Figura 3.8. Montaje de la mesa de un restaurante.

De forma general, la planificación de plantillas sigue un proceso que comienza con su definición al inicio del año, calculando los empleados necesarios para poder llevar a cabo las tareas en la empresa. A continuación, se analizan las posibles jubilaciones, bajas u otras circunstancias que se puedan producir a lo largo del año y se comparan estos incrementos o modificaciones con los datos extraídos a principio del año, siendo la diferencia la plantilla prevista a final del año. Además, cada departamento realizará una previsión de sus necesidades que, junto con las previsiones anteriores darán lugar a la plantilla teórica, es decir, a la plantilla necesaria durante el año.

Figura 3.9. Cocineros en plena actividad.

Para las empresas, la **selección de su plantilla** es una tarea fundamental, ya que sobre ella van a girar los beneficios que se obtengan, por lo que uno de los objetivos, tanto del jefe de cocina como del jefe de sala, será conseguir la máxima rentabilidad en su departamento. Para conseguirlo, tendrán que procurar obtener el máximo provecho de todo tipo de recursos con el coste mínimo, lo que se aplicará con especial importancia en recursos humanos, pues la rentabilidad de los puestos de trabajo es preeminente y se alcanza con la búsqueda del pleno rendimiento.

El máximo rendimiento de cada departamento está relacionado con la división y reparto de tareas. La asignación de tareas a cada trabajador debe ser producto de un exhaustivo trabajo previo de estudio y análisis por parte del responsable del departamento, para conocer qué cantidad de trabajo puede desarrollar cada jefe de rango, camarero, cocinero, etc., en un periodo de tiempo y desarrollar procesos que den lugar a sistemas de trabajo eficientes y libres de tiempos que no sean productivos.

Por ejemplo, para asignar a un camarero, en una jornada de trabajo, las tareas de repasar la cristalería, montar el comedor y atender las mesas de su rango hay que conocer el tiempo que tardará en la realización de cada una de ellas, cuál es la mejor forma de realizarlas y cómo debe quedar cuando esté acabado. Si esto no es así, se pueden producir situaciones negativas como las dos siguientes:

- Que le sobre tiempo y desarrolle los trabajos previos a atender mesas más despacio de lo necesario, lo que sería improductivo al dejar de hacer otros trabajos que se le podrían encomendar.
- Que sepa de antemano que le faltará tiempo y realice las tareas deprisa, de forma superficial, inadecuada y con falta de calidad, lo cual al final resulta

improductivo, pues obliga a repetir el trabajo y, además, los clientes se marcharán insatisfechos por el mal trato recibido.

Repartir el trabajo es, por tanto, una función que requiere conocimientos sobre la realidad del desempeño de cada tarea, no solo en cuanto al tiempo de su ejecución, sino a la calidad de su resultado.

Por ejemplo, si en una cocina, en jornadas de ocho horas para elaborar todos los platos de cada partida, se asignasen tareas a un grupo de ocho cocineros y estos pudiesen desarrollar su trabajo libre de tiempos improductivos en siete horas, a cada uno de los cocineros les sobraría una hora de trabajo. Si multiplicamos esta hora por los ocho cocineros, obtenemos que en esta cocina existen ocho horas de tiempo que no es productivo. Y si analizamos esto en relación con la normativa laboral, nos damos cuenta que equivale a una jornada completa improductiva, lo que significa que con siete cocineros se podría desarrollar todo el trabajo, haciendo más rentable el coste e incrementando la productividad y el rendimiento.

Observando estos ejemplos vemos que, para obtener rentabilidad, es imprescindible el análisis de los posibles tiempos improductivos que se pudieran dar en un restaurante. Para detectarlos y establecer procedimientos para corregirlos, hay que estudiar los motivos que los producen, los procesos de trabajo que se realizan en el desarrollo de cada tarea, las actitudes y aptitudes de las personas que los desarrollan y los medios disponibles en la empresa.

3.3.2. Modelo tipo de plantillas

Existen diversos modelos de plantillas pero los más comunes son los siguientes:

- **Plantilla global o simplificada:** se incluyen las categorías profesionales y el número de empleados en cada categoría, sin especificar el departamento al que pertenecen o el número global de personas del departamento.

Tabla 3.4. Ejemplo de plantilla global o simplificada del personal de comedor de un restaurante

Categoría profesional	N.º de empleados
Jefe/a comedor	1
Segundo/a jefe/a comedor	2
Jefe/a de sector	4
Camarero/a	8
Sumiller	2
Ayudante	3
Aprendiz	2
TOTAL	22

- **Plantilla estructurada:** se divide por departamentos, incluyendo el número total de personas dependientes de cada departamento y el número de personas con una categoría profesional determinada.

Tabla 3.5. Ejemplo de plantilla estructurada del personal de comedor y cocina de un restaurante

Categoría profesional	N.° de empleados	N.° de empleados / departamento
Departamento de sala		
• Jefe/a comedor.	1	
• Segundo/a jefe/a comedor.	2	
• Jefe/a de sector.	4	
• Camarero/a.	8	22
• Sumiller.	2	
• Ayudante.	3	
• Aprendiz.	2	
Departamento de cocina		
• Jefe/a de cocina.	1	
• Segundo/a jefe/a de cocina.	2	
• Jefe/a de partida.	4	20
• Cocinero/a.	6	
• Ayudante de cocina.	3	
• Repostero/a.	4	

Actividad propuesta 3.4

Elabora un modelo de plantilla estructurada de un hotel que cuenta con los siguientes departamentos:

- Recepción y reservas: un jefe de recepción, tres recepcionistas, un telefonista y dos personas que gestionan las reservas.
- Comercial: dos personas.
- Pisos: una gobernanta, una subgobernanta, seis camareras de pisos y un *valet*.
- Comidas y bebidas:
  - Economato/bodega: una persona.
  - Cocina: un jefe de cocina, un segundo jefe de cocina, tres cocineros y un ayudante de cocina.
  - Sala: un jefe de sala, un segundo jefe de sala y ocho camareros.

Figura 3.10. Camarera de pisos.

Figura 3.11. Camarero atendiendo a clientes.

3.3.3. Gestión de turnos y horarios

La **gestión de turnos** y **asignación de horarios** es una función de suma importancia para la buena marcha de cualquier departamento, por las siguientes razones:

- Un error en su gestión puede suponer un derroche de recursos (en el caso de prever más personal del necesario) o tener que recurrir a la contratación de extras (en el caso de haber realizado un cálculo erróneo de las necesidades de personal).
- El reparto y asignación de turnos debe ser lo más equitativo posible, estableciendo, en la medida de lo posible, turnos y vacaciones rotatorios.

Para la **confección de turnos** debemos seguir los siguientes criterios, ya estudiados en la normativa laboral:

- Las previsiones de personal deben hacerse en función de la ocupación del restaurante u hotel.
- El parte semanal de turnos deberá estar puesto, como mínimo, cinco días antes del inicio de la semana.
- La jornada semanal será de 40 horas. Cada empleado deberá librar dos días a la semana y, como mínimo, un domingo al mes.
- Como en ocasiones se trabaja en días festivos, cada trabajador tendrá derecho a 14 días al año abonables y no recuperables. Previo acuerdo con la empresa, podrá cobrarlos o disfrutarlos dentro del año en vigor.
- Cada trabajador tendrá derecho a treinta días naturales de vacaciones al año.
- Cada trabajador tendrá derecho a dos días de asuntos propios al año.

Figura 3.12. Cálculo de plantillas.

El documento utilizado para la distribución de turnos es el parte semanal de trabajo.

HOTEL

Parte semanal de trabajo

Área: ______________________

Semana del ________ al ________ de ________

Nombre	L	M	X	J	V	S	D	Total

T: día trabajado. Fecha: __________
L: día libre.
V: vacaciones. Firma:
B: baja.
P: permiso.
F: festivo.
AT: accidente de trabajo.

Figura 3.13. Ejemplo de parte semanal de trabajo.

Para calcular el personal necesario en un restaurante, se podría hacer una estimación general siguiendo las siguientes pautas, y siempre teniendo en cuenta la categoría del restaurante. Además siempre hay que tener presente lo visto en el tema sobre días libres, vacaciones, «correturnos», etc. (Ver ejemplo en la Unidad 10).

Tabla 3.6. Ejemplo de estimación general sobre personal en sala

Tipo de servicio	Clientes	Trabajadores
Menú	Cada 15-20 personas	1 camarero
Carta	Cada 10-15 personas	1 camarero
Cóctel	Cada 20-25 personas	1 camarero
Banquete	Cada 15-18 personas	1 camarero
Buffet	Asistido cada 50 personas	3 o 4 camareros

Una vez que se han establecido las plantillas, hay que determinar cuál es la forma más eficaz de llevar a cabo las tareas. Para ello, se establecerá un método de trabajo y un estudio de tiempos con el objetivo de conocer el tiempo estándar que se utiliza para realizar una tarea concreta. De este modo, se podrá ajustar lo máximo posible el número de trabajadores necesarios.

Actividad resuelta 3.1

Calcula la plantilla estable de camareros para un hotel que cuenta con un restaurante a partir de los siguientes datos:

- Turnos de 8 horas.
- En el hotel hay dos turnos: mañana y tarde.
- Descansos de 30 minutos.
- Descanso laboral de 2 días por semana.
- Cada trabajador disfruta de 30 días de vacaciones anuales y 19 días festivos no recuperables.

SOLUCIÓN

- Cálculo del número de turnos en el año:

  2 turnos/día × 365 días = 730 turnos/año.

- Cálculo de los turnos que realiza un camarero al año:

  365 – 30 días de vacaciones – 19 días = 316 días.

  A los 316 días, hay que descontar los días de descanso semanales:

  316 × 5 días/semana/7 días/semana = 226 turnos/año.

- Cálculo del número de camareros para cubrir todos los turnos:

  730 turnos/año/226 turnos/año = 4 camareros.

Actividad propuesta 3.5

Calcula la plantilla estable de cocineros para un hotel que cuenta con un restaurante a partir de los siguientes datos:

- Turnos de 8 horas.
- En el hotel hay tres turnos: mañana, tarde y noche.
- Descansos de 30 minutos.
- Descanso laboral de 2 días por semana.
- Cada trabajador disfruta de 30 días de vacaciones anuales y 14 días festivos no recuperables.

Hay que tener en cuenta que cada empresa de restauración tiene sus particularidades y habría que estudiar cada caso para poder valorar las necesidades de personal de una forma más correcta.

3.4. Métodos de trabajo

Un **método de trabajo** busca el proceso ideal de trabajo. Su filosofía es que cualquier trabajo es mejorable porque no se está realizando de manera ideal y, para crearlo, se establecen los siguientes objetivos:

- Descubrir actividades innecesarias para eliminarlas.
- Simplificar las tareas o actividades que se realizan.
- Ordenar dichas tareas o actividades.
- Combinar dichas tareas o actividades.

Figura 3.14. Los movimientos realizados con la mano por un trabajador se encuadran dentro de los principios relativos a la utilización del cuerpo humano.

El estudio de métodos de trabajo es una disciplina en la que se descubrieron una serie de principios que, aplicados a cualquier trabajo, lo mejoran. Estos son los **principios de economía de movimientos**, también conocidos como **leyes de movimientos eficientes** o **reglas de economía de movimientos.** Estos principios se descomponen en tres grupos:

- Los relativos a la utilización del cuerpo humano: se refieren a los movimientos que una persona realiza en el trabajo y se clasifican en cinco niveles:
  - Grado 1: cuando el trabajador utiliza los dedos de la mano.
  - Grado 2: cuando el trabajador utiliza los dedos de la mano más la mano.
  - Grado 3: cuando el trabajador utiliza hasta el antebrazo.
  - Grado 4: cuando el trabajador utiliza todo lo anterior más el brazo.
  - Grado 5: cuando el trabajador utiliza todo lo anterior más el brazo, más otras partes del cuerpo, generalmente el tronco.
- Los relativos al lugar de trabajo: se refieren al ambiente y condiciones del sitio donde se desarrollan las actividades.
- Los relativos a herramientas y al equipo necesario para desempeñar cada una de las tareas que componen el método de trabajo.

Figura 3.15. Con un método de trabajo se consigue el proceso ideal para la creación del producto.

El fin primordial de estos principios es realizar las actividades reduciendo el grado de movimientos utilizados. Por ejemplo, una camarera de pisos, tendrá que hacer el menor número de movimientos posibles para hacer una cama.

Las empresas establecen métodos de trabajo con la finalidad de aumentar su productividad e implantar procesos eficaces que mejoren y ayuden a alcanzar los objetivos establecidos en la planificación general.

Los métodos de trabajo se han desarrollado para hacer el trabajo más simple, suprimiendo actividades innecesarias que impliquen una pérdida de tiempo y esfuerzo. Con su implantación se consigue que el trabajo sea más ordenado y fácil de desarrollar.

Para crear un método de trabajo hay que ejecutar un estudio de tiempos en el que se calcule el tiempo estándar que se tarda en llevar a cabo un trabajo determinado. De este modo, podremos ajustar lo máximo posible el número de trabajadores necesarios para desempeñar las actividades reales. El **tiempo estándar** es aquel en el que un trabajador desarrolla una tarea específica, junto con el tiempo que se pierde por fatiga, imprevistos, necesidades fisiológicas, etcétera.

Cuando una empresa considera necesario mejorar un método de trabajo, lo hace para aumentar su productividad trabajando mejor, es decir, llevando a cabo las tareas de una forma más precisa y sin tiempos muertos o improductivos.

Los pasos o fases que se han de seguir para la mejora de métodos de trabajo son: en primer lugar, **seleccionar** el trabajo que debemos mejorar; normalmente, se dará prioridad a aquellos trabajos que sigan los siguientes criterios:

- La **reiteración** o **frecuencia** de ese trabajo: es el número de veces que ese trabajo se realiza, es decir, el que se realiza todos los días y a todas horas en ese lugar de trabajo.
- El **contenido de tipo humano** de dicho trabajo: los trabajos pueden ser realizados manual o mecánicamente; a efectos del estudio de métodos de trabajo son más importantes aquellos que tengan gran carga de trabajo humano. Se obtienen mejoras más fácilmente donde hay trabajo personal y humano que donde hay una máquina.
- La **continuidad en el tiempo** de dicho trabajo: analizar si en esos trabajos existe la previsión de si van a continuar en el tiempo o van a desaparecer. No sería recomendable invertir tiempo en un método de trabajo que en un futuro dejará de existir.

A continuación, hay que **anotar** el modo en que ese trabajo se realiza. De esta forma, cualquier persona que analice este documento escrito podrá entender a qué se está refiriendo. Se utilizan las siguientes técnicas que homogeneizan el proceso:

- **Hojas de procesos:** en ellas se anotan los datos extraídos de la observación directa del trabajo. Se recogen en un documento todas las tareas que se realizan en un proceso para implantar las mejoras que se consideren oportunas en el buen desarrollo de ese trabajo.
- **Diagramas de procesos:** son sistemas gráficos que, mediante el empleo de símbolos previamente definidos, permiten observar las actividades que intervienen en un proceso de trabajo. Existen diferentes tipos, entre los que destacamos los siguientes:

Figura 3.16. Los métodos de trabajo se implantan para incrementar la productividad.

  – Diagrama de movimientos: su objetivo es suprimir los movimientos innecesarios, enlazando el resto de movimientos de forma que se pierda el menor tiempo posible en realizar una tarea. Por ejemplo, un camarero, para hacer de forma más efectiva su trabajo al montar una mesa, deberá prever con anterioridad el material que va a utilizar y así evitar paseos innecesarios al almacén.

  – Diagrama de operaciones: consiste en representar en qué consiste el proceso de elaboración de un producto o servicio. Por ejemplo, detallar todas las tareas que se realizan en una cocina, desde que entra la materia prima hasta llegar a la elaboración terminada de un menú o carta.

  – Diagrama de recorridos: es la representación de los pasos a seguir en una actividad determinada. El objetivo es proponer una distribución distinta a la existente que dé lugar a la disminución de recorridos.

  Por ejemplo, un camarero, durante el servicio de restaurante, realizará los siguientes pasos:

  ✓ Toma la comanda de la mesa n.° 1.

  ✓ Entrega la comanda de la mesa n.° 1 en cocina y sale al comedor con las bebidas de la mesa n.° 1.

  ✓ Solicita la factura de la mesa n.° 3.

  ✓ Descarga los platos sucios.

  ✓ Solicita los segundos platos de la mesa n.° 1.

  ✓ Retira la factura de la mesa n.° 3.

  ✓ Desbarasa la mesa n.° 3, etcétera.

  – Diagrama de circulación: consiste en la representación de actividades simultáneas, en el que se detallan tanto los recorridos del trabajador como del soporte físico o materiales que el mismo utiliza.

Figura 3.17. Camarero sirviendo vino.

El tercer paso es hacer un estudio de los tiempos de trabajo. Se trata de medir el esfuerzo de la mano de obra para lograr incrementar su rendimiento.

El estudio de tiempos va a intentar descubrir el tiempo improductivo y eliminarlo del tiempo de trabajo. Lo fundamental de este estudio es que vamos a buscar un tiempo tipo, es decir, un estándar de realización de un trabajo. La Organización Internacional del Trabajo define el **estudio de tiempos** como «*la aplicación de técnicas para determinar el tiempo que invierte un trabajador cualificado en realizar una determinada tarea, efectuándola según unas normas de ejecución preestablecidas*».

Para poder realizar este estudio, se deben contabilizar todos los datos referidos a la actividad y descomponer cada una de las tareas que hay que realizar en elementos básicos o movimientos simples. A continuación, se elige la técnica de medición de tiempos más apropiada para cada uno de los elementos. Los tiempos obtenidos, además de indicar el tiempo real en realizar una actividad, son utilizados para planificar el número de trabajadores para el desempeño de la actividad; mejorar la dotación de maquinaria, material, etc., de la empresa; saber los tiempos reales en la prestación del servicio; averiguar el coste de la mano de obra y sentar las bases del sistema de remuneración por incentivos.

Las técnicas o métodos para el estudio de tiempos son las siguientes:

- **Métodos basados en la estimación:** es una técnica muy poco fiable y nada recomendable, que solo se debe utilizar en los casos que no le damos demasiada importancia a ese tiempo que buscamos. Es rápida y sencilla, nada científica y nos da un tiempo que luego usaremos como referencia. Pero tiene muchos defectos. Este método, para calcular el tiempo tipo, se apoya en opiniones subjetivas de personas, o también en la comparación con otros trabajos que tomamos como referencia. Con esta técnica podríamos llegar a estimar el tiempo de realización mediante, por ejemplo, el acuerdo entre dirección y trabajador pero, en ocasiones, genera problemas, ya que estos acuerdos son difíciles.

Sabías que...

La **aplicación de tiempos predeterminados** se utiliza más en el sector industrial que en el sector de la hostelería.

- **Métodos basados en la medición de tiempos:**
  - Tiempos predeterminados: son una relación de movimientos muy básicos con sus tiempos respectivos. Para su aplicación se descompone la actividad en movimientos muy simples, por ejemplo, girar, coger, mover, etc., se calcula el tiempo de cada uno de estos movimientos y se suman todos, obteniendo el tiempo normal que se invierte en una actividad. A ese tiempo se le añadirán los suplementos correspondientes de fatiga, necesidades personales, etcétera.
  - Cronometraje: método empleado para averiguar, mediante el uso de un cronómetro, el tiempo tipo que se precisa para realizar una tarea. Se aplica

en el sector hostelero para la planificación de tareas que, por sus características, son susceptibles de ser cronometradas; por ejemplo, la limpieza de una habitación.

Cuando el trabajo lo hace un solo trabajador, es muy sencillo. El problema surge cuando un mismo trabajo lo hacen varias personas. En estos casos, habrá que cronometrar a varios trabajadores y calcular la media, ya que si se elige al más hábil, generaría problemas con el resto de compañeros, y si se elige al más torpe, sucede lo contrario (el tiempo sería más amplio).

Recuerda que...

En determinados puestos de trabajo en el sector hotelero es muy importante establecer **cronometrajes** para calcular la duración de las tareas y poder establecer la plantilla de forma eficaz.

Actividad resuelta 3.2

Se quieren conocer los tiempos tipo de un camarero en el servicio de cafetería mediante un cronometraje. Para ello, se han tomado como referencia tres observaciones y se ha dividido la actividad en cinco tareas. Por otra parte, se ha tenido en cuenta cronometrar los tiempos en mesas de cuatro comensales y se ha añadido un suplemento del 10 %, incluyendo en el mismo la fatiga laboral y las necesidades personales. ¿Cómo hay que proceder?

Observaciones	Tareas	T° cronometrado	Actividad	T° resultante	T° normal	Suplemento	T° tipo
1	Toma de comanda	4	120	4,8	4,6	10 %	5,06
2		4,5	100	4,5			
3		5	90	4,5			
1	Entrega comanda en *office*	1	150	1,5	2,13	10 %	2,34
2		2	120	2,4			
3		2,5	100	2,5			
1	Preparación café y bollería	9	100	9	8,9	10 %	9,79
2		12	80	9,6			
3		18	45	8,1			
1	Entrega al cliente	4	110	4,4	5,68	10 %	6,25
2		6	100	6			
3		7	95	6,65			
1	Entrega factura y cobro	4	110	4,4	5,05	10 %	5,55
2		5	105	5,25			
3		5,5	100	5,5			
						TIEMPO TOTAL	29

SOLUCIÓN

Para la realización del cronometraje, se han realizado los pasos siguientes:

- **Tiempo cronometrado:** una vez descompuesta la actividad en tareas simples, se cronometra el tiempo invertido en la realización de cada una.
- **Actividad:** es el tipo de tarea que realiza un trabajador medio a un ritmo ni rápido ni lento. Es un dato subjetivo pero se intentar medir de la forma siguiente:
  - De 0 a 50: de inactividad a muy bajo nivel de actividad; por ejemplo, movimientos inseguros, tardíos, torpes, etcétera.
  - De 50 a 99: desde baja actividad a nivel prácticamente normal; por ejemplo, movimientos lentos por falta de habilidad en el desempeño de la tarea.
  - 100: normal, movimientos normales en tiempos normales.
  - De 100 a 125: actividad rápida, por ejemplo, una persona muy hábil, activa y rápida.
  - Más de 125: ritmo de actividad muy rápido, por ejemplo, cuando se realiza un gran esfuerzo en una tarea pero el ritmo no se puede mantener por mucho tiempo.
- **Tiempo resultante:** es el resultado de multiplicar el tiempo cronometrado por la actividad y dividirlo entre 100.
- **Tiempo normal:** es la media aritmética del tiempo resultante.
- **Suplemento:** es el porcentaje que se incorpora al tiempo normal como consecuencia de la fatiga, las necesidades personales, los imprevistos, etc. La OIT establece los siguientes porcentajes:
  - *Constantes:*
    - ✓ Necesidades personales: 5 % para varones y 7 % para mujeres.
    - ✓ Fatiga laboral: 4 % para varones y 4 % para mujeres.
  - *Variables*: por ejemplo, por estar de pie, temperatura, posición, etc., y se añaden al suplemente de fatiga.
- **Tiempo tipo:** es el tiempo normal más el suplemento, es decir, es el tiempo en el que un trabajador medio realizará una actividad a un ritmo normal y con un método de trabajo previamente establecido.
- **Tiempo total:** se obtiene del sumatorio de los tiempos tipo.

Figura 3.18. Medición de tiempos.

Una vez realizado el estudio de tiempos, para poder implantar el nuevo método de trabajo se debe **elaborar un informe**, donde se dejará constancia de las mejoras del mismo, es decir, se debe describir lo más claramente posible ese nuevo método, pensando en la persona a la que va a ir dirigido dicho informe.

Además, también hay que comparar los costes del método actual con el que se propone. Este coste hace referencia al coste de puesta en práctica del nuevo método, analizando sus ventajas e inconvenientes. Cuando se decide implantarlo, hay que comunicárselo a los trabajadores e indicarles detalladamente la nueva forma en que deben desempeñar sus tareas. Si el nuevo método tiene poca diferencia con el actual, es complicado implantarlo, ya que los trabajadores tenderán a hacerlo, de forma inconsciente, tal y como lo hacían.

Sin embargo, la tarea más difícil cuando se implanta un nuevo método es su aceptación por parte de los trabajadores, ya que si muestran oposición, el resultado de la implantación será negativo. La aceptación suele ser buena si existe información y transparencia a lo largo de todo el proceso. Incluso antes de empezar el estudio, se debería dar información de lo que se pretende y pedir sugerencias a los trabajadores que son los que realizan día a día esas tareas.

El último paso es el control del proceso, es decir, la **fase de vigilancia**. El trabajador ya está trabajando con el nuevo método y hay que controlar durante un periodo de tiempo que esto funciona. En esta fase también se debe estar abierto a posibles modificaciones para adaptar y mejorar el proceso.

Recuerda que...

Un **método de trabajo** es difícil de implantar si supone una disminución en la plantilla o si se redistribuyen trabajadores de un puesto a otro. En estos casos, habrá una fuerte oposición de los trabajadores que impedirá llegar a buenos entendimientos.

Figura 3.19. Camarero realizando la *mise en place* con su método de trabajo.

Enlaces web de interés

www.fehr.es
www.ilo.org
www.insht.es

Resumen

- La **planificación** en recursos humanos consiste en alcanzar que una determinada organización tenga un número de trabajadores, con las competencias y cualificaciones necesarias, durante un tiempo determinado y en los puestos correspondientes para que las actividades de la empresa se realicen de forma correcta y los clientes queden satisfechos, obteniendo la rentabilidad esperada.
- El **desarrollo de perfiles por competencias** es el conjunto de las competencias y conductas imprescindibles para realizar un trabajo determinado, siempre que representen un rendimiento excelente.
- Las **fases del proceso de planificación de personal** son: establecimiento de los objetivos de recursos humanos; análisis de la situación laboral actual desde la perspectiva de la demanda de trabajadores y la oferta de los mismos; comparación de la oferta y la demanda y análisis del ajuste de ambas para implantar planes de recursos humanos a corto, medio y largo plazo; y elaboración de planes de recursos humanos.
- Un **plan** de recursos humanos es un documento para analizar todos los aspectos relacionados con la organización de personal y debe servir de base para el reclutamiento y la selección.
- La **plantilla** es el conjunto de empleados que forman parte de la organización. Es imprescindible para cumplir los objetivos de la planificación general.
- Para poder **gestionar plantillas y turnos** en una empresa debemos analizar la normativa laboral en aspectos como la jornada laboral, las horas extras que puede realizar cada trabajador, la fijación del calendario laboral, los descansos semanales, el periodo de vacaciones y los días festivos.
- A la hora de **gestionar** plantillas, cada departamento debe establecer una previsión de sus necesidades de personal.
- Para **establecer** plantillas hay que hacer un buen reparto de tareas, de forma que no haya trabajadores improductivos.
- Los **modelos tipo** de plantillas de personal más comunes son: plantilla global simplificada y plantilla estructurada.
- Para la confección de turnos se utiliza el parte semanal de trabajo y es necesario conocer las previsiones de personal, que deben hacerse en función de la ocupación del restaurante u hotel y el parte semanal de turnos, que deberá estar puesto, como mínimo, cinco días antes del inicio de la semana.
- Los **métodos de trabajo** se desarrollan para hacer el trabajo más simple, suprimiendo actividades innecesarias que impliquen una pérdida de tiempo y esfuerzo. Con su implantación se consigue que el trabajo sea más ordenado y fácil de desarrollar.
- Existen métodos de trabajo basados en la estimación que son menos fiables y métodos basados en la medición de tiempo. Estos últimos se clasifican en tiempos predeterminados y cronometrajes.

Actividades finales

De comprobación

3.1. ¿Cuándo debe llevarse a cabo la planificación de personal?

a) Cuando haya que elaborar planes de personal.
b) Para poder prever necesidades futuras de personal.
c) Para detectar desajustes de recursos humanos.
d) Cuando haya que establecer un programa de promociones.
e) Todas las respuestas son correctas.

3.2. Una conducta es:

a) Una capacidad.
b) La aplicación de una capacidad.
c) Un resultado de trabajo.
d) Las respuestas a) y c) son correctas.
e) Ninguna de las respuestas es correcta.

3.3. En el proceso de planificación hay que tener en cuenta los factores laborales. ¿Cuáles de estos ejemplos corresponden a estos factores?

a) Jubilaciones.
b) Maternidades.
c) Despidos.
d) Excedencias.
e) Todas las respuestas son correctas.

3.4. Las reuniones de expertos para determinar la oferta y la demanda necesaria de recursos humanos se denominan:

a) Técnicas Delphi.
b) Técnicas de grupo nominal.
c) Regresiones.
d) Análisis de tendencias.
e) Análisis de la razón.

3.5. Un plan de recursos humanos se integra de:

a) Un plan de externalización de personal.
b) Un plan salarial.
c) Un profesiograma.
d) Un análisis de los consultores externos.
e) Las respuestas a) y b) son correctas.

3.6. La jornada laboral máxima anual ordinaria es de:

a) 40 horas.
b) 1800 horas.
c) 1200 horas.
d) 1000 horas.
e) Ninguna de las respuestas es correcta.

3.7. La plantilla en la que se incluyen las categorías profesionales y el número de empleados, sin especificar el departamento se denomina:

a) Plantilla estructurada.
b) Plantilla simple.
c) Plantilla global o simplificada.
d) Plantilla numérica.
e) Plantilla nominal.

3.8. ¿Cuántos turnos trabaja al año un cocinero que tiene 30 días de vacaciones y 19 días festivos?

a) 316.
b) 226.
c) 319.
d) 229.
e) Ninguna de las respuestas es correcta.

3.9. En el cronometraje, el tiempo normal es:

a) El tiempo resultante de multiplicar el tiempo cronometrado por 100.

b) El tiempo cronometrado.

c) La suma de todos los tiempos resultantes.

d) El sumatorio de todos los tiempos tipo.

e) La media aritmética del tiempo resultante.

3.10. La representación de un proceso de elaboración de un producto o servicio se conoce como:

a) Diagrama de operaciones.

b) Diagrama de recorridos.

c) Diagrama de circulación.

d) Diagrama de movimientos.

e) Ninguna de las respuestas es correcta.

De aplicación

3.11. Investiga otros significados del término *competencia* en relación con los recursos humanos.

3.12. Cita los objetivos de la planificación de personal.

3.13. ¿Cuáles son las competencias necesarias para trabajar en un hotel? Coméntalo con tus compañeros.

3.14. Haz un esquema con las técnicas para prever la demanda necesaria de trabajadores.

3.15. Investiga cuál es la normativa laboral del sector de hostelería y turismo en Estados Unidos.

3.16. Elabora un modelo de plantilla global o simplificada para un departamento de cocina compuesto por dos jefes de cocina, uno en el turno de mañana y otro en el turno de tarde; dos segundos jefes de cocina; tres jefes de partida; seis cocineros; dos reposteros; y dos ayudantes de cocina.

3.17. Calcula la plantilla estable de camareros en un año bisiesto para un hotel con restaurante que tiene 150 habitaciones y un nivel de ocupación del 50 %, teniendo en cuenta los siguientes datos:

- Turnos de 8 horas.
- En el hotel hay tres turnos: mañana, tarde y noche.
- Dos descansos de 15 minutos.
- Descanso laboral de 2 días por semana.
- Cada trabajador disfruta de 30 días de vacaciones anuales y de 18 días festivos no recuperables.

3.18. De la plantilla de camareros calculada en la Actividad de aplicación 3.17 y teniendo en cuenta que:

- Uno de ellos será el metre, por lo que trabajará siempre de mañana para mantener relación con la dirección.

- Uno de ellos será el segundo jefe de sala y trabajará siempre de tarde, sustituyendo al metre en las mañanas cuando esté libre.
- En el turno de noche no habrá más de una persona, de forma rotativa.
- El resto de los camareros podrá tener turnos partidos, dependiendo de las necesidades del hotel.

Elabora una propuesta de un parte semanal de trabajo y compárala con las de tus compañeros y compañeras.

3.19. Observa el siguiente parte de trabajo y responde a las siguientes preguntas:

RESTAURANTE CARIBE **Parte semanal de trabajo** **Área:** sala								
Semana del 5 al 11 de enero								
Nombre	**L**	**M**	**X**	**J**	**V**	**S**	**D**	**Total**
María	T	T	T	T	T	L	L	
Alberto	L	L	T	T	T	T	T	
Daniela	E	T	L	L	T	T	T	
Álvaro	T	T	T	A	A	L	T	
Javier	V	V	V	V	V	V	V	

T: día trabajado. Fecha: ____________
L: día libre.
V: vacaciones. Firma:
B: baja.
P: permiso.
F: festivo.
AT: accidente de trabajo.

a) ¿Quién está de vacaciones?
b) ¿Quién libra el fin de semana?
c) ¿Hay algún camarero/a enfermo/a?
d) ¿Quién libra un día menos de los que le corresponderían?

3.20. Elabora un modelo de plantilla estructurada para un restaurante que cuenta con los siguientes departamentos:

- Departamento de sala: tres jefes de comedor, dos segundos jefes de comedor, seis jefes de sector, ocho camareros, dos sumilleres y dos ayudantes.
- Departamento de cocina: tres jefes de cocina, dos segundos jefes de cocina, cuatro jefes de partida, ocho cocineros y dos ayudantes.
- Departamento de administración: un jefe de compras, un encargado de economato y un contable.

3.21. Se quieren conocer los tiempos tipo de un cocinero en la elaboración de uno de los platos del restaurante mediante un cronometraje. Para ello, se han tomado como referencia tres observaciones y se ha dividido la actividad en cuatro tareas. Por otra parte, se ha añadido un suplemento del 9 %, incluyendo en el mismo la fatiga laboral y las necesidades personales.

Con ayuda de la siguiente tabla, que debes copiar, calcula el tiempo total en la elaboración del plato:

Observaciones	Tareas	T° cronometrado	Actividad	T° resultante	T° normal	Suplemento	T° tipo
1	Suministro de materias primas	4	110				
2		3,5	100				
3		3	85				
1	Preparación de la materia prima	30	140				
2		32	120				
3		40	100				
1	Elaboración en zona caliente	23	80				
2		25	50				
3		29	45				
1	Emplatado y decoración	10	110				
2		15	100				
3		17	95				
						TIEMPO TOTAL	

De ampliación

3.22. *Recursos Humanos* es una película francesa del director Laurent Cantet, rodada en 1999, en la que un joven recién licenciado en la universidad es contratado en el departamento de recursos humanos de una fábrica en la campiña francesa como pasante. Este joven, ilusionado por su trabajo, considera que puede hacer llegar a un entendimiento entre la dirección de la empresa y los sindicatos respecto a la jornada laboral y las condiciones de trabajo, pero, con el tiempo, se da cuenta de que la empresa está en pleno periodo de reestructuración y varios empleados se quedarán sin trabajo.

Se propone el visionado de la película, intentando aplicar lo aprendido en la Unidad y respondiendo las siguientes preguntas:

a) Investiga sobre las condiciones de los contratos en prácticas en España.

b) ¿Qué es el derecho a huelga y la negociación colectiva?

c) ¿Qué son los sindicatos? ¿Qué papel juegan en la película?

d) Expresa tu opinión personal sobre la película y coméntala con el resto de la clase.

3.23. Calcula la plantilla estable de camareros para un restaurante teniendo en cuenta los siguientes datos:

- Turnos de 8 horas.
- En el restaurante hay dos turnos: el primer turno de 12:30 a 16:30 horas y de 20:30 a 00:30 horas, y el segundo turno de 10:00 a 14:00 horas y de 22:00 a 2:00 horas.
- Un descanso de 20 minutos.
- Descanso laboral de 2 días por semana.
- Cada trabajador disfruta de 30 días de vacaciones anuales y 14 días festivos no recuperables.

© Ediciones Paraninfo

4 Colaboración en la selección de personal

Contenidos

Objetivos

- Conocer el concepto de reclutamiento.
- Comparar los diferentes tipos de reclutamiento.
- Analizar el proceso de selección de personal.
- Definir las técnicas de selección de personal.
- Diferenciar los tipos de contratación.

Introducción

El reclutamiento y la selección de personal son dos etapas de un mismo proceso: la obtención de los recursos humanos necesarios en la empresa.

Es función del reclutamiento atraer personas que puedan ser potenciales trabajadores de la organización y, por otra parte, la selección de personal se encarga de escoger, entre esos candidatos reclutados, aquellos que cumplan los requisitos establecidos y se observe en ellos mayores posibilidades de adaptarse al cargo ofrecido y desarrollarlo, de acuerdo con los objetivos de la empresa.

En definitiva, el objetivo básico del reclutamiento es suministrar la materia prima para posteriormente, en la selección, escoger a los candidatos más adecuados.

En esta unidad, se analizarán las bases del reclutamiento y de la selección así como el proceso de contratación que comenzará cuando el candidato haya sido seleccionado.

4.1. Reclutamiento de personal

El **reclutamiento** es el conjunto de técnicas y procedimientos para conseguir candidatos potencialmente cualificados e idóneos a los puestos y las necesidades de la organización.

Para que el reclutamiento sea eficaz, las técnicas utilizadas deben atraer a un número suficiente de candidatos que abastezcan de forma adecuada el proceso de selección, para poder elegir qué personas son el tipo de colaboradores que busca la organización.

En otras palabras, el reclutamiento es un sistema de información que ofrece la *materia prima* básica a la empresa: los recursos humanos.

Las características del reclutamiento son:

- Es un sistema de información, ya que se difunden las condiciones de un puesto vacante en el mercado de trabajo.
- Tiene que suministrar un número suficiente de candidatos cualificados para los puestos a cubrir, de forma que garantice que se hace una selección correcta y con garantías de éxito.
- La reputación de la empresa es un factor fundamental, ya que va a influir en que los candidatos deseen o no trabajar en la misma.
- Las fuentes de reclutamiento dependerán del perfil de cada puesto y de los requisitos exigidos a los candidatos.

La búsqueda o captación de candidatos para cubrir una plaza vacante en una empresa se puede realizar de dos formas: reclutamiento interno y externo.

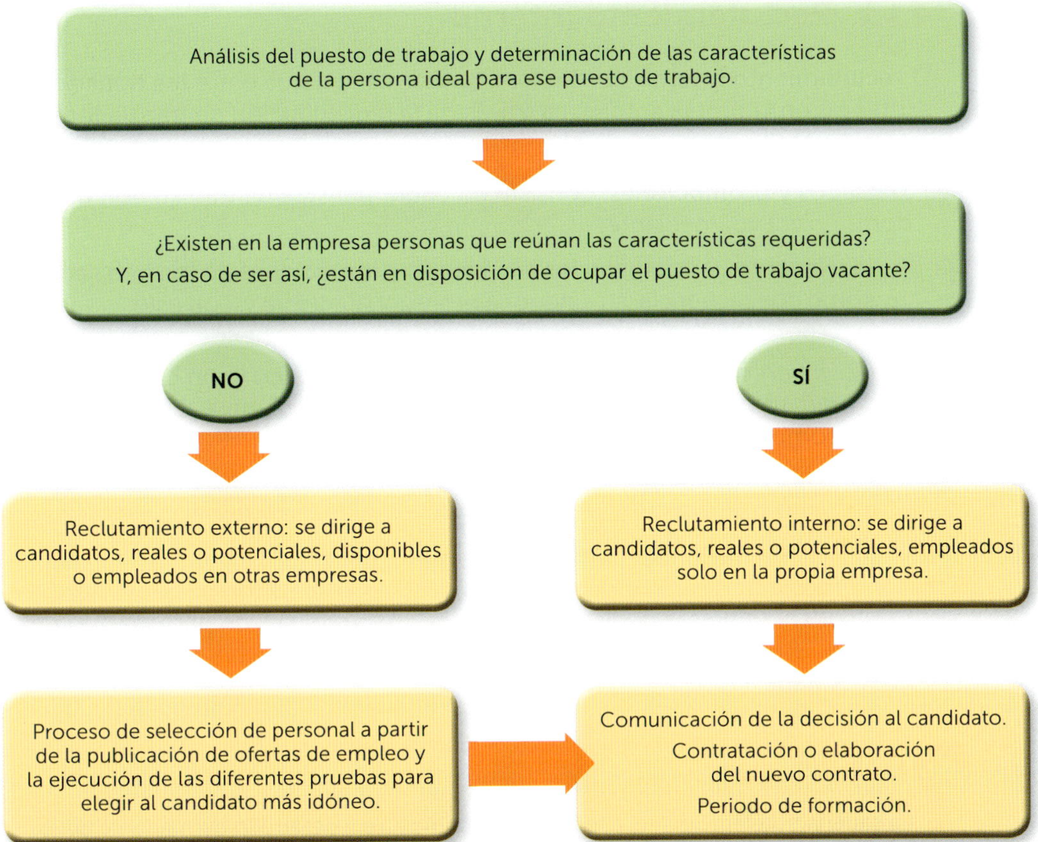

Figura 4.1. Proceso de reclutamiento.

Figura 4.2. El objetivo del reclutamiento es atraer a las personas ideales para la empresa.

© Ediciones Paraninfo

4.1.1. Reclutamiento interno

El **reclutamiento interno** consiste en buscar candidatos entre los trabajadores existentes en la propia empresa a través de la redistribución de trabajadores, de las siguientes formas:

- **Traslados y promociones:** consiste en cubrir puestos de trabajo con trabajadores en activo, mediante:
  - *Movimiento vertical*: son los ascensos o promociones de los trabajadores; como consecuencia, su categoría profesional mejora y, con esto, el salario y la responsabilidad. Por ejemplo, un cocinero que asciende a jefe de cocina.
  - *Movimiento horizontal*: se trata de una transferencia o un cambio de departamento. Por ejemplo, un jefe de cocina que cambia al departamento de compras, siendo el jefe del mismo.
  - *Movimiento diagonal*: es la combinación de los dos anteriores. Se produce un cambio de departamento con una promoción. Por ejemplo, un cocinero que asciende a jefe de compras.
- **Por informaciones facilitadas por los propios trabajadores:** este sistema es habitual en empresas pequeñas con pocas necesidades de personal, las cuales se guían por criterios de confianza y de seguridad a la hora de contratar a nuevos trabajadores.

¿Sabías que...

La cadena hotelera Sol Meliá fomenta el aprendizaje y desarrollo permanente de los colaboradores a fin de ampliar sus conocimientos y habilidades.

Los planes de desarrollo que tiene la compañía, «Avanza» y «Avanza 2», permiten generar valor para la empresa y favorecen la retención del talento.

Por otra parte, en su política de recursos humanos contemplan que el mayor número de vacantes que se produzcan en la organización sean cubiertas por personal interno, bien a través de promociones o de traslados. De este modo, a través de «Promosol», se publican y difunden internamente todas las ofertas de puestos vacantes.

- **Estudio y análisis de candidaturas archivadas:** es un sistema más fácil, rápido y económico que acudir al reclutamiento externo. Es un sistema poco utilizado en las grandes empresas debido a la gran cantidad de solicitudes que se reciben, por lo que pasado un tiempo, muchas de ellas las destruyen por los altos costes de almacenamiento.

Para utilizar este sistema, hay que conocer en profundidad a los trabajadores pero, por otra parte, utilizarlo motiva y ayuda a aumentar el rendimiento laboral, ya que se establecen programas de desarrollo personal y planes de carrera para todos los empleados, además de ayudar a la integración y a la cohesión interna. Sin embargo, no siempre se puede utilizar este sistema, ya que hay ocasiones en las que el puesto vacante exige un alto nivel de especialización que no existe en la empresa o porque, simplemente, no hay personas adecuadas para el perfil requerido.

Por tanto, este tipo de reclutamiento se basa en informaciones relacionadas con el candidato desde que entró en la organización, su evolución en las evaluaciones de desempeño, los programas de capacitación en los que ha participado y su plan de carrera para poder verificar su trayectoria.

Figura 4.3. Búsqueda de ofertas de empleo en la intranet de la empresa.

Cuando la empresa inicia un proceso de reclutamiento interno, tiene que informar a los empleados para que puedan presentar sus candidaturas. Esto se hace a través de los siguientes medios de comunicación:

- Sistemas de información del departamento de recursos humanos.
- Intranet.
- Boletines internos o revistas.
- Anuncios internos en la organización (por ejemplo, en un tablón de anuncios).

Las ventajas y los inconvenientes del reclutamiento interno se muestran a continuación:

Tabla 4.1. Ventajas e inconvenientes del reclutamiento interno

Reclutamiento interno	
Ventajas	**Inconvenientes**
• Es un proceso rápido. • Es más económico que el reclutamiento externo, ya que no se incurren, por ejemplo, en gastos de anuncios en prensa. • Es garantía de seguridad para la empresa, puesto que el candidato ya conoce la organización. • El candidato se siente más comprometido e implicado con los resultados de la empresa a largo plazo. • Aumenta la motivación del trabajador. • Se aprovechan los recursos invertidos en formación.	• Que no exista dentro de la empresa la persona con el perfil requerido. • Habrá un menor número de candidatos que se presentan. • Puede ocasionar conflictos entre los empleados, ya que a los que no son elegidos se les crea una actitud negativa. • Se puede producir una descapitalización del capital humano, es decir, debe realizarse en la medida en que los candidatos internos tengan condiciones para igualar a los candidatos externos.

Figura 4.4. Proceso de reclutamiento interno.

Actividad propuesta 4.1

Investiga en Internet sobre los siguientes aspectos de la política de recursos humanos de la cadena hotelera Sol Meliá y coméntalos con tus compañeros:

- Satisfacción del empleado.
- Canales de comunicación interna.
- Desarrollo profesional y promoción.
- Oportunidades y compromisos de mejora.

¿Conoces las políticas de recursos humanos de otras empresas? Compáralas con lo estudiado.

4.1.2. Reclutamiento externo

Cuando una organización tiene pocos candidatos idóneos o no tiene ninguno, acude al **reclutamiento externo,** que consiste en atraer candidatos reales o potenciales, disponibles (desempleados) o empleados en otras empresas.

Para conseguir al candidato ideal, se pueden utilizar los medios de reclutamiento que se indican a continuación:

- Consulta de archivos de candidatos que presentaron espontáneamente solicitudes. La mayoría de las veces las empresas reciben currículos (en adelante, CV) en sus centros de trabajo, de personas interesadas en trabajar allí que llegan por carta, por correo electrónico, personalmente o a través de contactos en el interior de la empresa. Es importante que las empresas reciban candidaturas espontáneas, aunque en ese momento no tengan vacantes, para garantizar una reserva de candidatos por cualquier imprevisto en el futuro.
- Recomendación de candidatos por parte de empleados actuales de la empresa. Esto refuerza la organización informal y, consecuentemente, permite colaborar con la organización formal. Tanto el candidato como el trabajador se sienten reconocidos por la empresa, al haber valorado su recomendación.
- Búsqueda de trabajadores de empresas de la competencia. Este método se utiliza, en ocasiones, por estrategias empresariales pero puede resultar peligroso y entra en juego la ética profesional y la reputación de la empresa.
- Contratación de consultores privados. Son agencias especializadas en buscar a personal altamente cualificado («cazadores de talentos» o *head hunters*). Normalmente se centran en la búsqueda de directivos o puestos de alta categoría. Una de las desventajas de contratar un consultor privado es su alto coste, pero suele compensar por el alto rendimiento de los procesos de selección de este tipo de agencias.
- Inserción de anuncios en prensa. Esta técnica se ha considerado una de las más eficientes para atraer candidatos. El anuncio deberá ser claro, informativo, breve y motivador.

Sabías que...

Un **anuncio** para buscar candidatos debe indicar el nombre de la empresa y el sector al que se dedica, la descripción del puesto que se desea cubrir junto a sus exigencias (nivel de estudios, experiencia, etc.), posibilidades de promoción o beneficios sociales y sobre todo, indicar de forma clara qué medio hay que utilizar para contactar con la empresa y qué documentos (*curriculum vitae*, carta de presentación, etc.) se requiere adjuntar.

- Reclutamiento en Internet. Actualmente, Internet es un medio ágil, cómodo y económico en el que se ponen en contacto las organizaciones y los candidatos. El candidato puede acceder a la información que le ofrecen las empresas desde su casa y las empresas pueden acceder a muchas más personas que desde otros medios, ya que, además de poder incorporar en su página web un portal de búsqueda de empleo, con posibilidad de que el candidato rellene su CV en la misma, existen páginas web especializadas en recoger y difundir ofertas de trabajo.
- Consulta en centros de formación. Algunos centros educativos (institutos, centros de formación profesional, universidades, etc.), cuentan con una bolsa de empleo en la que se inscriben demandantes de empleo y a la que las empresas envían sus ofertas.
- Contactos con sindicatos y asociaciones profesionales.

Figura 4.5. Proceso de reclutamiento.

- Colocación de carteles en la puerta de la empresa. Este es un medio económico, pero cuyo rendimiento y rapidez dependen de factores como la localización de la empresa, el fácil acceso a la misma, etcétera.
- Asistencia a ferias de empleo en universidades y escuelas. Su objetivo es dar a conocer la empresa entre potenciales candidatos.
- Consulta de agencias de colocación o empleo. Desde el año 1995 existen agencias de colocación sin ánimo de lucro autorizadas por el Servicio Público de Empleo Estatal, que dependen de instituciones públicas o fundaciones privadas, ayuntamientos, organizaciones patronales o sindicales. Se dedican a buscar empleados de todos los niveles y algunas se especializan por sector.
- Petición a las oficinas de empleo. Para muchos casos es la fuente externa de reclutamiento por excelencia, sobre todo en trabajos de bajo nivel de exigencia.

- Redes sociales profesionales, como por ejemplo LinkedIn. Es una red orientada a las relaciones comerciales y profesionales en la que partiendo del perfil de cada usuario, que libremente revela su experiencia laboral y destrezas, la web pone en contacto a empresas y empleados que buscan promocionarse, hacer *networking* y negocios.

Las ventajas y los inconvenientes del reclutamiento externo se muestran a continuación.

Tabla 4.2. Ventajas e inconvenientes del reclutamiento externo

Reclutamiento externo	
Ventajas	**Inconvenientes**
• Atrae gente nueva, con ideas novedosas, creatividad y diferentes enfoques a los problemas internos. • Se aprovechan las inversiones en formación que se han realizado en otras empresas. • Renueva y enriquece los recursos humanos de la empresa.	• Se invierte gran cantidad de tiempo en este proceso. • El coste es más elevado que en el reclutamiento interno. • La empresa no tiene garantías de seguridad, ya que no se conoce a la persona que se contrata. • Puede causar frustración entre el personal interno al ver que no pueden desarrollar su plan de carrera y crea barreras internas. • Puede provocar desequilibrios salariales y comparaciones.

Actividad propuesta 4.2

Averigua los tipos de anuncios que se pueden diferenciar en los procesos de captación de personal.

4.1.3. Reclutamiento mixto

Las empresas no solo se centran en un tipo de reclutamiento, ya que ambos son complementarios. Por tanto, y teniendo en cuenta las ventajas y los inconvenientes que producen uno y otro método, las empresas prefieren una solución ecléctica, es decir, un reclutamiento mixto o la combinación de los dos anteriores. En estos casos, se pueden establecer tres procesos:

1. En primer lugar, se utiliza el reclutamiento interno. La empresa valora y da prioridad a sus trabajadores, pero si no encuentra candidatos adecuados al puesto vacante, comienza el proceso de reclutamiento externo.

2. Como primera opción, se utiliza el reclutamiento externo. La empresa prefiere nuevos recursos humanos que transformar, formar o motivar a los empleados que ya tiene. En caso de no encontrar candidatos fuera de la empresa, piensa en sus trabajadores, sin considerar, en ocasiones, la cualificación requerida.
3. Se aplican el reclutamiento interno y externo de forma simultánea. El objetivo de la empresa es cubrir la vacante, independientemente del lugar en el que se busque el candidato. En estos casos, una buena política de recursos humanos da prioridad a los candidatos internos que a los externos, en caso de igualdad de condiciones.

Figura 4.6. Reclutamiento mixto.

Recuerda que...

Todas las empresas, por cortesía y por dar una imagen de seriedad, deberían contestar siempre a todas las solicitudes de empleo, ya que cuando se publica una oferta de empleo se crea en el candidato una esperanza que, en muchos casos, queda frustrada.

Contestar a las solicitudes, ya sea de forma positiva o negativa, reconforta a los candidatos en la búsqueda de empleo.

Actividad propuesta 4.3

Debate en el aula

Reflexiona y comenta con tus compañeros sobre cuál consideras que es la mejor forma de reclutar candidatos en una empresa.

4.2. Proceso de selección

El **proceso de selección** comienza cuando un departamento concreto detecta la necesidad de cubrir una vacante o crear un nuevo puesto de trabajo. Lo podemos definir como la técnica que nos permitirá escoger entre las personas reclutadas aquellas más adecuadas para ocupar los puestos de trabajo existentes. Por ello, este proceso se configura como una labor de comparación y decisión, teniendo en cuenta, por un lado, los requisitos del puesto de trabajo y, por otro, las diferencias individuales.

La importancia del proceso de selección en la empresa viene determinada por los siguientes aspectos:

- El valor de una organización se mide por el valor de sus recursos humanos.
- Un buen proceso de selección enriquece tanto a los trabajadores como a la empresa.
- Un proceso de selección mal gestionado supone un coste no productivo para la empresa.

Figura 4.7. Proceso de selección.

4.2.1. Preselección y selección

El proceso de selección comienza con una fase de **preselección.** Independientemente de si el reclutamiento utilizado es interno, externo o mixto, la empresa recibirá las solicitudes de los candidatos con interés en cubrir el puesto de trabajo.

Se pueden realizar dinámicas de grupo para explicar a los candidatos tanto las características del puesto como las condiciones. De este modo, los candidatos pueden abandonar el proceso de selección si no están interesados en el mismo.

En la fase de preselección se valorarán las solicitudes, las cartas de presentación o los currículums recibidos y se determinarán cuáles son los más adecuados para la empresa.

En esta fase, el objetivo es el filtrado de las personas reclutadas, desechando aquellas que resulten poco interesantes o que no se ajusten a los requisitos del puesto de trabajo.

Para reducir la subjetividad en la valoración de las solicitudes, las empresas suelen clasificar a los candidatos en tres grupos:

- **Claramente aptos:** son aquellos que se convocarán para la siguiente fase. Los datos expresados en su CV se adaptan claramente a las características requeridas por la empresa.
- **Dudosos:** son los que serán convocados o no, en función de las circunstancias específicas del proceso, por ejemplo, si no hubiera candidaturas aptas.
- **No aptos:** son aquellos que se eliminarán del proceso, por no cumplir los requisitos exigidos.

Una vez finalizada la fase de filtrado de los candidatos potenciales a un puesto de trabajo, se decide la preselección de aquellos que la empresa considere, en principio, más idóneos.

Sabías que...

En la **carta de presentación** se expresan las razones por las que los candidatos quieren formar parte de la organización, aspecto muy importante para descartar o aceptar solicitudes.

Esto nos da una idea de la motivación, las aptitudes y el grado de formación del candidato.

Curriculum Vitae

Documento que contiene los datos personales, profesionales y académicos de la persona que pretende cubrir un puesto de trabajo.

Las claves en su elaboración son:

- Claridad.
- Concisión, sin parquedad.
- Organización y orden.
- Sistematicidad.
- Corrección (gramatical, ortográfica y formal).
- Cronología.
- Creatividad (con discreción).
- Adaptación a la organización.

Figura 4.8. Claves para elaborar un *curriculum vitae.*

Figura 4.9. *Curriculum vitae.*

Actividad resuelta 4.1

¿Cuál es la estructura que debe tener un currículum? ¿De qué partes se compone?

SOLUCIÓN

- Datos personales: nombre completo, domicilio, número de identificación, teléfonos de contacto, etc. En ocasiones, se incluye la edad y el estado civil.
- Experiencia profesional: se anotan, por orden cronológico, desde el último empleo hasta el primero. Es necesario indicar el puesto que se ocupa y su categoría, la empresa y el tipo de trabajo realizado.
- Formación académica: son los estudios que se han realizado. Es necesario indicar el título obtenido, el centro y las fechas.
- Formación complementaria: se indican los cursos realizados relacionados o no con su titulación. Por ejemplo, un Técnico Superior en Restauración puede indicar un curso de contabilidad que ha realizado.
- Idiomas: en nuestro sector es muy importante indicar el conocimiento de idiomas y los títulos obtenidos.
- Publicaciones: si la persona ha realizado alguna publicación en libros, revistas, etcétera.
- Otros datos: en este apartado se pueden incluir desde aficiones hasta si se tiene disponibilidad de viajar o si se está en posesión del carné de conducir, por ejemplo.

Recuerda que...

En marzo del año 2000 la presidencia del Consejo Europeo, en Lisboa, concluyó con la necesidad del establecimiento de un modelo europeo común de CV, de utilización voluntaria, para contribuir a la movilidad ayudando a la evaluación del conocimiento adquirido. Dicho formato aparece en la web de la Unión Europea y se denomina CV-Europass.

Una vez filtrados o preseleccionados los candidatos, comienza la fase de selección. La **selección de personal** se puede definir como la elección, entre los candidatos reclutados, de los más adecuados para ocupar los puestos existentes en la empresa, tratando de mantener o aumentar la eficiencia y el desempeño del personal, así como la eficacia de la organización.

La selección es necesaria porque existe una enorme cantidad de diferencias y distinciones individuales físicas y psicológicas que ocasionan que las personas se comporten y perciban las situaciones de manera diferente, y a que logren mayor o menor éxito en el desempeño de sus funciones en la organización.

La selección, no solo debe mostrar la situación actual del candidato para el desempeño de un puesto de trabajo, sino también las posibilidades profesionales futuras de dicho candidato para progresar en la organización en el mismo o en otros cargos de mayor responsabilidad.

Sabías que...

El **CV inteligente** trata de medir el talento y las capacidades de una persona. Existen webs en las que se puede cumplimentar, como por ejemplo, Cuvitt. A partir de ahí, los resultados se convierten en datos porcentuales que son valorados posteriormente por la empresa.

Con esta herramienta, los candidatos pueden conocer sus habilidades, sus puntos fuertes y débiles, por lo que le ayudará a la hora de preparar su entrevista de trabajo.

Actividad propuesta 4.4

Elabora tu *curriculum vitae* y tu carta de presentación.

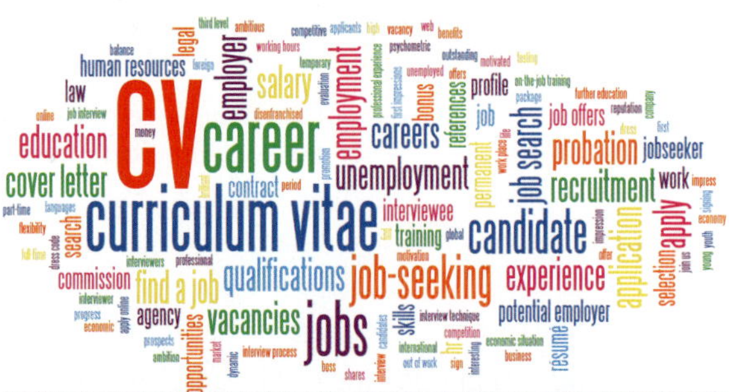

Figura 4.10. *Curriculum vitae.*

4.2.2. Técnicas de selección de personal

Las **técnicas de selección de personal** son las pruebas que permiten conocer a los candidatos, analizándolos y evaluándolos en su oportunidad y conveniencia para ocupar el puesto de trabajo.

Existen diversas técnicas de selección de personal; a continuación, se destacan las más habituales.

Test psicológicos

Los **test psicológicos** son técnicas de medición directa de comportamientos y conductas del individuo.

En las pruebas o **test psicotécnicos** se intenta medir algún rasgo o aptitud del sujeto. Para ello, se crean situaciones controladas en las que todo permanece inmutable y lo único que varía es el comportamiento del individuo respecto al rasgo a medir; es decir, el test psicológico es la medición de alguna fase de la conducta del individuo.

Los test son muy numerosos y variados, por lo que se desarrolla, a continuación, una clasificación de los mismos:

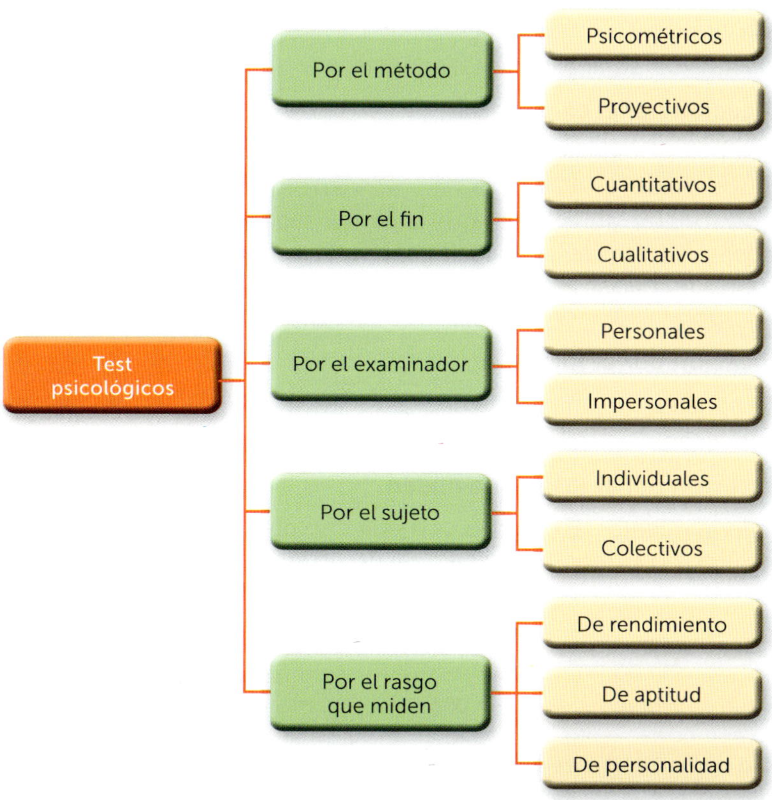

Figura 4.11. Clasificación de los test psicológicos.

Figura 4.12. Candidatos que cumplimentan un test psicológico.

- **Clasificación por el método:**
  - *Psicométricos*: se ajustan a normas cuantitativas. Sus elementos son valorados independientemente unos de otros, con una puntuación numérica. Su resultado final es una medida.
  - *Proyectivos*: se ajustan a normas cualitativas. Sus elementos son valorados cualitativamente en relación con el test total. Su resultado final es un diagnóstico.

Sabías que...

Todo test debe reunir, como mínimo, dos condiciones:

- **Validez:** que se comprueba al comparar lo afirmado por ellos y lo realizado por los mismos candidatos posteriormente en el puesto de trabajo.
- **Fiabilidad:** definida como el grado de constancia de sus resultados. Por ello, el test será fiable si consigue los mismos resultados en circunstancias parecidas.

- **Clasificación por el fin:**
  - *Cuantitativos*: su finalidad es medir.
  - *Cualitativos*: su finalidad es diagnosticar.
- **Clasificación por el examinador:**
  - *Personales*: aquellos en que la personalidad o conducta del examinador influye en los resultados.
  - *Impersonales*: aquellos en que la personalidad o conducta del examinador no influye en los resultados. Por ejemplo, en una entrevista colectiva, donde el examinador se limita a establecer un *feedback* afectivo adecuado con el grupo.
- **Clasificación por el sujeto:**
  - *Individuales*.
  - *Colectivos*.
- **Clasificación por el rasgo que miden:**
  - *De rendimiento:* su objetivo es medir con precisión y objetividad los conocimientos o el rendimiento actual de un sujeto en relación con lo que, en una determinada materia, han mostrado poseer los sujetos de su población.

Sabías que...

La aptitud es la predisposición de una persona para aprender una determinada habilidad o comportamiento que vendrá definida según las características psíquicas del sujeto o de las exigencias del puesto de trabajo.

La personalidad es la concreta realización de la persona: su manera de ser y comportarse.

- *De aptitud*:
  - ✓ *De aptitudes psicológicas*: son los que se definen en relación con la estructura psíquica del sujeto, como son los de inteligencia, imaginación, coordinación psicomotora, etcétera.
  - ✓ *De aptitudes prácticas*: son los que se utilizan para apreciar la disposición de los individuos hacia los distintos trabajos y profesiones. Por ejemplo, los de aptitud para las matemáticas, para la ingeniería, para los idiomas, etcétera.

Figura 4.13. El saludo es importante al principio y al final de las pruebas profesionales.

- *De personalidad*: tratan de analizar los rasgos adquiridos (carácter) y los innatos (temperamento) del sujeto. Los índices o cuestionarios miden los rasgos típicos del sujeto, esto es, aspectos psicológicos tales como la emotividad, la autoestima personal, el grado de ansiedad, el grado de extraversión e introversión, la impulsividad, etc. Pueden ser:
  - ✓ *De personalidad genéricos:* cuando revelan los rasgos generales de personalidad
  - ✓ *De personalidad específicos:* cuando solo determinan determinados rasgos del sujeto.

TEST DE RAZONAMIENTO VERBAL - DAT-VR

1. ...es a señor como avda. es a...
   a) Sr. - ciudad
   b) Sra. - ciudad
   c) Sr. - avenida
   d) km - avenida
   e) Sr. - don
2. ...es a caballería como pie es a...
   a) caballo - caminar
   b) caballo - infantería
   c) caballo - mina
   d) albarda - milla
   e) caballo - artillería
3. ...es a ancho como delgado es a...
   a) estrecho - peso
   b) tienda - regalo
   c) estrecho - gordo
   d) nada - gordo
   e) calle - peso
4. ...es animal como corteza es a...
   a) cáscara - árbol
   b) piel - huevo
   c) pie - árbol
   d) hombre - protección
   e) cáscara - huevo
5. ...es a tapón como caja es a...
   a) botella - tapa
   b) botella - cesta
   c) botella - sombrero
   d) botella - paella
   e) paella - cesta
6. ...es a colmillo como ciervo es a...
   a) elefante - gamo
   b) marfil - gamo
   c) elefante - cornamenta
   d) marfil - cornamenta
   e) marfil - caza

Figura 4.14. Test de razonamiento verbal.

Pruebas o exámenes profesionales

Las pruebas o exámenes profesionales son técnicas de selección en las que varios candidatos son sometidos a realizar una serie de ejercicios profesionales, compitiendo entre ellos para elegir a los que obtengan mejores resultados. Su objetivo es evaluar el grado de conocimientos adquiridos a través del estudio y/o de la práctica profesional.

Las pruebas y los exámenes profesionales deben cumplir unos requisitos que permitan cubrir sus objetivos de evaluación de conocimientos del candidato, por lo que deben ser:

- Objetivos: su valoración debe ser única, al margen de quién la realice.
- Inéditos: no conocidos por el examinador, a fin de evitar su preparación previa.
- Valorables: el diseño y planteamiento de sus elementos han de ser cuidados en su homogeneidad, contenido y posible cuantificación.

Se pueden clasificar del modo siguiente:

- *Exámenes orales*: utilizan preguntas y respuestas verbales. Funcionan como una entrevista y, además de los conocimientos, se puede observar la imagen, la presentación y la forma de expresión de los candidatos.
- *Exámenes escritos*: suelen ser el complemento de los orales. Se realizan preguntas y respuestas que suelen aplicarse en las organizaciones para evaluar los conocimientos adquiridos.
- *Exámenes prácticos*: su objetivo es comprobar los conocimientos y las experiencias que el candidato posee en una determinada actividad. Este examen consiste en realizar una tarea concreta hasta obtener un resultado observable y, consecuentemente, objetivo. Algunos ejemplos de este tipo de pruebas son:
  - Ejercicios situacionales de simulación.
  - Método de casos.
  - *Role play*.

Figura 4.15. Pruebas profesionales.

Ejercicio situacional de simulación para camareros

Imagínese que está en una de las siguientes situaciones. ¿Cómo las resolvería?

Dispone de dos minutos para pensarlo y tres minutos para contestar.

Se ruega concreción en la explicación.

Primera situación: queja de un cliente porque el plato servido está frío.

Segunda situación: cuando le entrega la cuenta a un cliente, el cliente dice no haber consumido tanta bebida.

Tercera situación: el cliente comienza a fumar en la mesa del restaurante.

Figura 4.16. Ejemplo de ejercicio situacional de simulación.

Actividad propuesta 4.5

Desarrolla en el aula la actividad de simulación del ejemplo anterior.

Centros de evaluación

Con el fin de mejorar los sistemas de selección y evitar o reducir sus inconvenientes, es tendencia en la actualidad recurrir a los llamados **centros de evaluación.**

¿Sabías que...

Los **centros de evaluación** se utilizan hoy día para la selección de mandos intermedios. No se utilizan para la selección de directivos por la falta de confidencialidad y reserva que este procedimiento no posee.

Estos comenzaron a aplicarse a principios de la Segunda Guerra Mundial para elegir candidatos a los cursos de entrenamientos de oficiales. El método exigía que unos ocho o doce candidatos ejecutaran juntos una serie de pruebas, bajo la observación de una comisión compuesta por oficiales, psicólogos y un psiquiatra.

Esta técnica tiene una duración aproximada de uno o dos días y se utiliza para analizar las habilidades o competencias de los candidatos en una variedad de situaciones que simulan lo que podría ser trabajar en esa empresa.

Grafología

La **grafología,** técnica muy poco habitual, integra un conjunto de técnicas para determinar el carácter, la personalidad y las aptitudes de la persona que puedan resultar útiles para la selección de personal y evaluación del potencial humano. Trata de aspectos humanos del carácter y de la personalidad.

Cuando la grafología se aplica a la selección de personal, las solicitudes enviadas por los candidatos pasan por un análisis grafológico previo, con el fin de ser examinadas y, así, determinar cuáles son las personas más idóneas para el trabajo ofrecido, a través de su escritura.

Figura 4.17. La grafología es una técnica poco habitual en las empresas.

Para que el análisis o examen grafológico sea fiable, debe ser completo, incluyendo la forma, el tamaño, la inclinación de las letras, la dirección de los renglones, los márgenes, etcétera.

Assesment center

El ***assesment center*** es una técnica de identificación del potencial gerencial que consigue reflejar la complejidad de los puestos de mando a través de simulaciones y ejercicios situacionales, que se llevan a cabo en condiciones casi reales, y que permiten observar la conducta del candidato en su entorno natural. Este tipo de técnicas están dirigidas a gerentes y categorías profesionales de la empresa elevadas jerárquicamente.

Su principio es evaluar una competencia mediante diferentes pruebas, es decir, los examinadores deberán decidir la puntuación en una competencia a partir de las puntuaciones obtenidas en las diferentes pruebas que la miden. Algunas de las pruebas que se desarrollan en esta técnica son el *role play*, los estudios de casos, los ejercicios de presentación, las dinámicas de grupo, etcétera.

Entrevista de selección

De todos los sistemas de selección, la **entrevista** es la técnica más antigua y más usada, a pesar de carecer de bases científicas y considerarse la técnica más imprecisa y subjetiva.

Una entrevista, como sistema de selección, es una conversación realizada generalmente entre dos personas mediante la cual una de ellas, llamada *entrevistador*, recibe información sobre la adecuación o no del *entrevistado* para cubrir el puesto indicado.

El *American College Dictionary* la define como «*un encuentro de personas cara a cara, especialmente para conversar de manera formal*».

Decálogo del entrevistador

1. Crear un ambiente agradable y tratar con naturalidad al entrevistado.
2. Mantener controlada la entrevista.
3. Evitar el *efecto halo* y las primeras impresiones.
4. Estimular al entrevistado a hablar.
5. Hablar menos que el entrevistado y escucharle con interés.
6. Preguntarle, sin sugerir las respuestas.
7. Hacer preguntas abiertas.
8. Usar el «*¿por qué?*» y el «*¿cómo?*» para que el entrevistado amplíe su información.
9. No proyectarse ni identificarse con el candidato.
10. Emitir un juicio y una recomendación basados en datos objetivos.

Figura 4.18. Decálogo del entrevistador.

En la entrevista se comprueba si el candidato, que se ha considerado *a priori* como positivo, reúne los requisitos exigidos para ser seleccionado e integrarse en la plantilla de la empresa. La comprobación de los datos aportados, la fluidez verbal, la seguridad en sí mismo, el grado de conocimientos, la experiencia, la simpatía, etc., son aspectos del candidato que el entrevistador analizará y que serán determinantes para seguir o no hacia adelante en el proceso.

La entrevista de selección tiene múltiples objetivos:

- Conocer al candidato en persona para observar sus reacciones, forma de vestir y de actuar, forma de expresarse, etcétera.

- Recoger datos para valorar la adecuación al puesto de trabajo.
- Informar al candidato sobre las condiciones de trabajo para que tenga una mayor información sobre la organización.
- Comprobar los resultados obtenidos en las fases de selección anteriores (test, pruebas, etcétera).

Se distinguen distintos tipos de entrevistas que se recogen a continuación:

- Según el número de participantes:
  - *Individuales*: si solo hay un entrevistador y un entrevistado. Suele durar aproximadamente una hora, aunque si es la primera toma de contacto puede durar menos.
  - *Colectivas*: si dos o más entrevistadores califican simultánea o sucesivamente al candidato.
  - *De grupo*: en la que varios entrevistadores entrevistan a un grupo de candidatos.
- Según la técnica utilizada:
  - *Libre*: si la conversación es espontánea entre entrevistador y entrevistado. Este sistema, aunque es positivo por su confianza y espontaneidad, tiene el inconveniente del posible olvido de puntos importantes al no seguir un plan estructurado.
  - *Estandarizada*: existe una guía con la que se pretenden obtener datos objetivos sobre las características del candidato. En principio, es más aconsejable este tipo de entrevista si el entrevistador no es un experto. Sin embargo, si el entrevistador tiene una larga experiencia, es preferible la entrevista libre porque se recoge más información.
  - *Mixta*: es una mezcla de las dos anteriores. Sigue una guía de entrevista en la que se detallan, no las preguntas, sino las áreas que han de ser tratadas. Se sigue un guion flexible.
- Según el clima de la entrevista:
  - *Normal o relajada*: se busca conseguir un clima sereno, tranquilo y de confianza.
  - *Dura o ansiógena*: se basa en que, cuando hay situaciones de tensión, aparecen más fácilmente los rasgos ocultos de la personalidad.

Para realizar la entrevista se precisa de un guion cuya complejidad viene dada según sean los objetivos de la empresa, el puesto a cubrir y lo exigido al candidato.

Recuerda que...

Es muy importante la puntualidad cuando te citan para una entrevista de trabajo.

Puntualidad significa no llegar tarde a la cita, pero también significa no llegar una hora antes de la hora en la que has sido citado.

Algunos de los factores a incluir en el guion serían los que se muestran en la Figura 4.19.

Seguir un guion para realizar una entrevista, tiene varias ventajas:

- Permite tener una guía que conduzca la entrevista *espontáneamente* por los temas que realmente interesan al entrevistador.
- Es susceptible de modificaciones o adaptaciones.
- Impide perder tiempo hablando sobre temas poco relevantes.
- Evita olvidos al entrevistador.

Puntos básicos en el desarrollo de una entrevista

1. Saludo: recibir cordialmente al candidato.
2. Charla introductoria: para crear una atmósfera propicia a la comunicación, que permita que la entrevista se desarrolle con fluidez y libertad.

   Por ejemplo, si se conoce que el candidato es aficionado a los deportes, preguntar o comentar sobre el último acontecimiento deportivo.
3. Pregunta inicial: es el comienzo real de la entrevista. Suele referirse a las expectativas del candidato respecto al puesto de trabajo, o a los motivos que le han llevado a presentarse a la entrevista, etcétera.
4. Introducción: una vez que se ha creado un ambiente distendido y el entrevistado se siente más cómodo y relajado, se hace una introducción de la entrevista. Por ejemplo: «Hoy me gustaría hablar con usted sobre sus antecedentes y experiencias. Si llegamos a conocerle bien, teniendo en cuenta su experiencia pasada y sus aspiraciones futuras, podremos juzgar si en nuestra empresa existen oportunidades que encajen con sus cualidades e intereses. Por eso, me gustaría que hablase de los trabajos que ha desempeñado, estudios, intereses, aficiones, y cualquier otra cosa que desee contar».
5. Experiencia profesional: hay que realizar preguntas acerca de cada uno de los puestos de trabajo que ha tenido y ver si su trayectoria es ascendente, estable, regresiva u oscilante. Es importantísimo ver el tiempo de desempleo (espacios en blanco), el tiempo que ha permanecido en cada empresa (antigüedad en cada puesto), etc. Podemos analizar si tuvo problemas de adaptación en la empresa, al trabajo, con los jefes, con sus compañeros, etcétera.
6. Estudios y formación: se pregunta qué estudió, motivos y la duración, volviendo a cuadrar fechas.
7. Actividades e intereses actuales.
8. Resumen de los puntos fuertes.
9. Resumen de los puntos débiles.
10. Comentarios finales.

Figura 4.19. Ejemplo de pautas en el desarrollo de una entrevista de trabajo.

Recuerda que...

En una entrevista de trabajo son muy importantes las **primeras impresiones,** por lo que debes pensar cuidadosamente en tu indumentaria cuando acudas por primera vez a una entrevista.

Figura 4.20. Fases en la entrevista de trabajo.

Para que la entrevista logre sus fines se han de dar una serie de factores que influyen sobre variables psicológicas del entrevistador y del entrevistado, así como en el ambiente general en la entrevista. Estos factores son:

- **Factores personales:** son los elementos como la inteligencia, la competencia y autoestima, el equilibrio emocional, el grado de emotividad, el dinamismo, las motivaciones e intereses, la situación económica, la posición social, etc., que condicionan el resultado de una entrevista. Tanto el entrevistador como el entrevistado han de conocer sus puntos fuertes y débiles para intentar potenciar los primeros y disimular los segundos.
- **Objetivos de la empresa y del candidato:** una entrevista fracasa cuando el grado de subjetividad es mayor que el cálculo racional. Por tanto, el entrevistador ha de equilibrar los objetivos de la empresa siendo leal a la misma.
- **Ambiente físico:** el lugar donde se realice la entrevista debe tener unas mínimas características de comodidad y confort.
- **Registro de observaciones:** el entrevistador tiene que tomar notas discretamente, sin distraer al entrevistado ni interrumpir el ritmo de la conversación. Con estos apuntes el entrevistador elaborará posteriormente un informe que influirá de forma decisiva en el proceso de selección.

En una entrevista de selección, es importante saber escuchar y saber preguntar. Las preguntas han de ser abiertas, para que el candidato emplee respuestas descriptivas, pero no hay que inducir respuestas ni hacer juicios de valor sobre lo que el candidato dice, porque esto generaría desconfianza por ambas partes e, incluso, llevaría a discusiones inútiles.

Por eso, es mejor intentar relajar al entrevistado mediante comentarios y evitar la formulación de opiniones personales. Por lo que el entrevistador debe seguir los pasos indicados en la Figura 4.21.

Figura 4.21. Comportamiento del entrevistador durante la entrevista.

Una buena preparación pasa por conocer adecuadamente las diferentes fases de la entrevista, aspecto que analizaremos a continuación.

Se distinguen cinco fases: preparación, inicio, desarrollo, despedida y valoración.

- **Preparación de la entrevista:** el entrevistador ha de considerar, tanto el puesto de trabajo como las condiciones del candidato, mientras que el entrevistado recabará la máxima información sobre la organización y el puesto vacante.
- **Inicio de la entrevista:** la entrevista comenzará con la presentación del entrevistador y con la creación de un ambiente agradable.
- **Desarrollo de la entrevista:** la entrevista no ha de ser un interrogatorio, sino una conversación, por lo que las preguntas tienen que ser abiertas para que el candidato explique lo que considere conveniente.
- **Despedida de la entrevista:** una vez que el entrevistador compruebe que dispone de la información necesaria, se invita al candidato a formular cualquier otra pregunta que considere conveniente y, a continuación, se le informará sobre cuándo y cómo se pondrán en contacto con él o ella para la siguiente fase. Es muy importante darle las gracias por el interés mostrado y acompañarle hasta la salida, si fuera posible.
- **Valoración de los resultados o *rapport*:** una vez finalizada y supervisada la entrevista, se procede a la evaluación de cada parte. En este proceso hay que redactar un informe que destaque los puntos débiles y fuertes del entrevistado, en función del puesto y de los objetivos de la empresa, y emitir un juicio sobre la idoneidad del candidato en la empresa.

Tabla 4.3. Ejemplo de *rapport* o valoración de resultados

	Niveles de competencias			
Competencias	**1. Bajo**	**2. Medio**	**3. Alto**	**4. Superior**
Orientación al cliente				
Orientación a resultados				X
Flexibilidad				
Iniciativa / creatividad		X		
Compromiso / implicación				X
Capacidad de análisis / síntesis				
Comunicación			X	
Trabajo en equipo				
Nivel global de adecuación				

Por otra parte, a lo largo del proceso de selección se han ido obteniendo una serie de datos, algunos de los cuales son susceptibles de ser ratificados por parte de la empresa para que esta se asegure de la veracidad de la documentación aportada por los candidatos. En este sentido, se deberán comprobar las referencias aportadas por el sujeto y sus documentos.

Figura 4.21. Entrevista de trabajo.

Actividad propuesta 4.6

Reflexiona sobre la siguiente cuestión y debate en el aula con tus compañeros y compañeras valorando las conclusiones finales:

¿Piensas que es adecuado que las empresas utilicen la entrevista personal como único criterio de selección?

Actividad resuelta 4.2

Imagina que tienes que hacer una entrevista de trabajo para una empresa y te han citado dentro de dos días en sus oficinas centrales. Reflexiona sobre cómo deberías actuar antes, durante y después de haber realizado la entrevista.

SOLUCIÓN

Antes	Durante	Después
Recabar información sobre la empresa. No poner objeciones a la hora de la cita propuesta. Reflexionar sobre tus fortalezas y debilidades. Definir tus motivaciones, objetivos profesionales y prioridades. Memorizar tu CV. Prestar atención a tu apariencia (discreta, aseada, cuidada).	Generar una buena impresión (comunicación verbal y corporal). Controlar el nerviosismo. Cuidar el lenguaje y las formas. Responder de forma clara y breve. Ser sincero/a. Transmitir positivismo, motivación, ilusión y ganas. Preguntar y mostrar interés. Expresar agradecimiento.	Analizar el desarrollo de la entrevista, anotando los puntos fuertes y débiles. Cumplir los posibles compromisos adquiridos (envío de documentación, etcétera). Interesarse por la evolución de tu candidatura. No insistir en la evaluación de tu candidatura.

4.2.3. Comunicación a los candidatos seleccionados y no seleccionados

Después de que se haya reunido toda la información, el responsable de personal decidirá si el candidato se encuentra entre los que cumplen los requisitos exigidos por la descripción del puesto y perfil.

Figura 4.23. Comunicación al candidato.

A partir del resultado del proceso de selección, será posible determinar cuáles pueden ser los candidatos más idóneos para cubrir el puesto de trabajo. Normalmente, la decisión final corresponderá al jefe del departamento en que vaya a trabajar la persona escogida.

Por todo ello, una vez definidos los candidatos finalistas, el jefe del departamento solicitante comparará entre ellos para observar cuál o cuáles se ajustan de manera flexible a los requisitos exigidos por el puesto a cubrir e, incluso, les podrá citar para una última entrevista.

Es recomendable hacer una comparación flexible de candidatos porque, en ocasiones, no existe un candidato ideal que destaque sobre los demás y porque, a veces, dada la oferta disponible, habrá que modificar ligeramente alguno de los criterios o requisitos que tenía el perfil inicial.

Una vez tomada la decisión de selección de un candidato, hay que **comunicarle** en una entrevista final, o bien por teléfono, que ha sido escogido. En esta conversación se comentarán y aclararán determinados aspectos, como por ejemplo, una descripción más detallada del puesto de trabajo que va a ocupar, el tipo de contrato, si existe periodo de prueba, la fecha de iniciación, el salario, etcétera.

Es importante destacar que, por corrección, resulta adecuado comunicar también la decisión a las personas no elegidas mediante e-mail, teléfono o una carta de desestimación. Debemos considerar que su participación en el proceso organizado por la empresa les ha supuesto tiempo y esfuerzo, lo que les hace merecedoras de esta atención, de modo que hay que agradecerles su participación e indicarles que se les tendrá en cuenta para futuros procesos de selección.

Madrid, 15 de marzo de 2019

Estimado Señor/a:

Por la presente queremos comunicarle nuestro agradecimiento por el interés que ha demostrado al participar en el proceso de selección de nuestra empresa.

Lamentamos comunicarle que, aunque valoramos muy positivamente su oferta, la plaza ofrecida ha sido cubierta por otra persona cuyo perfil estaba más adaptado a nuestras necesidades.

No obstante, mantendremos en nuestro archivo, si así lo desea, la documentación que nos ha proporcionado, y nos pondremos en contacto con usted si, en un futuro, existe alguna oferta que pueda ser de su interés.

Reciba un cordial saludo,

El Jefe de Personal

Figura 4.23. Ejemplo de carta de desestimación.

4.3. Contratación

Figura 4.25. Firma del contrato de trabajo.

Una vez que se ha llegado a un acuerdo entre la empresa y la persona que se va a incorporar a la misma, comienza el proceso de contratación.

La **contratación** es un proceso con alto componente jurídico, en el que las normas legales son fundamentales para desarrollarlo de forma correcta.

Un **contrato de trabajo** es un acuerdo entre empresario y trabajador por el que este se obliga a prestar determinados servicios por cuenta del empresario a cambio de una retribución.

Pueden firmar un contrato las siguientes personas:

- Los mayores de edad.
- Los menores de 18 años legalmente emancipados.
- Los mayores de 16 y menores de 18, si tienen autorización de los padres o tutores.
- Los extranjeros, de acuerdo con la legislación que les sea aplicable.

4.3.1. Periodo de prueba

Para comprobar si finalmente el candidato es válido para su puesto de trabajo, en algunas empresas se establece un **periodo de prueba.** En este tiempo, el trabajador se integra en su puesto de trabajo, conociendo los hábitos y procedimientos de la empresa y esta analizará y evaluará el comportamiento del trabajador en determinadas situaciones reales.

Sabías que...

El periodo de prueba se computa a efectos de antigüedad; sin embargo, no se podrá establecer un periodo de prueba cuando el trabajador ya haya desempeñado las mismas funciones con anterioridad en la empresa, bajo cualquier modalidad de contratación.

El periodo de prueba no es obligatorio y, de acordarlo, se deberá reflejar por escrito en el contrato. Su duración máxima se establecerá en los convenios colectivos y, en su defecto, la duración no podrá exceder de seis meses para los técnicos titulados, o de dos meses para el resto de los trabajadores.

Durante el periodo de prueba, el trabajador tendrá los mismos derechos y obligaciones correspondientes al puesto de trabajo que desempeñe, como si fuera de plantilla y se podrá rescindir la relación laboral por voluntad de cualquiera de las partes, sin alegar causa alguna y sin preaviso, salvo pacto en contrario.

Concluido el periodo de prueba, si el candidato no lo supera, la empresa abrirá un nuevo proceso de selección.

4.3.2. Modelos de contratos en el sector de la restauración

Los modelos de contrato más habituales en el sector de la hostelería y el turismo son los que se muestran a continuación:

Contrato de trabajo indefinido o fijo

El contrato de trabajo **indefinido,** también denominado **fijo,** es el concertado sin fijar límites de tiempo en la prestación de servicios en lo referente a la duración del contrato.

Se puede formalizar, tanto de forma verbal como por escrito, salvo aquellos contratos que necesariamente hayan de formalizarse por escrito.

El contrato de trabajo indefinido debe comunicarse al Servicio Público de Empleo, en el plazo de los 10 días siguientes a su concertación.

Contratos indefinidos o temporales bonificados

Existen seis tipos de contratos bonificados:

- Para trabajadores en situación de exclusión social.
- Para víctimas de violencia de género, doméstica o víctimas del terrorismo.
- Para trabajadores mayores de 52 años beneficiarios de los subsidios por desempleo.
- Para trabajadores en situación de exclusión social por empresas de inserción.
- Temporal de fomento de empleo para personas en situación de exclusión social por empresas de inserción.
- Contrato indefinido de apoyo a los emprendedores (Real Decreto-Ley 3/2012).

Figura 4.26. Formalización del contrato de trabajo.

Actividad propuesta 4.7

Con la ayuda de la web del Servicio Público de Empleo, investiga en qué consiste cada uno de los contratos citados anteriormente.

Contratos de duración determinada o temporal

El contrato de trabajo de duración **determinada,** también denominado **temporal,** que fija un límite de tiempo en la prestación de servicios en lo referente a la duración del contrato.

Los contratos de trabajo de duración determinada son regulados expresamente por la normativa legal y deben ajustarse a los requisitos que en la misma se establezcan. La no adecuación de dichos contratos a los fines y requisitos previstos en su regulación puede suponer su conversión en indefinidos, en aplicación de los principios de fraude en la contratación y presunción de la contratación laboral indefinida, aplicados por la jurisprudencia.

Dentro de los contratos de duración determinada o temporales, los más usuales en el sector de la restauración son los que se muestran en la Tabla 4.4.

Actividad propuesta 4.8

Investiga sobre otros contratos que se puedan concertar en el sector de la restauración.

Tabla 4.4. Contratos temporales más habituales en el sector de hostelería

Tipo de contrato	Objetivo	Duración y jornada	Formalización
Contrato por obra o servicio determinado	Realización de una obra o prestación de un servicio, con autonomía y sustantividad propia dentro de la actividad de la empresa y cuya ejecución, aunque limitada en el tiempo, es en principio de duración incierta.	Tiempo exigido para la realización de la obra o servicio. La jornada puede ser tanto a tiempo completo como a tiempo parcial.	Debe realizarse por escrito. Tanto el contrato, como sus prórrogas, deben comunicarse al Servicio Público de Empleo, dentro de los 10 días hábiles siguientes a su concertación.
Contrato eventual por circunstancias de la producción	Se lleva a cabo cuando las circunstancias del mercado, la acumulación de tareas o el exceso de pedidos así lo exigieran, aun tratándose de la actividad normal de la empresa.	La duración máxima de este contrato será de 6 meses, dentro de un periodo de 12 meses, contados a partir el momento en que se produzcan las circunstancias o causas que motivan la utilización del mismo. En cuanto a la jornada, puede ser tanto a tiempo completo como a tiempo parcial.	El contrato deberá formalizarse por escrito, si su duración es superior a cuatro semanas. Tanto el contrato, como sus prórrogas, deben comunicarse al Servicio Público de Empleo, dentro de los 10 días hábiles siguientes a su celebración.

(Continuación)

Tabla 4.4. Contratos temporales más habituales en el sector de hostelería

Tipo de contrato	Objetivo	Duración y jornada	Formalización
Contrato de interinidad	Tiene como objeto sustituir a un trabajador con derecho a reserva de puesto de trabajo, en virtud de norma, convenio colectivo o acuerdo individual, o para cubrir temporalmente un puesto de trabajo durante el proceso de selección o promoción, para su cobertura definitiva, así como para sustituir a trabajadores en formación por trabajadores beneficiarios de prestaciones por desempleo.	La duración será la del tiempo que dure la ausencia del trabajador sustituido con derecho a reserva del puesto de trabajo. En cuanto a la jornada, puede ser tanto a tiempo completo como a tiempo parcial.	El contrato y, en su caso, las prórrogas deberán formalizarse por escrito. Tanto el contrato como sus prórrogas deben comunicarse al Servicio Público de Empleo, dentro de los 10 días hábiles siguientes a su celebración.
Contrato de trabajo en prácticas	Tiene como finalidad la obtención de la práctica profesional adecuada al nivel de estudios cursado por los trabajadores que posean título universitario o de formación profesional de grado medio o superior, o títulos oficialmente reconocidos como equivalentes, que habiliten para el ejercicio profesional.	La duración no podrá ser inferior a seis meses, ni exceder a dos años. Dentro de estos límites, los convenios colectivos de ámbito sectorial podrán determinar la duración del contrato. La jornada puede ser tanto a tiempo completo como a tiempo parcial.	El contrato deberá formalizarse por escrito, haciendo constar expresamente la titulación del trabajador, la duración del contrato y el puesto o los puestos de trabajo a desempeñar durante las prácticas. A la terminación del contrato, el empresario deberá entregar al trabajador un certificado en el que conste la duración de las prácticas, el puesto o puestos de trabajo ocupados y las principales tareas realizadas en cada uno de ellos.

Enlaces web de interés

https://europass.cedefop.europa.eu/es/documents/curriculum-vitae

Resumen

- El **reclutamiento** es el conjunto de técnicas y procedimientos para conseguir candidatos potencialmente cualificados e idóneos a los puestos y las necesidades de la organización. Para que el reclutamiento sea eficaz, las técnicas utilizadas deben atraer a un número suficiente de candidatos que abastezcan de forma adecuada el proceso de selección, para poder elegir qué personas son el tipo de colaboradores que busca la organización.
- El **reclutamiento interno** consiste en buscar candidatos entre los trabajadores existentes en la propia empresa a través de la redistribución de trabajadores de las siguientes formas: traslados y promociones, por informaciones facilitadas por los propios trabajadores y por el estudio y análisis de candidaturas archivadas.
- El **reclutamiento externo** se utiliza cuando una organización tiene pocos candidatos idóneos o no tiene ninguno, consiste en atraer candidatos reales o potenciales, disponibles (desempleados) o empleados en otras empresas.
- El **reclutamiento externo** se hace a través de la consulta de archivos de candidatos que presentaron espontáneamente solicitudes, la recomendación de candidatos, la búsqueda de trabajadores de empresas de la competencia, ya sea a través de consultores privados como mediante la inserción de anuncios en prensa o el reclutamiento en Internet. También se puede recurrir a las bolsas de empleo de los centros de formación, a los contactos con sindicatos y asociaciones profesionales, a la colocación de carteles en la puerta de la empresa, a la asistencia a las ferias de empleo o del sector, a las agencias de colocación y a las oficinas de empleo.
- Cuando se realiza un **reclutamiento mixto**, las empresas combinan ambos métodos.
- El **proceso de selección** sigue varios pasos. En la fase de **preselección** se valoran las solicitudes, cartas de presentación y CV y se hace un filtrado de las mismas, preseleccionando los candidatos que la empresa considera, en principio, más idóneos.
- La **selección** es la elección, entre los candidatos reclutados, de los más adecuados para ocupar los puestos vacantes de la empresa.
- Las **técnicas de selección** más habituales en las empresas son los test psicológicos, las pruebas o exámenes profesionales, la consulta a centros de evaluación, la grafología, la contratación de un *assesment center* y la entrevista de selección.
- Con toda la información disponible, hay que tomar la **decisión final** y comunicar esta, tanto al candidato seleccionado como al no seleccionado, mediante *e-mail,* teléfono o una carta de desestimación.
- Un **contrato** de trabajo es un acuerdo entre empresario y trabajador, por el que este se obliga a prestar determinados servicios por cuenta del empresario a cambio de una retribución.
- Para comprobar si finalmente un candidato es **válido** para su puesto de trabajo, en algunas empresas se establece un periodo de prueba, pero este periodo no es obligatorio y, si se establece, hay que reflejarlo por escrito en el contrato.
- Los **modelos de contrato** más característicos en el sector de la restauración son el contrato de trabajo indefinido o fijo, contratos bonificados y el contrato de duración determinada o temporal que, a su vez, puede ser el contrato de obra o servicio determinado, el contrato eventual por circunstancias de la producción, el contrato de interinidad o el contrato de trabajo en prácticas.

Actividades finales

De comprobación

4.1. Todo proceso de selección debe partir de:

a) Un análisis del puesto de trabajo y la determinación de las características del candidato.

b) La determinación de las técnicas a emplear para llevar a cabo el reclutamiento.

c) Una previsión de las necesidades de recursos humanos.

d) La predicción del éxito que alcanzará la persona en su puesto de trabajo.

e) Ninguna de las respuestas es correcta.

4.2. La etapa previa a la selección cuyo objetivo es la búsqueda y obtención de candidatos que se interesen por la oferta de trabajo, se denomina:

a) Planificación de recursos humanos.

b) Reclutamiento.

c) Preselección.

d) Adecuación del puesto de trabajo al candidato.

e) Ninguna de las respuestas es correcta.

4.3. El *assesment center* es una técnica de selección de personal:

a) Basada en la simulación de la conducta empresarial a través de ejercicios controlados y susceptible de ser cuantificada.

b) Compuesta de pruebas, como por ejemplo, juegos de roles.

c) Dirigida a categorías profesionales elevadas (jerárquicamente) de la empresa.

d) Que se evalúa con precisión.

e) Todas las respuestas anteriores son correctas.

4.4. ¿Cuál de las siguientes es una desventaja del reclutamiento externo?

a) Se invierte gran cantidad de tiempo en este proceso.

b) El coste es más elevado que en el reclutamiento interno.

c) La empresa no tiene garantías de seguridad, ya que no se conoce a la persona que se contrata.

d) Puede causar frustración entre el personal interno al ver que no puede desarrollar su plan de carrera y crea barreras internas.

e) Todas las respuestas anteriores son correctas.

4.5. El movimiento vertical en el reclutamiento interno se produce cuando:

a) El trabajador mejora su categoría profesional.

b) El trabajador cambia de departamento.

c) El trabajador desciende en su posición.

d) El trabajador mejora su categoría y cambia de departamento.

e) Ninguna de las respuestas es correcta.

4.6. El contrato que se lleva a cabo cuando las circunstancias del mercado, acumulación de tareas o exceso de pedidos así lo exigieran, aun tratándose de la actividad normal de la empresa, se denomina:

a) Contrato de interinidad.

b) Contrato fijo.

c) Contrato eventual por circunstancias de la producción.

d) Contrato en prácticas.

e) Contrato de obra o servicio determinado.

4.7. En la entrevista de selección:

a) Deben evitarse preguntas abiertas, dando preferencia a las cerradas.

b) Se debe anotar todo lo que dice el entrevistado, aunque haya que pararle para poder copiar.

c) Se debe interrumpir al entrevistado, cuantas más veces mejor, para comprobar su capacidad de adecuación a la entrevista.

d) No deben hacerse juicios de valor que signifiquen aprobación o desaprobación de lo que le candidato manifieste.

e) Es correcta la formulación de preguntas que implícitamente lleven el tipo de respuesta que se espera.

4.8. El *rapport* es:

a) Una técnica de selección de personal.

b) Un tipo de test psicológico.

c) La valoración de los resultados de una entrevista.

d) Un CV inteligente.

e) Ninguna de las respuestas es correcta.

4.9. Un contrato de trabajo lo pueden firmar:

a) Los mayores de edad.

b) Los menores de 18 años legalmente emancipados.

c) Los mayores de 16 y menores de 18, si tienen autorización de los padres o tutores.

d) Los extranjeros, de acuerdo con la legislación que les sea aplicable.

e) Todas las respuestas anteriores son correctas.

4.10. La entrevista que sigue una guía para obtener datos objetivos sobre las características del candidato se denomina:

a) Ansiógena.

b) Libre.

c) Estandarizada.

d) Relajada.

e) Ninguna de las respuestas es correcta.

De aplicación

4.11. Compara las ventajas y los inconvenientes del reclutamiento interno y del externo.

4.12. ¿Cuáles son los pros y los contras de utilizar Internet como fuente única de reclutamiento?

4.13. Haz un esquema con los tipos de test psicológicos estudiados.

4.14. ¿Cuáles son los objetivos de las entrevistas de selección?

4.15. Elabora un guion de una entrevista de trabajo, como si fueras el entrevistador, para un puesto de jefe de cocina en un hotel de cuatro estrellas en Madrid.

4.16. Juego de roles. En base a lo elaborado en la Actividad de aplicación 4.15, realiza la entrevista a un compañero o compañera, y viceversa.

4.17. ¿Es obligatorio el periodo de prueba en todas las empresas? Razona tu respuesta.

4.18. Una nueva herramienta en recursos humanos a modo de carta de presentación es el videocurrículum. Este es complementario al currículum tradicional. Consiste en una presentación de entre 2 y 3 minutos, donde el usuario explica a la cámara cuáles son sus aspiraciones, hace un resumen de su formación, experiencia, etcétera.

Esta técnica permite diferenciarse del resto de candidatos y mostrar las capacidades comunicativas.

Elabora un videocurrículum y compáralo con el de tus compañeros, destacando los aspectos positivos y analizando las debilidades de cada uno.

De ampliación

4.19. La película española de Marcelo Piñeyro *El Método*, trata sobre la prueba de selección de personal de siete candidatos a un importante puesto de trabajo en una compañía multinacional, ubicada en un edificio de Madrid.

Las personalidades de los candidatos, unidas al clima de competitividad, miedo y dudas se apodera de los participantes que piensan que les están observando.

Contesta las siguientes preguntas:

a) ¿Qué técnica de selección está utilizando la empresa de la película?

b) ¿Están actuando de forma correcta los candidatos al puesto de trabajo?

c) ¿A qué candidato seleccionarías tú?

d) Expresa tu opinión personal sobre la película y coméntala con tus compañeros.

4.20. Juego de roles. Con tu compañero o compañera simula una entrevista de trabajo siguiendo los siguientes roles:

- Entrevistado: envió su *curriculum vitae* para un puesto de trabajo de jefe de sala en un hotel de cinco estrellas de Sevilla. El hotel requiere una persona dinámica y activa, que hable dos idiomas, con conocimientos del sector, creativo y con dotes de mando. Si tienes el rol de entrevistado debes responder a las preguntas que te formule tu compañero o compañera.
- Entrevistador: es el jefe de personal de la cadena hotelera de Sevilla. Ha elaborado un guion estructurado para una entrevista con diez cuestiones entre las que ha incluido las dos siguientes:
  1. Lee detenidamente el conjunto de adjetivos que figuran más abajo y dime en voz alta los 4 o 5 que te definen mejor: independiente, estable, analítico, idealista, maduro, sistemático, imaginativo, pacífico, decidido, intuitivo, cauteloso, persuasivo, responsable, tímido, sentimental, flexible, sociable, competitivo, tenaz, ambicioso.
  2. Enumera del 1 al 6 los siguientes aspectos presentes en todo puesto de trabajo, siendo el 1 lo más importante y el 6 lo menos importante para ti: formación, horario, promoción, funciones, ambiente, salario.

  Si tienes el rol de entrevistador, completa el guion para tu entrevista y realiza las preguntas a tu compañero o compañera.

4.21. Realiza una simulación de entrevista grupal a través de una dinámica de grupo. Lee el siguiente relato, aparecido en 1985 en la revista francesa *Elle*.

> «Una joven casada, que se sentía abandonada por su marido excesivamente entregado a los negocios, se deja seducir y va a pasar la noche con su seductor, en una casa al otro lado del río.
>
> Para volver al día siguiente muy temprano, antes de que regresara su marido que está de viaje, debe cruzar un puente. Cuando va a pasar el puente, una persona, que parecía enajenada, le hace gestos amenazadores. Corre entonces a buscar a un barquero, este le pide el importe del billete. Ella no tiene dinero y el barquero rehúsa cruzarla sin que le pague por adelantado. Va a buscar a su amante y le pide dinero. Él se niega sin dar explicaciones. La mujer va entonces a buscar a un amigo soltero que vive por allí y que le profesa desde siempre un amor platónico, sin que ella por su parte haya correspondido jamás. Le cuenta todo y le pide dinero. Él también se lo niega: ella se lo ha buscado por portarse tan mal. La mujer vuelve al barquero, que se niega de nuevo a cruzar el río. Entonces decide pasar el puente. El loco la mata».

Contesta a las siguientes preguntas:

a) Clasifica individualmente a estos seis personajes, de más a menos, según la responsabilidad que crees que tienen. Pon un 1 al que consideres más responsable de la muerte de la mujer y un 6 al que menos responsabilidad crees que tiene, numerando a todos los personajes.

Orden de aparición	Orden individual	Orden del grupo
Mujer		
Marido		
Amante		
Loco		
Barquero		
Amigo		

b) Discute en grupos de 5 o 6 personas las clasificaciones individuales, llegando a una conclusión común del grupo y anotándola en la tabla anterior.

c) Se llevarán a cabo por parte del docente diferentes conclusiones, explicando la importancia de esta dinámica de grupo en recursos humanos.

© Ediciones Paraninfo

5 Integración y desarrollo del personal en la empresa de restauración

Contenidos

Objetivos

- Clasificar las etapas de un plan de acogida.
- Ser capaz de elaborar un manual de bienvenida para los trabajadores.
- Conocer la importancia del plan de formación empresarial.
- Distinguir las funciones del departamento de formación.
- Conocer los contenidos y la elaboración del plan de formación.

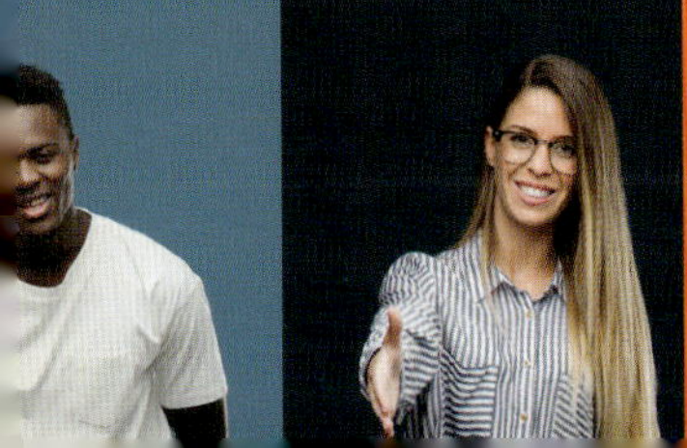

Introducción

Las empresas deben preocuparse por el desarrollo profesional de sus empleados desde el primer día. Afrontar nuevos retos, sentirse útil, continuar aprendiendo y avanzar es fundamental para que los trabajadores no se sientan estancados y pierdan motivación. En esta área no cabe la improvisación y es muy importante contar con un plan de acogida que facilite tanto el desarrollo como la implicación y la productividad de los trabajadores.

Los empleados deben comprender cuanto antes nuestra organización, nuestra cultura empresarial, nuestros objetivos, nuestros procedimientos y nuestros valores. Solo así se implicarán y sentirán que forman parte de un equipo en el que los beneficios son tan importantes como el desarrollo y el continuo aprendizaje de sus miembros.

5.1. Desarrollo profesional en la empresa de restauración

Dos de los aspectos que preocupa a toda empresa de restauración son la **integración del nuevo personal** y **su desarrollo profesional** en la empresa a lo largo de toda su carrera.

En primer lugar, es necesario que un nuevo empleado sepa cómo llevar a cabo las tareas en su puesto de trabajo, así como el nivel de eficacia y eficiencia que se espera de él. También es importante transmitirle el espíritu corporativo; nuestra política de gestión, nuestros objetivos y valores como empresa y nuestra fórmula de servicio al cliente, para que las asuma al entrar a trabajar con nosotros.

Aunque, habitualmente, estos elementos se transmiten de forma oral, y se asimilan por el ambiente de trabajo, es necesario crear unos parámetros y exponerlos en un documento.

El **plan de acogida** de la empresa, o **manual de bienvenida**, es una herramienta que reflejará todos los datos mencionados anteriormente, evitando confusiones y malas interpretaciones de lo que nosotros queremos transmitir.

Como segundo elemento importante para la empresa aparece la **formación** que nuestros empleados van a recibir una vez dentro de la empresa. Los empleados necesitan crecer profesionalmente y nosotros necesitamos capacitarles para que desarrollen sus funciones cada vez mejor.

El mundo de la restauración cambia por momentos y es altamente competitivo. La empresa tiene que adaptarse continuamente a las nuevas demandas de los clientes y a los nuevos sistemas y programas de funcionamiento y nuestros empleados deben estar preparados para ello. La formación es la herramienta que nos permite mantenernos en una posición competitiva en el mercado.

El **plan de formación continua** en una empresa de restauración comienza desde el primer día que el empleado se incorpora y se va definiendo y adaptando a lo largo de su carrera profesional según su talento, sus posibilidades de evolucionar y su grado de responsabilidad.

Así, aparecen tres programas necesarios para cualquier empresa de restauración en el ámbito de los recursos humanos:

- El plan de acogida.
- El plan de formación.
- El plan de carrera.

A lo largo de esta unidad vamos a analizar los dos primeros, sus ventajas y sus componentes, de manera que en un futuro seamos capaces de desarrollar estos programas en nuestra propia empresa.

Recuerda que...

En el sector de la hostelería la **acogida** en la empresa es esencial.

↓

El nuevo trabajador debe **adaptarse** a la forma de trabajo de nuestra empresa y a lo que quieren nuestros clientes.

↓

Trabajamos **en grupo** para un resultado común.

↓

Una buena acogida le hará sentirse **integrado** e **involucrado** con nuestro proyecto.

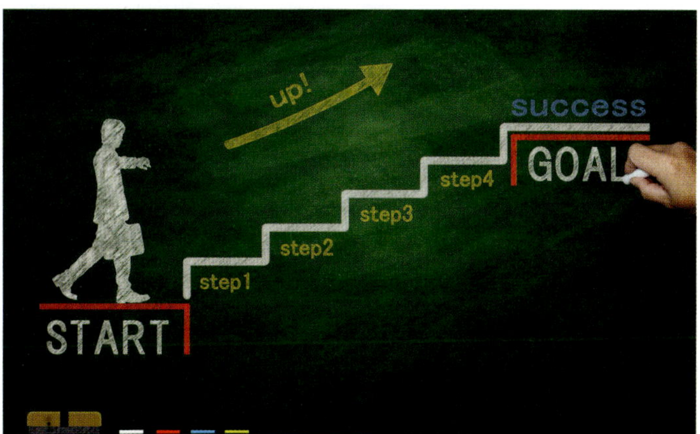

Figura 5.1. Con los programas adecuados las posibilidades de evolución del trabajador son infinitas.

5.2. Plan de acogida en la empresa de restauración

El **plan de acogida** tiene como objetivo planificar la incorporación, la sociabilización y el seguimiento de los nuevos profesionales que se incorporen a una organización.

Una gestión adecuada y planificada de la acogida tendrá un impacto inmediato en el nivel de satisfacción de la persona recién incorporada y repercutirá positivamente en la empresa. Los **objetivos** que perseguimos con este plan son:

- Conseguir que la adaptación del nuevo empleado a los valores y al estilo de gestión de la empresa sea lo más rápida posible.
- Mejorar la implicación e identificación del trabajador con la organización.
- Ayudar a que la persona recién contratada comprenda mejor sus objetivos y los resultados que se esperan de ella.
- Reducir el tiempo de formación inicial del nuevo empleado, haciéndolo más eficaz y dirigido.
- Fomentar hábitos positivos entre el personal de la empresa que afectan a la actitud, a la motivación y a la comunicación.
- Mejorar la imagen externa.

Sabías que...

En la acogida en la empresa, el personal se mostrará cercano y transmitirá confianza al nuevo empleado, para que este se sienta valorado, motivado e implicado en los objetivos de la empresa desde el principio.

Cuando la empresa se propone dirigir la incorporación de un nuevo trabajador a la plantilla, debe establecer las acciones a llevar a cabo y sus fases, la información a entregar, el personal implicado, la duración del proceso y las etapas, la evaluación, etc. La estructura y el contenido del plan de acogida deben adaptarse a las características y la filosofía de cada una de las empresas que lo promueven.

El proceso de integración debe contar, en todo momento, con la participación de un mentor o tutor, que será quien realizará el seguimiento personalizado, bajo las indicaciones y la supervisión del responsable de recursos humanos y con el apoyo de los responsables de los diferentes departamentos de la empresa.

5.2.1. Fases en el proceso de acogida en la empresa

Las principales empresas de restauración de nuestro país dedican una especial atención a la llegada de sus nuevos empleados, poniendo a su disposición el tiempo y los recursos necesarios para explicarles:

- Por qué han sido contratados (objetivos).
- Qué es lo que esperan de ellos (funciones).
- Cómo deben afrontar su actividad diaria (medios disponibles).

La duración de dichos programas de bienvenida puede oscilar desde un día a varios meses. Hay organizaciones que incluyen completos programas de formación que alargan hasta dos años.

Las **fases** que estableceremos en un plan de acogida o integración serán distintas según la persona y el puesto que se va a ocupar, pero por lo general, las más relevantes son las siguientes:

1. Bienvenida.
2. Incorporación.
3. Formación.
4. Rotación de puestos.
5. Desempeño de la actividad.
6. Evaluación del empleado.

El responsable de recursos humanos debe determinar, para cada puesto, cuál es la **duración** idónea de cada etapa para que el nuevo empleado adquiera los conocimientos, las habilidades y las actitudes deseados, integrándose en su nuevo entorno de relación social y laboral.

Todos los puestos pasarán por la fase de bienvenida, incorporación y formación inicial. Después, comenzarán a desempeñar su actividad y serán evaluados. En el caso de cargos directivos, es habitual incluir una fase de rotación de puestos en la empresa, para que conozcan profundamente todos sus elementos.

Fase de bienvenida

La **fase de bienvenida** consiste en una reunión, en la que deben estar presentes el responsable de recursos humanos, el mentor asignado y, en función del rango de la persona que se incorpora y de las características de la empresa, la dirección general o el máximo responsable de la unidad de negocio correspondiente.

El primer día deben resolverse y explicarse todas las cuestiones jurídico-legales, de orden y de funcionamiento interno, como son:

- Contrato y condiciones salariales pactadas.
- Calendario laboral.
- Horario de trabajo.
- Permisos y licencias.

- Código de conducta.
- Servicios de la empresa a los trabajadores: beneficios sociales, ocio, etcétera.
- Ubicación del puesto de trabajo, condiciones y expectativas.
- Necesidades del recién incorporado, equipamiento, materiales, uniforme, etcétera.

Fase de incorporación

En esta fase se comienza con el conocimiento de la empresa. Una vez que la bienvenida se ha hecho efectiva, el mentor se hace cargo de su pupilo y se encarga de su incorporación. Esto puede suceder el mismo día o no que la fase de bienvenida, y puede durar también uno o varios días.

En primer lugar, transmitirá al nuevo empleado los aspectos relacionados con la cultura empresarial y organizativa de la empresa, es decir:

- Modelo de negocio.
- Forma de organización.
- Cultura de la empresa:
  - Misión, visión y valores.
  - Órganos de gobierno y gestión.
  - Organigrama, departamentos y funciones.
- Gestión estratégica y operativa:
  - Introducción al plan estratégico: objetivos, prioridades y proyectos estratégicos en los que la empresa está inmersa.
  - Líneas de negocio.
  - Cartera de productos y servicios.
  - Tipología y segmentación de clientes.
  - Procedimientos internos.
  - Canales de comunicación (internos y externos).
  - Formación y promoción interna.

Sabías que...

Una parte importante del plan de acogida es la elaboración de un **manual de acogida** para el empleado.

Este documento se entregará al nuevo empleado, y deberá recoger por escrito toda la **información** que la empresa considere oportuna para favorecer la integración estable del nuevo personal en su puesto de trabajo y entorno laboral.

Supone un **apoyo físico** ante la información transmitida en las fases de bienvenida e incorporación.

En este documento, el empleado puede volver a consultar cualquier duda que surja más adelante. Los primeros días recibe mucha información de golpe y sería muy fácil olvidar o no entender bien la interpretación de algunos puntos.

Fase de formación inicial

Las empresas planifican una **formación inicial** de sus trabajadores para enseñarles a desarrollar su trabajo de forma eficiente.

La duración de esta formación varía según la empresa, pero, por lo general, oscila entre una y dos semanas. Durante este periodo, se trabaja en dos aspectos. Por un lado, en la empresa, su mercado y su producto; por otro lado, en todos los aspectos necesarios para el desarrollo del trabajo por parte del nuevo empleado. Esta fase será mucho más específica y personalizada.

Figura 5.2. La formación inicial facilita la integración de los nuevos empleados.

Tabla 5.1. Principales aspectos de la formación inicial

Conocimiento del mercado en el que opera la empresa y del producto	
Características de nuestra empresa y posicionamiento en el mercado.	
Situación del mercado, principales agentes y tendencias sectoriales.	
Principales competidores.	
Principales proveedores y marcas más destacadas.	
Características específicas de nuestro producto.	
Formación específica para el puesto	
Estructura del departamento al que se incorpora.	
Objetivos del departamento:	• Generales. • Anuales.
Actividades principales.	
Funciones de su puesto.	
Procesos de trabajo del departamento.	
Actuaciones en materia de prevención de riesgos laborales.	
Actuaciones acordes al APPCC o GPCH de la empresa.	
Conocimiento de las herramientas de trabajo y aprendizaje de su manejo.	
Información del funcionamiento y de la coordinación con el resto de departamentos.	
Visitas programadas a restaurantes de la cadena y a proveedores.	

Fase de rotación de puestos

En el caso de trabajadores encaminados a ocupar puestos directivos de relevancia en la empresa, se incluye una **fase de rotación temporal** por diferentes puestos para conocer a fondo la empresa dentro de su plan de acogida.

Esta fase incrementa, de forma considerable, el tiempo necesario para desarrollar el plan de acogida. Según la complejidad de la empresa, los puestos por los que deberá rotar el futuro directivo pueden llegar a ser numerosos, y cada uno de ellos exige un mínimo de dos meses para conocerlo.

Esta es una técnica dirigida exclusivamente a futuros directivos de la empresa y tiene carácter opcional para la compañía. Esta rotación se iniciará en los puestos inferiores, y se irá ascendiendo a través del organigrama funcional en espiral, es decir, por diferentes funciones y departamentos.

A veces, esta fase no aparece en el plan de acogida de la empresa, sino en el plan de carrera. La tendencia hoy en gestión y motivación del personal no es contratar a un directivo, sino crearlo en el seno de nuestra empresa. De este modo, una persona que comienza en un hotel como cocinero y acaba como director de alimentación y bebidas, habrá desarrollado esta formación dentro de su plan de carrera, ascendiendo poco a poco según ha ido madurando profesionalmente. Hubiera sido difícil saber desde el principio que esta persona podría llegar a ocupar ese puesto.

Fase de desempeño de la actividad

Una vez recibida la formación adecuada, el nuevo empleado debe incorporarse a su puesto de trabajo y comenzar a realizar la actividad para la que ha sido contratado. Por supuesto, deberá aplicar todas aquellas pautas que se le han dado en cuanto a:

Figura 5.3. En la fase de desempeño el empleado pondrá en práctica todo lo aprendido para ser evaluado posteriormente.

- Prácticas correctas.
- Uniformidad.
- Materiales y herramientas.
- Procesos de producción.
- Cumplimiento de normativas de prevención de riesgos.
- Cumplimiento de normativas de manipulación de alimentos.

Durante esta fase, el tutor se encontrará siempre cerca del nuevo empleado, analizando su trabajo y corrigiendo lo que considere necesario. Ayudará al empleado a aplicar y reforzar todo lo trabajado en la fase de formación inicial. Todo debe quedar completamente claro para definir y establecer definitivamente los procesos de actuación.

Fase de evaluación del empleado

Transcurrido el plazo previsto, conviene realizar una valoración acerca de si se han conseguido los objetivos que se habían planteado en el momento de la contratación y si el nivel de desempeño del nuevo empleado cumple las expectativas iniciales.

Llegados a esta fase, si el proceso ha sido satisfactorio y la evaluación favorable, podremos decir que el proceso de acogida ha finalizado y que el empleado ya se encuentra plenamente integrado en la organización.

Actividad propuesta 5.1

Lee y analiza la siguiente declaración publicada en prensa sobre la cadena de restauración McDonald's.

> «Bajo el paraguas de McDonald's España trabajan 19 000 empleados, de los cuales 3000 forman parte de la central, en tanto que el resto lo hacen de sus franquicias, el 80 % de los 379 restaurantes de la compañía. En cada uno de ellos trabajan entre 40 y 50 personas, generalmente jóvenes estudiantes, de lo que se deriva una alta rotación de personal.
>
> La central contrata del orden de 3000 personas al año, explica su director de recursos humanos, Alberto de Unzurrunzaga. "Y como desde la oficina se ven las cosas distintas que a pie de guerra, todos tienen que pasar una semana trabajando en un restaurante para aprender el negocio: desde cómo se organizan los turnos a cómo se descarga el camión, pasando por el chequeo necesario para abrir cada día las zonas alimentarias, atender al público, la caja o aprender a hacer hamburguesas y patatas. Después los camareros darán cinco semanas de formación en seguridad alimentaria y laboral", añade.
>
> Y a partir de ahí, quien quiera puede hacer una carrera en la empresa. De hecho, el 35 % de los empleados de McDonald's proceden de los restaurantes. Yolanda, la responsable de formación, lo sabe muy bien, pues empezó trabajando como camarera a los 17 años en la primera tienda de la marca en España.»

Actividad propuesta 5.2

Debate en el aula

¿Qué os parece el planteamiento expuesto en la Actividad propuesta 5.1. como empresa de la gestión de los recursos humanos?

5.2.2. Manual de bienvenida para el trabajador en la empresa de restauración

Cuando un trabajador se incorpora a nuestra empresa de restauración, las fases a cumplimentar en su proceso de incorporación son todas las que hemos trabajado anteriormente con el plan de acogida.

Es beneficioso para la empresa contar con un **manual de bienvenida** que se entregue a los trabajadores cuando se incorporan a un puesto de trabajo. Un manual es un apoyo físico a toda la información que recibe durante su programa de acogida, que puede consultar en cualquier momento de duda.

Recuerda que...

Un manual de bienvenida siempre tiene que incluir los siguientes contenidos:

- Mensaje de bienvenida.
- Información sobre la empresa.
- Información sobre el puesto de trabajo.
- Información jurídico-laboral.
- Servicios para los empleados.
- Datos o direcciones de interés.
- Documentos anexos.

En este manual le explicaremos aquellos aspectos que regulan su relación con la empresa, con información práctica y sencilla. El manual incluirá una parte de información genérica común para todos y una parte particular para cada puesto de trabajo.

La redacción del manual debe tener una serie de características:

- Conciso: toda la información que aparece en el manual debe ser información de valor. Cuanto más corto sea, mejor, ya que de esta forma garantizaremos su lectura.
- Fácil de leer: el lenguaje será claro y sencillo.
- Veraz: la información tiene carácter contractual entre empleado y empresa; por tanto, es de obligado cumplimiento.

Los elementos que incluir en el manual de acogida dependen de nuestra estructura y funcionamiento. Aunque las pautas principales son las mismas para todas las empresas, hay que personalizarlo con nuestras condiciones concretas.

Figura 5.4. El manual de bienvenida es un útil recurso para un trabajador cuando se incorpora a una empresa.

Tabla 5.2. Contenidos básicos del manual de bienvenida

Mensaje de bienvenida	La primera página del manual consistirá en un mensaje de bienvenida cercano y personal, motivador, que transmita confianza y que haga al nuevo empleado sentirse valorado e implicado con los objetivos de la empresa. Un mensaje que ilusione. **Contenido:** • Mensaje de bienvenida de un cargo representativo. • Introducción sobre la empresa y sus valores. • Augurio positivo sobre las posibilidades del nuevo empleado en la empresa. • Énfasis en resaltar la importancia de leer el documento para aclarar todas las dudas y mejorar el proceso de incorporación al puesto.
Información sobre la empresa	**Información genérica:** • Concepción de nuestro producto y servicio. • Cifras y datos de la empresa y respecto a la competencia. • Tipología de clientes. **Métodos de trabajo:** • Papel del cliente en la empresa: la atención al cliente. • Procesos de servicio. • El tratamiento de las quejas y reclamaciones de los clientes. • Deontología profesional (vestimenta, comportamiento y procedimiento disciplinario).
	Cultura de la empresa: misión, visión, valores, historia.
	Órganos de gobierno y gestión: • Organigrama de la empresa. • Información sobre la plantilla: diversidad.
	Gestión empresarial: • Calidad: política, estrategia y certificados o reconocimientos. **Compromiso social:** • Plan de igualdad. • Código ético. • Fomento de la diversidad. • Gestión ambiental. • Colaboraciones sociales. • Certificados o reconocimientos.

(Continuación)

Tabla 5.2. Contenidos básicos del manual de bienvenida

Información sobre el puesto de trabajo	**Funciones del puesto:** • Descripción de nuestras funciones y documentación técnica necesaria. • Descripción de las funciones de los puestos relacionados para delimitar responsabilidades.
	Tiempo: • Horarios de trabajo y turnos. • Sistemas de control de asistencia. • Vacaciones. • Permisos. • Calendario laboral.
	Formación y promoción interna: • Planes existentes. • Sistemas de evaluación y promoción.
	Comunicación: sistemas y canales.
	Riesgos laborales: • Política de seguridad y salud laboral. • Derechos y obligaciones de los trabajadores. • Responsables. • Plan de emergencias. • Revisiones médicas de salud.
	Normativa interna: • Reglamento de régimen interno. • Código de APPCC o de GPCH. • Uniformidad. • Uso de instalaciones y materiales. • Confidencialidad.
Información jurídico-laboral	**Condiciones laborales:** • Contrato de trabajo. • Convenio colectivo.
	Nómina: informando del IRPF y de gratificaciones, pluses, dietas, comisiones, horas extraordinarias, etcétera.

(Continuación)

Tabla 5.2. Contenidos básicos del manual de bienvenida

Información jurídico-laboral (*continuación*)	**Prestaciones:** • Incapacidad temporal: condiciones, procedimientos a seguir, etcétera. • Mutua. • Maternidad / paternidad.
	Permisos y conciliación de la vida personal, laboral y familiar: • Permisos. • Excedencias. • Reducción de jornada o flexibilidad horaria.
Servicios para los empleados	• Beneficios sociales: seguros, planes de pensiones, ayudas, etcétera. • Ocio. • Otros: *parking*, comedor, médico, guardería, transporte, etcétera.
Datos o direcciones de interés	Datos que la empresa considera que pueden ser interesantes para el nuevo empleado: • Proveedores. • Clientes. • Servicio de limpieza. • Asesoría, etcétera.
Documentos anexos	Podemos anexar una copia del contrato de trabajo, del convenio colectivo, del reglamento de régimen interno, prevención de riesgos, guía de prácticas correctas de higiene, etc., o todo aquello que podamos considerar necesario.

5.3. Planes de formación

Superada la acogida e integración del nuevo personal en la empresa, todos los empleados deben incluirse dentro de los planes de formación, para que puedan potenciar y desarrollar sus mejores aptitudes.

5.3.1. Formación en la empresa

La **formación** de los recursos humanos es un aspecto fundamental para la mejora de las habilidades y capacidades de nuestro equipo de trabajo en restauración.

El objetivo principal de la empresa va orientado hacia la consecución de la **máxima productividad**, que se logra más fácilmente si el/la trabajador/a presenta unos niveles adecuados de formación. En restauración debemos ser conscientes de que si tenemos buenos profesionales, tenemos un alto porcentaje de probabilidades de conseguir buenos clientes.

Tabla 5.3. Aspectos positivos de la formación

Sobre el proceso de trabajo	• Incremento de la cantidad. • Incremento de la calidad. • Disminución de las piezas defectuosas. • Reducción de los desechos de materias primas. • Optimización de los tiempos de trabajo. • Disminución de las averías y los accidentes laborales. • Facilidad para la introducción de las nuevas tecnologías.
Sobre el personal	• Mejora de capacidades, conocimientos y aptitudes: acceso a mejores oportunidades. • Mejora de la motivación y de la integración del trabajador en la empresa. • Mayor autovaloración y mayor grado de autoestima del sujeto en el puesto de trabajo. • Mayor movilidad vertical y horizontal en la organización al tener el individuo un mayor cúmulo de conocimientos. • Reducción del absentismo. • Aumento de la puntualidad. • Disminución de los abandonos del puesto de trabajo. • Incremento de la satisfacción laboral. • Mejor conocimiento de los otros departamentos y familiarización con la idea empresarial. • Identificación de las personas más aptas para procesos de promoción. • Creación de un ambiente positivo en el trabajo porque existe mayor identificación con la empresa. • Mayor estabilidad en el puesto de trabajo. Es más costoso para la empresa despedir a un trabajador con un alto nivel de formación adquirida, tanto en materia económica como de oportunidad.
Sobre la empresa	• La mayor formación del individuo es un incremento del potencial de la empresa, gracias al mayor capital humano ganado y acumulado por los individuos que la componen.

Sabías que...

Cuando **perdemos** o **despedimos** a un trabajador que ha adquirido un nivel muy alto de formación, otra empresa competidora podrá contratarle y aprovecharse de los conocimientos que nosotros le habíamos transmitido. Estamos regalando nuestra inversión.

La formación es uno de los activos más importantes de los que dispone el individuo porque potencia las capacidades profesionales del empleado, mejora su autoestima y les invita a mejorar día a día, además de que aumenta la valoración de nuestro personal en el mercado.

Invertir en formación es sinónimo de invertir en capital humano, capacitándolo para que se ubique en un puesto de trabajo determinado.

Es habitual que las empresas dispongan de un sistema o plan de formación de los trabajadores, que establezca tanto las necesidades como los medios de formación.

- Las empresas de mayor tamaño y con mayor capacidad económica dispondrán de un departamento propio de formación, dependiente del departamento de recursos humanos.
- Las empresas más pequeñas asumen dichas funciones dentro del departamento de recursos humanos y, una vez detectadas las necesidades de formación, buscan métodos alternativos para facilitarla a sus trabajadores, como la contratación de empresas especializadas.

Sabías que...

La empresa debe plantearse la **formación** como:

- Gasto necesario.
- Beneficio social y particular.
- Inversión empresarial de cara al futuro.
- Sistema indirecto de retribución.

5.3.2. Plan de formación

El plan de formación pretende planificación para detectar, organizar, impartir y evaluar la formación de una organización en un periodo determinado.

Todo plan de formación debe ser planificado y estructurado de manera que incluya los contenidos que se desarrollan a continuación:

a) Introducción

La empresa explica las razones que le han llevado a establecer un plan de formación, así como los beneficios que espera obtener, tanto para la empresa como para sus empleados.

b) Política y objetivos de la formación en la empresa

La política de formación marcará la manera de actuar en la empresa respecto a la formación continua de los empleados y los objetivos que se esperan de ella.

Para establecer una política de formación adecuada, esta debe:

- Estar en consonancia con los objetivos generales de la empresa.
- Definirse claramente en función de los objetivos anteriores.
- Basarse en consultas y reuniones con todos los departamentos de la empresa, porque así se tendrá una mayor visión de los objetivos y las necesidades formativas que implican.
- Ceñirse al presupuesto asignado de antemano.
- Marcar objetivos realistas, que, si es necesario, se completarán por etapas.

La adecuada política de formación contribuirá a alcanzar unos objetivos concretos:

- Mejorar la competitividad: mayor potencial de los empleados.
- Adecuar las capacidades y competencias de nuestros empleados a las necesidades de los puestos, y potenciar su permanencia.
- Mejorar la calidad del trabajo y reducir los costes en muchas áreas de la empresa.
- Motivar e implicar a los trabajadores.
- Aumentar la confianza entre las personas participantes en los programas, la cohesión y el espíritu de grupo.

Figura 5.5. La formación mejora la competitividad de la empresa y la motivación de las personas que la componen.

Sabías que...

Una empresa, dentro de su plan de formación, realizará dos tipos de **actividades:**

- **Actividades de formación:** se conoce como formación aquel proceso de adquisición de nuevos conocimientos, técnicas o habilidades que son totalmente nuevos para los individuos que los reciben.
- **Actividades de perfeccionamiento:** el perfeccionamiento consiste en la puesta al día de esos conocimientos, técnicas y habilidades.

c) Diagnóstico de necesidades

Para elaborar un inventario de necesidades, hay que:

- Analizar la organización, para ubicar nuestras carencias o nuestras posibilidades de mejora.
- Analizar las funciones de cada puesto.
- Y entonces decidir a quién formar y en qué materias, compatibilizando los objetivos de la empresa con los del personal.

¿Cómo se detectan las necesidades formativas?

En hoteles y empresas de restauración, el mejor método para detectar necesidades es la **observación.**

La simple observación personal del día a día nos permite detectar situaciones fácilmente mejorables por medio de una acción formativa:

- Una llamada mal atendida con error en la reserva deja ver una necesidad de formación en la gestión de reservas.
- Una mala contestación por el metre a un cliente que se queja del retraso denota una necesidad de formación en atención al cliente y gestión de reclamaciones
- El desperdicio de materia prima en la cocina supondría necesidades de formación en cuanto a su manejo, conservación y uso.
- Una pérdida de horas de trabajo por falta de coordinación entre el personal implica necesidades de formación en gestión de equipos.

Dentro del proceso de observación, es esencial incluir las informaciones que diariamente obtenemos gracias a:

- Las quejas de clientes o usuarios.
- El análisis de las situaciones anormales: géneros que se gastan en cantidades excesivas, pérdida masiva de clientes, etcétera.
- El control de calidad interno.
- Las peticiones de los propios empleados en entrevistas o cuestionarios de evaluación de desempeño.
- Las peticiones de los jefes, supervisores o responsables de área o departamento.

Actividad resuelta 5.1

Nuestro restaurante ha recibido últimamente muchas quejas de los clientes respecto al servicio que, en ocasiones, llega a resultar caótico. Tras un periodo de observación, se detecta que el trabajo de los camareros en la sala debería mejorar y decidimos implantar un plan de formación para mejorar las habilidades.

Nuestro encargado de recursos humanos sabe que el primer paso es detectar las necesidades formativas de los camareros. ¿Cómo debe organizarse este proceso?

(Continuación)

SOLUCIÓN

Paso 1: determinar las funciones básicas del camarero:

- *Mise en place* de las mesas y barra:
  - Limpieza de utensilios de apoyo al servicio.
  - Repaso de material de servicio (platos, cucharas, vasos, etcétera).
  - Reposición y preparación de géneros.
- Montaje de mesas:
  - Servicio en el restaurante.
  - Recepción y acomodación del cliente.
  - Atención al cliente ofreciéndole los servicios de comida y bebida.
  - Toma de comandas.
  - Servicio en la mesa.
  - Retirada de platos.
- Cobro al cliente:
  - Control de las comandas.
  - Facturación.

Paso 2: determinar cuáles son sus competencias y conocimientos:

- Conocimientos:
  - Montaje de la sala.
  - Atención al cliente.
  - Atención de quejas y reclamaciones.
  - Servicio de bebidas.
  - Servicio de alimentos.
  - Organización de procesos.
- Habilidades:
  - Manejo de la bandeja.
  - Comunicación eficaz de los productos de la carta.
  - Coordinación y organización.
  - Empatía con el cliente y compañeros.
  - Capacidad de reacción ante imprevistos.
- Saber ser:
  - Organización del trabajo.
  - Iniciativa.
  - Capacidad para trabajar en equipo.
  - Limpieza.
  - Pulcritud.
  - Puntualidad.

Paso 3: observar cuáles son los aspectos que están fallando en la empresa y que precisan mejorar.

d) Programas y acciones de formación en la empresa

Figura 5.6. El camarero es el responsable del trato con el cliente en la sala del restaurante.

La empresa debe decidir cuáles van a ser los tipos de formación que desean impartir y bajo qué modalidades.

Los principales tipos de formación en la empresa son:

- **Formación de acogida:** aquella que se imparte al personal de nuevo ingreso con la finalidad de enseñarle a realizar de forma eficiente su trabajo.
- **Formación permanente o continuada:** la constante, o al menos periódica, puesta al día de los conocimientos que necesita el profesional para el eficaz desempeño de sus funciones.
- **Formación para la promoción:** incluye aspectos técnicos que son necesarios para poder afrontar las responsabilidades del nuevo puesto a desarrollar tras una promoción interna.
- **Formación para expatriación:** cuando se desplaza desde su país de origen a determinados empleados, además de la formación técnica, la persona que va a ser trasladada requiere una formación (extensible a todos los miembros de la unidad familiar) en la que se deben incluir algunas nociones lingüísticas e información acerca de la cultura del país de destino: costumbres, tabúes locales y situaciones en las que, por ignorancia, se pueden infringir gravemente las normas locales de convivencia.
- **Formación para el cambio:** cuando una empresa pretende introducir algún tipo de cambio se recomienda que exista información clara y veraz, y la formación adecuada para el éxito de la operación.
- **Formación para la jubilación:** las empresas más sensibilizadas e innovadoras realizan acciones en las que se prepara a los futuros jubilados:
  - Información médica sobre cuidados y hábitos.
  - Información fiscal sobre su nueva situación.
  - Prestaciones a que tienen derecho: bonificaciones en transporte, vacaciones y demás servicios.

Recuerda que...

Existen varias modalidades de formación:

- De acogida.
- Permanente.
- Para la promoción.
- Para la expatriación.
- Para el cambio.
- Para la jubilación.

Actividad propuesta 5.3

Clasifica las siguientes actividades según el tipo de formación al que se refieran.

a) Se organizan unas jornadas de formación para que todo el personal de sala aprenda el funcionamiento de las nuevas PDA que se utilizarán en las tomas de comandas.

b) Dña. Isabel Sánchez acaba de llegar a la empresa. La primera semana recibe un curso sobre cultura empresarial y requisitos de su puesto.

c) Los empleados, anualmente, reciben una serie de cursos de formación sobre novedades y mejora de métodos en su área laboral.

d) Dña. Matilde León realiza un curso de formación sobre habilidades directivas exigido por la empresa para los aspirantes a ascender.

e) D. Francisco Gálvez asiste a varias sesiones informativas sobre ocio, cuidados, fiscalidad y bonificaciones en la tercera edad.

f) El grupo de empleados que va a abrir una sucursal extranjera, recibe formación sobre hábitos, costumbres, moneda, transportes, alojamiento, etc., del país.

Las modalidades de formación entre las que la empresa puede elegir son principalmente la formación en el puesto de trabajo o la formación fuera del puesto de trabajo.

Formación en el puesto de trabajo

A través de la experiencia profesional, el empleado adquiere rutinas de trabajo y organizativas necesarias. Este método consiste básicamente en que el empleado aprende a realizar el trabajo asignado a medida que lo va ejecutando bajo la tutela de otro trabajador, supervisor o instructor.

Los principales sistemas son:

- **Entrenamiento:** explicar al empleado cómo se realiza un trabajo, corrigiendo las posibles deficiencias que se produzcan. Se lleva a cabo dentro del puesto y horario de trabajo.
- **Rotación de puestos** o **formación cruzada:** hacer pasar al empleado de un puesto a otro, durante periodos de tiempo relativamente breves, en los cuales, este último adquiere experiencia y conocimientos de diversas áreas de la organización.
- **Asesoría y reemplazo:** el sustituto pasa a trabajar directamente con la persona a la que va a reemplazar, mientras que esta última se responsabiliza de su asesoramiento. El aprendiz poco a poco se irá responsabilizando plenamente del trabajo a desarrollar.
- **Asignación de cometidos especiales:** encargar al sujeto en formación, de modo individual o en equipo, un trabajo de importancia para estimular a la persona a informarse acerca de un tema concreto.

Formación fuera del puesto de trabajo

Los métodos de formación fuera del puesto de trabajo son aquellos que propician el aprendizaje del profesional fuera del puesto de trabajo, en los que una vez finalizada la formación aplicará todos estos contenidos:

- Cursos de formación.
- Conferencias, jornadas, seminarios.
- Demostraciones y visitas.
- Entrenamientos.
- Muestras de modelos de conducta.
- Reuniones de grupo y debates.
- Etcétera.

Figura 5.7. Las actividades formativas deben ser programadas adecuadamente. El presupuesto es uno de los condicionantes más importantes.

e) Presupuesto

Todas las acciones desarrolladas por el departamento de formación deben ser siempre adecuadamente presupuestadas. Cuando las acciones se realicen, deben ajustarse al presupuesto asignado.

El presupuesto incluirá todos los gastos derivados de la formación: ponentes, material, salones, dietas, etcétera.

f) Seguimiento, control y análisis de resultados

Toda buena formación necesita control para garantizar los objetivos marcados.

La evaluación del proceso de formación se puede realizar de cuatro modos distintos:

- Interrogando directamente a los empleados receptores a través de cuestionarios anónimos.
- Controlando lo adquirido a través de pruebas preparadas al efecto.
- Evaluando el comportamiento individual después del proceso de formación.
- Evaluando resultados tangibles.

Figura 5.8. Valorar los resultados de la formación es muy importante.

La consulta de sus reacciones permite apreciar el grado de satisfacción de las actividades realizadas.

Recuerda que...

Si la empresa no realiza el seguimiento, el control y el análisis de los resultados de la formación pierde su oportunidad de mejorar todo aquello que le haya impedido alcanzar los resultados esperados. Para lograr la excelencia, la corrección de los errores debe ser uno de los pilares de nuestra organización.

Recuerda que...

Los contenidos del plan de formación son:

Introducción
↓
Política y objetivos de formación
↓
Diagnóstico de necesidades
↓
Programas y acciones de formación
↓
Presupuesto
↓
Seguimiento, control y análisis de los resultados

Enlaces web de interés

https://www.meliahotelsinternational.com/es/empleo
https://www.mcdonalds.es/empleo/formacion
https://www.parador.es/es/unete-a-paradores
http://canalempleo.grupovips.com

Resumen

- En el desarrollo profesional en la empresa de restauración, todo empleado debe conocer lo que se espera de él, tiene que saber llevar a cabo sus actividades y tiene que crecer profesionalmente. La empresa debe formalizar este sistema mediante un plan de formación continua, que es la suma del plan de acogida, el plan formación y el plan de carrera.
- El **plan de acogida** en la empresa tiene como **objetivos:** acogida nuevo empleado, implicación, comprensión de sus tareas, lo que se espera de él.
- El **plan de acogida** debe seguir varias **fases.**
- En la fase de **bienvenida,** se organizará una reunión informativa sobre: condiciones laborales, calendario laboral, horario de trabajo, permisos y licencias, código de conducta, necesidades, etc.
- Durante la **incorporación** se transmitirá al nuevo empleado el modelo de negocio, la forma de organización, cultura de la empresa, organigramas, gestión estratégica y operativa.
- La **formación** inicial sirve para enseñar al trabajador a desarrollar su trabajo de forma eficiente.
- La **rotación** de puestos es una fase limitada a futuros directivos que necesitan conocer todas las áreas de la empresa.
- El **desempeño** de la actividad consiste en la incorporación al puesto de trabajo aplicando las prácticas correctas, normativas, uniformidad, materiales, herramientas y procesos.
- Por último, se realizará la **evaluación** del empleado para ver si se han cumplido las expectativas.
- El **manual de bienvenida** es un documento informativo que apoya toda la incorporación del trabajador en la empresa.
- A lo largo de los años, las empresas se han concienciado de la importancia de la **formación** para potenciar las capacidades, mejorar la autoestima y aumentar la valoración de nuestro personal en el mercado.
- El **departamento de formación** detecta las necesidades, planifica, imparte y evalúa la formación.
- El **plan de formación**, asimismo, incluye varias fases.
- La **introducción** contiene las razones para llevar a cabo el plan.
- La **política de formación** de la organización estará en consonancia con los objetivos generales de la empresa, definida con claridad, consensuada en la organización, incluirá objetivos realistas y estará ajustada a un presupuesto.
- Los **objetivos** del plan serán la mejora de la competitividad de la organización, la adecuación de las capacidades de los empleados al puesto y la competencia, permanencia, motivación, confianza para el empleado.
- El **diagnóstico** e inventario de necesidades se hace en base de a quién y cómo formar, compatibilizando los objetivos empresariales y personales, teniendo en cuenta todas las áreas, funciones y a los trabajadores y supervisando el método de trabajo mediante la observación.
- Los tipos de programas y acciones de formación en el puesto de trabajo o fuera de él pueden ser **de acogida** (para el personal de nuevo ingreso), **permanente** (puesta al día de conocimientos para el puesto), para **promoción** (aspectos técnicos para ascender jerárquicamente), para **expatriación** (cuando se traslada a otra sede a otro país), para el **cambio** (cuando sea muy significativo en la organización) y para la **jubilación:** (para afrontar la nueva situación).
- Se elaborará un presupuesto del programa que incluya todos los gastos.
- Por último, se realizará una evaluación y un seguimiento del plan para implantar mejoras continuamente.

Actividades finales

De comprobación

5.1. Las características del plan de acogida son:

a) Es una herramienta para gestionar la integración del nuevo personal de la empresa.

b) Planifica la incorporación, sociabilización y el seguimiento de los nuevos trabajadores.

c) Es una herramienta que se aplica exclusivamente para las funciones directivas.

d) Solo la respuesta c) es incorrecta.

5.2. Marca la fase dentro del plan de acogida que solo se aplica a los trabajadores encaminados a ocupar puestos directivos:

a) Incorporación.

b) Formación inicial.

c) Evaluación del empleado.

d) Rotación de puestos.

5.3. En la fase de formación inicial se trabaja en varios aspectos:

a) Estructura de su departamento y objetivos.

b) Funciones de su puesto.

c) Misión, visión y valores de la empresa.

d) Todas las respuestas anteriores son correctas.

e) Las respuestas c) y d) son incorrectas.

5.4. Entre los principales tipos de formación empresarial encontramos:

a) La formación permanente.

b) La formación para la expatriación.

c) La formación para el cambio.

d) Todas las respuestas anteriores son correctas.

e) Solo las respuestas b) y d) son incorrectas.

5.5. El manual de bienvenida (marca la respuesta incorrecta):

a) Es un apoyo físico a la información recibida en el plan de acogida.

b) Es un documento de consulta sin copia para el trabajador, para evitar filtraciones de información.

c) Incluye la información sobre la evaluación del empleado y promoción interna.

d) Debe ser sintético, fácil de leer y veraz.

5.6. El plan de formación (marca la respuesta incorrecta):

a) Incluye actividades de formación y de perfeccionamiento.

b) Se orienta siempre a las personas candidatas a ocupar puestos directivos.

c) Lo elabora el departamento de formación con el asesoramiento del resto en cuanto a necesidades formativas.

d) Incluye el establecimiento de la política de formación de la organización.

5.7. Entre los objetivos de la formación están:

a) La mejora de la competitividad empresarial por su potencial técnico.

b) La fidelización y motivación de los trabajadores.

c) La adecuación empleados-puestos-procedimientos.

d) Todas las respuestas son correctas.

5.8. El principal método para detectar necesidades de formación es:

a) La consulta departamental.
b) El descubrimiento de las novedades del sector.
c) La observación del día a día en la empresa.
d) Ninguna de las respuestas es correcta.

5.9. ¿Cuál de estos sistemas de formación no se realiza en el puesto de trabajo?

a) Asesoría y remplazo.
b) Cometidos especiales.
c) Formación cruzada.
d) Simulaciones de casos en técnicas orientadas al proceso.

5.10. En hoteles y empresas de restauración, ¿cuál es el mejor método para detectar necesidades de formación?

a) Los test a empleados.
b) La medición de tiempos.
c) La observación.
d) Las quejas de los clientes.

5.11. Cuando en una formación se incluyen nociones culturales sobre un país distinto al suyo, ese empleado está recibiendo:

a) Formación para la expatriación.
b) Formación para la promoción.
c) Formación para el cambio.
d) Formación de acogida.

De aplicación

5.12. María acaba de terminar un ciclo formativo de administrativa. Como no encuentra trabajo fácilmente, acepta una entrevista para un puesto básico en una cadena de restauración rápida.

Cuando acude a la entrevista, le proponen comenzar al día siguiente en una sucursal que necesita cubrir una baja maternal. Aunque no está cerca de su casa, acepta, con la condición de ser trasladada lo antes posible. Por la necesidad de que se incorpore cuanto antes, no recibirá el curso de formación inicial.

Cuando María llega a su restaurante, nadie sabía nada acerca de su llegada. El segundo encargado, muy ocupado, le da un uniforme olvidado por allí, la coloca a cargo de una cajera y no pone mucho interés en enseñarle porque no es su tarea.

Tras un día accidentado y con problemas para desarrollar su trabajo, María duda si volverá a trabajar al día siguiente, pero vuelve. El encargado, ausente el día anterior, se encarga de explicarle en qué consiste su trabajo, los requerimientos, las normas de la empresa, etc., y de hablar con sus compañeros para que se impliquen en formarla y acogerla, designando a uno como su tutor. Además, arregla toda la documentación con la central y solicita un uniforme nuevo para ella. Todo comienza a mejorar.

Analiza:

a) ¿Qué errores se han cometido en la acogida de esta empleada?
b) Esta situación provoca unos sentimientos en María. ¿Cuáles son?
c) ¿Coinciden estos sentimientos con los que pretende la empresa cuando recibe a un nuevo empleado? ¿Qué sentimientos busca la empresa?

Está claro que la empresa necesita elaborar un sencillo plan de acogida para que esta situación no vuelva a suceder. Explica y desarrolla en qué consistirían:

a) La fase de bienvenida.
b) La fase de incorporación.

c) La fase de formación inicial.

d) La fase de desempeño de la actividad.

e) La fase de evaluación del empleado.

Para este puesto, ¿sería adecuado incluir una fase de rotación de puestos?

Meses después, María continúa en la empresa y está incluida en los planes de formación de la misma. ¿En qué consisten estos?

De ampliación

5.13. Investiga en qué consiste el programa NH University, del grupo NH.

5.14. Investiga en qué consiste el plan de formación del grupo Sol Meliá.

5.15. Investiga en las páginas web de las principales cadenas hoteleras y restauradores de España y busca información sobre las políticas de formación y acogida de nuevos trabajadores.

5.16. Bajo un supuesto de un restaurante que elijas, desarrolla la información del manual de acogida. A continuación copia y rellena con los datos obtenidos la siguiente tabla:

Mensaje de bienvenida	
Información sobre la empresa	
Información sobre el puesto de trabajo	
Información jurídico-laboral	
Servicios para los empleados	
Datos y direcciones de interés	
Documentos anexos	

6 Plan de carrera en restauración

Contenidos

Objetivos

- Reconocer las ventajas del plan de carrera.
- Clasificar las funciones de cada participante en el plan de carrera.
- Conocer las etapas de la carrera laboral.
- Distinguir y conocer las distintas etapas del plan de carrera.

Introducción

Cuando un empleado destaca por sus conocimientos, aptitudes o por su actitud, las empresas pueden orientarle y formarle para obtener lo mejor de él. El beneficio es doble: el trabajador sabe que puede llegar a ocupar puestos de importancia, lo que le motiva y aumenta su implicación, y la empresa se asegura el personal adecuado a largo plazo.

Gracias al plan de carrera, las organizaciones son capaces de relacionar los puestos clave con las personas que podrán ocuparlos cuando sea necesario. Así, podrá establecerse un plan de formación personalizado, para que los candidatos desarrollen las capacidades que requiere cada puesto.

Para que todas las partes se impliquen es muy importante tener en cuenta las necesidades individuales de la empresa y del trabajador y, a partir de ellas, elaborar un plan de carrera adecuado y atractivo para todos.

6.1. Conociendo el plan de carrera

Algunos profesionales dentro de la empresa siguen un plan de formación específico, llamado **plan de carrera.**

Este sistema es responsabilidad del departamento de recursos humanos en su área de formación, pero, en este caso, la dirección de la empresa tiene voz y voto, y es ella la que decide las personas elegidas para seguir este plan con los informes adecuados, tanto de formación como de los supervisores directos de los aspirantes al plan.

Un plan de carrera es un método que pretende el desarrollo de aptitudes futuras, especialmente las directivas. Ofrece al empleado ayuda para establecer sus metas personales de forma realista y genera oportunidades para conseguirlas. Se basa en la colocación del colaborador en puestos de trabajo cuidadosamente estudiados para proporcionarle la oportunidad de desarrollar las competencias necesarias para puestos más altos. Esto favorece su desarrollo personal y profesional en la organización.

Las carreras individuales y las necesidades organizacionales no son cosas independientes: la empresa ayudará a sus empleados en la planificación de su carrera para que se puedan satisfacer las necesidades de ambos.

Las personas, dentro de las organizaciones, siempre van a tener la preocupación acerca de su vida laboral, de su establecimiento, transición y desarrollo profesional. Si se comprometen con la empresa, serán guiadas para poder mejorar sus habilidades, conocimientos, destrezas, actitudes, valores y situación de vida. Al establecer líneas de carrera para ciertas posiciones estratégicas de la empresa, los colaboradores tienen más clara la dirección de su potencial crecimiento.

Por su parte, el plan de carrera de una organización sirve para planear las necesidades futuras que una empresa puede tener en lo que respecta al talento. Es la anticipación de los movimientos naturales de una organización y cómo deberían ir encajando las piezas para que la empresa conserve su competitividad. El éxito de nuestra empresa depende de gestionar correctamente el talento humano, ya que los trabajadores son quienes ejecutan nuestra razón de ser.

Sabías que...

La **carrera** es la secuencia de puestos que ocupa un empleado dentro de la empresa, un conjunto de conocimientos y habilidades unidos a la experiencia laboral en la empresa.

Las nuevas tendencias involucran una mayor participación del colaborador. Las empresas modernas comunican abiertamente las líneas de carrera disponibles y buscan generar el movimiento interno mediante convocatorias, también internas, para generar nuevas oportunidades de aprendizaje para las personas.

Este sistema permite a los empleados administrar su propia carrera. Es responsabilidad de cada persona desarrollar su propia carrera, utilizando las herramientas que la empresa le provea.

6.1.1. Ventajas del plan de carrera

Los planes de carrera benefician de igual manera a organización y empleados:

- Permiten coordinar las estrategias generales de la compañía con las necesidades de personal, porque puede prepararlos mejor para los puestos que necesite la empresa.
- Permiten identificar a los colaboradores más prometedores y críticos. Se puede estimar el talento latente de los recursos humanos y potenciar su crecimiento.

Sabías que...

¡Cuidado!

Si no informamos y sensibilizamos adecuadamente a nuestros trabajadores, algunos pueden sentir miedo a que, por culpa de los planes de carrera, les sustituyan por otros empleados con mejor perfil.

Esto puede generar ambientes problemáticos, sobre todo con los compañeros y compañeras.

- Disminuyen la tasa de rotación y la pérdida de empleados en la empresa.
- Satisfacen las necesidades psicológicas del empleado de motivación, implicación y realización profesional.
- Los conocimientos adquiridos durante el plan por nuestros trabajadores se adaptan perfectamente a las necesidades de la organización, rentabilizando los planes de formación.
- Potencian el desarrollo de la integración, el trabajo en equipo y la identificación con la institución.
- Facilitan el diseño de planes realistas de crecimiento profesional que satisfagan a todas las partes.
- Minimizan la incertidumbre frente a la sucesión en la ocupación de puestos clave, dando estabilidad y seguridad a la empresa.

6.1.2. Roles en el plan de carrera

En el plan de carrera intervienen varios ámbitos de la empresa. Cada uno de ellos cumple un papel y tiene unas responsabilidades para que el plan se desarrolle con éxito.

Las partes implicadas son:

- El **departamento de Recursos Humanos** debe de crear la plataforma adecuada para que todo el proceso se realice:
  - Evaluación y seguimiento de los empleados.
  - Identificación de los *key talent*.
  - Diseño, evaluación y dirección de los planes de carrera.
  - Medios e instrumentos técnicos necesarios.
  - Sensibilización y formación de la línea de mando implicada.

- Los **directivos de la organización** deben:
  - Seleccionar a los empleados que accederán a los planes de carrera con los datos facilitados por recursos humanos.
  - Apoyar los planes diseñados, formando a los elegidos.
  - Dedicar a cada persona el tiempo y consejo necesario así como a dar ejemplo.
- El **empleado** debe:
  - Implicarse en su formación, siguiendo todos los pasos formativos que se le programen.
  - Desarrollar en el nuevo puesto las habilidades, destrezas y conocimientos requeridos.

Figura 6.1. La empresa debe identificar a las personas de alto potencial que entrarán en el plan de carrera.

6.1.3. Ámbito de aplicación del plan de carrera

Todos los trabajadores de una empresa evolucionan desde su inicio en la organización. Como hemos comentado en la unidad anterior, es necesario un buen plan de formación que nos ayude a sacar el máximo provecho de sus capacidades, mejorando la productividad de la empresa y la motivación e implicación de los empleados.

La tendencia actual incluye a cada uno de los trabajadores de una empresa en distintos niveles formativos. Todos tienen posibilidad de mejorar, en diferentes ámbitos y niveles.

Actividad propuesta 6.1

Alejandro es un joven cocinero. Cuando terminó el ciclo formativo de grado superior de Dirección en Cocina, con excelentes resultados, comenzó sus prácticas en un afamado restaurante de lujo. Como sus evaluaciones fueron muy positivas, le ofrecieron quedarse, y Alejandro, creyendo que tenía posibilidades de desarrollar su carrera profesional, aceptó.

Tras dos años en el restaurante, la situación es la siguiente:

- Alejandro es cocinero en la partida de salsero. Nunca ha cambiado de partida, ni conoce muy bien cómo operan las demás.
- Su jefe le explica cómo hacer las cosas, pero no le da autonomía.
- Cuando Alejandro propone nuevos métodos o recetas, se rechazan.
- El jefe no delega en él tareas organizativas (fichas técnicas, pedidos, etc.), aunque esté capacitado por sus estudios.
- El dueño de la empresa se preocupa mucho de controlar los resultados económicos y la satisfacción del cliente. No duda en exigir más a los trabajadores continuamente, pero no hay recompensa.

(Continuación)

- Cuando el jefe de partida de cuarto frío se marchó, fue sustituido por un cocinero de otra partida, sin explicar las razones a nadie. Casualmente, este cocinero se llevaba muy bien con el dueño.
- Tras esta sustitución, el segundo de la partida de cuarto frío, al no ver expectativas de crecimiento, decidió marcharse.
- Los jefes de área, liderados por el dueño, no trabajan la motivación ni el liderazgo; tan solo pretenden que se acepten sus órdenes sin preguntar.
- Cuando un trabajador abandona la empresa, lo sustituyen por cualquier otro que acabe de terminar los estudios, sin preocuparse lo más mínimo.

Con estas condiciones, ¿crees que Alejandro podrá desarrollar su carrera profesional en la empresa?

Actividad propuesta 6.2

¿Cuáles son las condiciones que están fallando en la empresa de la Actividad propuesta 6.1 para la implantación de planes de carrera?

Actividad propuesta 6.3

La empresa de la Actividad propuesta 6.1 decide reestructurar su gestión del capital humano, preocupándose por él. Por ello, deciden implantar planes de carrera. ¿Qué ventajas pueden obtener según su situación actual?

6.1.4. Etapas de una carrera profesional

Las etapas de una carrera profesional son las fases por las que pasa una persona en su trayectoria profesional. Considerando el ciclo vital, la persona pasa por cuatro grandes **etapas:**

1. **Etapa de crecimiento:** comienza con el nacimiento de la persona, y llega hasta los 14 años de edad. El individuo desarrolla las relaciones sociales y el autoconcepto, según su interacción con las personas que lo rodean.
2. **Etapa de exploración:** desde los 15 hasta los 25 años. Abarca la infancia, la adolescencia y la juventud. Explora las alternativas ocupacionales para decidir su futuro y finaliza los estudios superiores. A partir de aquí, buscará un puesto de trabajo estable en el que piense que puede desarrollarse profesionalmente.
3. **Etapa de establecimiento:** abarca de los 25 a los 45 años. Es una etapa en la que se define el núcleo de la vida laboral de la persona a través de las diversas experiencias profesionales por las que pasa. Esta etapa está formada por tres subetapas:
   - *Subetapa de prueba*: hasta los 30 años. El individuo decide si el campo de trabajo por el que ha optado es el adecuado y, si no lo es, cambia hasta encontrar un empleo que lo motive y satisfaga.
   - *Subetapa de estabilización*: hasta los 40 años. El individuo se establece una meta laboral firme para su vida.

- *Subetapa de crisis*: de los 40 a los 45 años. El trabajador se autoevalúa para definir el camino valorando sus progresos.

En la etapa de establecimiento, empleado y empresa deben definir la carrera profesional de este último, de manera que al final de esta etapa, el empleado esté motivado, implicado con la empresa y tenga un gran valor profesional para la misma.

4. **Etapa de mantenimiento:** de los 45 a los 65 años. La persona busca consolidar su posición, asegurar su trabajo. Una persona con un desarrollo *ganador*, hacia los 45 años ha llegado a una madurez de carrera. A partir de este momento, se mantendrá mediante un reciclaje personal y profesional, poniendo en funcionamiento su sabiduría y su experiencia. En la etapa de mantenimiento, nos encontramos dos situaciones de riesgo:
   - Puede pasar que piense haber llegado a lo máximo en su vida y que deje de reciclarse, estancándose.
   - También puede suceder que la persona busque una nueva dimensión profesional, entrando en una etapa de crecimiento a través de un cambio cualitativo.
5. **Etapa de declive:** a partir de los 65 años. Coincide con la jubilación. La empresa debe organizar el paso de competencias, compaginando la salida paulatina de veteranos con la entrada de jóvenes, solapándose en los puestos, de manera que los primeros puedan transmitir su *know-how* a los más jóvenes, evitando que se pierda todo el bagaje que ha acumulado durante su carrera en la empresa.

El **plan de carrera** debe ayudar a que todo aquel que entre **en carrera** siga una trayectoria de ganador, de manera que todas las etapas por las que pase profesionalmente dentro de nuestra empresa hayan supuesto un ensayo y un avance. Cada experiencia o ciclo se sitúa entre tres y cinco años. Cuando se trata de empresas más pequeñas, el ciclo puede tener menor duración.

Sabías que...

En la etapa de **declive** o **decadencia**, la persona planifica su jubilación, desacelera su ritmo de trabajo y tiene que asumir niveles más reducidos de responsabilidad y poder.

Esto puede causar problemas psicológicos, que la empresa solucionará fácilmente con una buena preparación del momento.

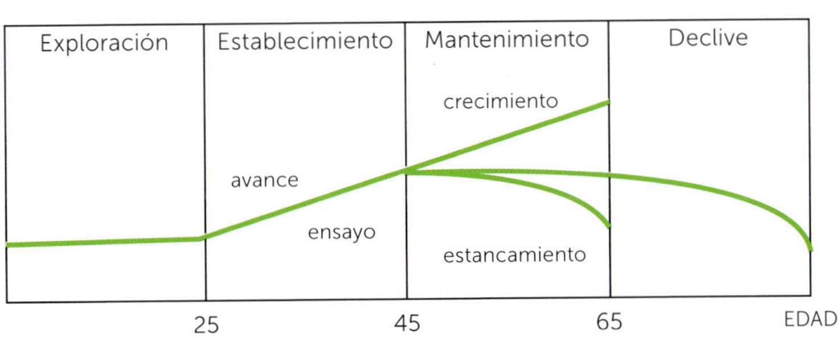

Figura 6.2. La vida laboral.

6.2. Fases del plan de carrera

El proceso del plan de carrera se resume en varias fases que se engarzan mediante un proceso cíclico:

Figura 6.3. Fases del plan de carrera.

a) Demandas de la organización

La empresa tiene que estimar las necesidades futuras de sucesión de los puestos más estratégicos para garantizar su continuidad. Así, tiene que determinar los puestos que se consideran clave y pueden ser objetivo de los planes de carrera.

> Un **puesto clave** es aquel cuya actividad es determinante para el cumplimiento de los objetivos estratégicos de la organización y de la cadena de valor del negocio.

Los planes de carrera aseguran la sucesión adecuada en los puestos clave, generando estabilidad y fortaleza en el mercado.

El conjunto de puestos clave supone el inventario de puestos del plan de carreras. En él desarrollaremos las competencias que se requieren para ocupar cada uno de los puestos clave.

b) Ofertas de la organización

La empresa deberá disponer de candidatos suficientes para el inventario de puestos clave que se han establecido.

Para ello decidirá cuántos de nuestros trabajadores son aptos para incluirse en el plan de carrera, en función de su:

- Eficacia.
- Posibilidades futuras.
- Formación.
- Edad.
- Antigüedad.

Lo más práctico es estructurar un fichero con todos los datos de nuestros empleados, integrantes o candidatos de un plan de carrera, que incluya la siguiente información:

FICHA DEL EMPLEADO

- Nombre del empleado: ____________________
- Edad: ____________________
- Escolaridad: ____________________
- Puesto que desempeña: ____________________
- Antigüedad en la empresa: ____________________
- Puntos fuertes del empleado (habilidades por las destaca): ____________________
____
- Puntos débiles del empleado (aspectos que repercuten negativamente en su trabajo): ____________________
- Necesidades de capacitación para desarrollar mejor su trabajo: ____________________
- Evaluación del desempeño: ____________________
- Posibles nombramientos (puestos que podría ocupar en caso de ser necesario, o que podría ocupar en caso de ser promovido): ____________________
____

Figura 6.4. Ficha del empleado.

c) Equilibrio oferta-demanda

El objetivo de esta fase es establecer una correspondencia entre ofertas y demandas en nuestra empresa.

- Si coinciden oferta-demanda, se reajusta la persona al puesto y se diseña su plan de carrera.

- Si la oferta no encaja con la demanda, hay que acudir al exterior para satisfacer la demanda o, si esta es a largo plazo, hay que elaborar un plan de carrera.

Para determinar la oferta de candidatos, el departamento de recursos humanos debe identificar el personal de alto potencial de la empresa (PAP).

d) Detección de los destinatarios: identificación del Personal de Alto Potencial

Los empleados que dentro de un tiempo podrían ocupar puestos directivos, de jefatura o técnicos, están en la actualidad en nuestra empresa desarrollando puestos de menor responsabilidad. Debemos identificar anticipadamente el talento, para poder dirigir la evolución técnica de esos empleados hacia nuestros intereses.

Las **herramientas** que se utilizan para identificar el talento son principalmente:

- La ficha del empleado: en ella se indican sus principales datos profesionales.
- Los requisitos de potencial genéricos: características que en cualquier empresa, cumplirán las personas con alto potencial. Se muestran en la Tabla 6.1.
- Los indicadores de alto potencial, que se resumen en la Tabla 6.2.

Tabla 6.1. Requisitos profesionales de una persona con alto potencial

Mando o supervisión	*Staff* o coordinación funcional - Especialización
• Buen nivel cultural. • Formación en Técnicas de Dirección. • Capacidad de supervisión. • Entusiasmo. • Confianza en sí mismo. • Influencia en otros. • Organización. • Tacto y sensibilidad social. • Inteligencia. • Fluidez verbal. • Facilidad numérica. • Capacidad analítica. • Sentido común. • Visión de futuro.	• Dominio de la *función*. • Formación en técnicas de gestión. • Planificación. • Organización. • Aptitudes de coordinación. • Comunicación. • Persuasión. • Capacidad analítica. • Especialización. • Buen nivel académico. • Dominio de la técnica. • Aptitudes mentales destacadas. • Capacidad analítica. • Curiosidad. • Creatividad. • Constancia. • Detallismo.

Tabla 6.2. Indicadores de alto potencial

Toma de decisiones	• Rapidez en la toma de decisiones. • Facilita el trabajo a colaboradores.
Empuje	• Impacto de su personalidad. • Ambición. • Logro de objetivos. • Interés por responsabilidades.
Confianza en sí mismo	• Defensas de sus puntos de vista. • Ascendiente sobre otros. • Soporta presiones.
Actividad	• Reacción rápida. • Está al día. • Busca información.
Capacidad de relación	• Es respetado. • Comunica confianza. • Escucha activamente. • Tiene tacto y diplomacia.
Organización	• Mejora métodos. • Organiza el trabajo.
Delegación	• Delega detalles. • Desarrolla al personal.
Cambio	• Creatividad. • Ingenio. • Mejora criterios. • Nuevos métodos.
Planificación	• Anticipo a problemas. • Planificación de actividades. • Establecimiento de prioridades.
Control	• Evalúa. • Constante con los controles. • No tolera ineficiencia.
Mando	• Necesita poca supervisión. • Logra objetivos. • Participa.
Historial	• Currículum ascendente. • Progreso salarial. • Constancia. • Autofinanciación de formación.

Actividad resuelta 6.1

Alejandro (Actividad propuesta 6.1) cambió de empresa hace varios años. Empezó de cocinero pero, al poco tiempo, fue identificado como una PAP, y pasó a una fase de rotación por las partidas. Después, fue jefe de partida y ahora, es el jefe de cocina.

¿Qué indicadores de potencial ha sabido identificar su nueva empresa en Alejandro?

SOLUCIÓN

Algunos ejemplos podrían ser:

- Alejandro tiene la edad, la titulación y la experiencia adecuada en la empresa.
- Posee las capacidades técnicas suficientes por su formación.
- No se limita a desarrollar su trabajo, sino que propone mejoras (recetas, procesos) y está dispuesto a implicarse con la empresa desarrollando trabajos de más alto nivel (descargando a su superior en las tareas para las que está preparado). Es decir, ha adquirido un compromiso.
- En momentos importantes, ha sabido reaccionar y solucionar los problemas.
- Todas las valoraciones de sus superiores han sido positivas.
- Ha participado voluntariamente en todas las actividades de capacitación que la empresa ha propuesto, sobre todo en las orientadas a las tareas de mando o supervisión.

La matriz de gestión del talento: una herramienta clave en la identificación del PAP

La matriz de gestión del talento es una herramienta que permite clasificar el talento para optimizar su gestión.

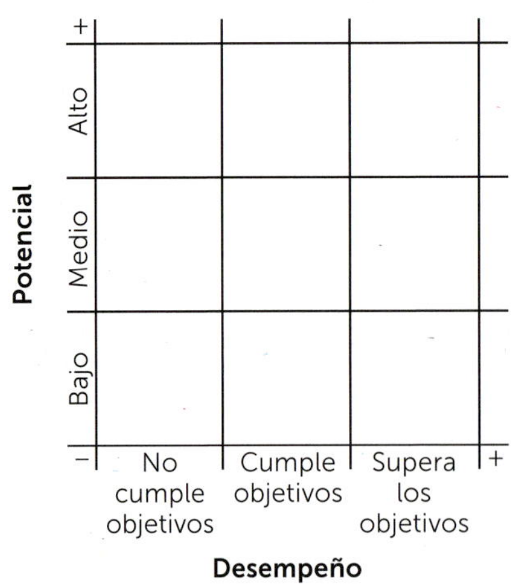

Los ejes en los que se basa la matriz son:

- **Desempeño:** valoración de los resultados del trabajador según:
  - Objetivos cuantitativos. Por ejemplo, alcanzar un volumen de producción o ventas.
  - Objetivos cualitativos. Basados en la forma de alcanzar el objetivo.
- **Potencial:** según las necesidades de la organización, se realizan periódicamente una serie de pruebas que permiten su medición.

Figura 6.5. Matriz de gestión del talento.

Los empleados con el potencial más bajo tienen pocas probabilidades de desarrollo hacia otros puestos, mientras que los potenciales medios y altos, con las acciones necesarias, podrán cubrir en un futuro los puestos estratégicos de la empresa.

Combinando los dos valores, las personas se ubican en distintos cuadrantes, cuya explicación queda clara en la Figura 6.6.

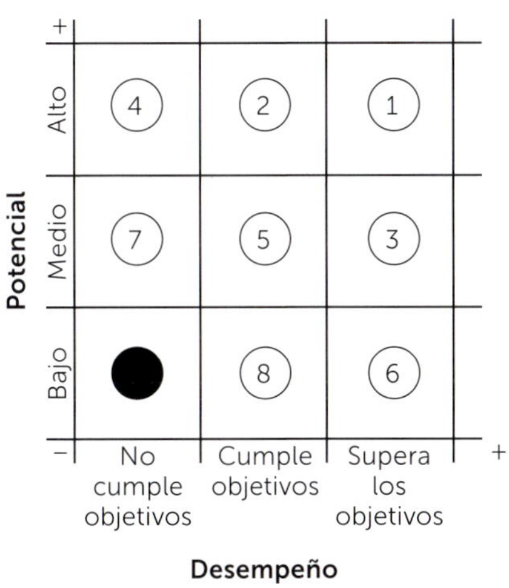

1. PAP: Capacitadas para superar los objetivos establecidos y con un talento emergente en desarrollo. Están por encima del perfil competencial requerido para su puesto.

5 y 3. Personas a tener en cuenta a medio plazo. Han cumplido con sus objetivos y denotan un talento potencial que habrá que guiar y apoyar en los planes individualizados de desarrollo.

2 y 4. Perfiles que debemos gestionar a corto plazo. Gran talento. Que su desempeño no sea bueno puede relacionarse con problemas de motivación.

7. Requieren mayores esfuerzos en acciones de desarrollo para mejorar sus resultados de desempeño.

8 y 6. Pueden convertirse en expertos en competencias técnicas, desarrollando su talento dentro de su puesto o función.

9. No cumplen los objetivos definidos, ni poseen un potencial interesante para la organización.

Figura 6.6. Ubicación de las personas en la matriz de gestión del talento.

e) Acuerdo mutuo y diseño del plan de carrera

Un plan de carrera es un proyecto de formación específico para una persona, siguiendo una ruta profesional en función de su potencial y de las expectativas de futuro que le ofrezca la empresa.

El capacitado y la empresa deben negociar el acuerdo o contrato, estableciendo sus respectivos compromisos.

Debe determinarse:

- Los objetivos:
  - Conocimientos.
  - Competencias.
  - Aptitudes o habilidades.
  - Actitudes del trabajador.
- La remuneración.
- Las condiciones de trabajo.
- Cualquier aspecto importante a tener en cuenta.

f) Seguimiento y evaluación del plan de carrera

En esta fase se controla el cumplimiento de las acciones previstas en el plan, para detectar y corregir las posibles desviaciones. Además se realiza una valoración de los resultados generados por los planes de carrera tanto a nivel individual como global.

El seguimiento del plan de carrera implica varias acciones:

- Las líneas de mando implicadas harán un seguimiento de las personas bajo su responsabilidad, informando a recursos humanos de los resultados parciales y proponiendo modificaciones si es necesario
- Los empleados informarán sobre las nuevas tareas y responsabilidades, sus aspectos positivos y negativos, habilidades y conocimientos adquiridos, adecuación a los objetivos, etc. También deben informar sobre los programas formativos externos que sigue.

Figura 6.7. La carrera está delimitada para cada puesto.

Evaluación del plan de carrera individualizado

El departamento de recursos humanos y la dirección de la empresa, analizan si los avances del individuo son los esperados o si es necesario realizar algún cambio o redireccionamiento de su plan de carrera. Se hará un balance de los siguientes elementos:

- Fortalezas: puntos fuertes del individuo para orientar su carrera hacia ellos.
- Debilidades: para intentar superarlas.
- Preferencias del individuo: para que se sienta motivado.

Después de cada evaluación, se decidirá el siguiente paso de dicho individuo en su plan de carrera, tomando las medidas necesarias según los resultados.

Por ejemplo, puede que hayamos descubierto habilidades en un empleado que lo hacen más apto como especialista de un área que como directivo. En este caso modificaremos su plan de carrera ascendente por uno de especialización.

Actividad resuelta 6.2

Una persona que realiza excepcionalmente bien sus funciones técnicas entra a formar parte de un plan de carrera y, un tiempo después, pasa a coordinar el departamento.

De pronto surgen problemas de organización, coordinación, información que reciben los empleados y descontento general.

En la evaluación de esta persona se descubre que los miembros del departamento no están conformes con su gestión y, mucho menos, con el trato a los recursos humanos. ¿Qué errores puede haber cometido la empresa? ¿Cómo podríamos solucionarlo?

SOLUCIÓN

Esta persona, pese a haber recibido la formación adecuada, no posee habilidades suficientes en la gestión de personal. Carece de liderazgo y la empresa no se ha dado cuenta de ese aspecto.

La empresa debería redireccionar la carrera. Se trata de un excelente técnico, así que debería descender al nivel anterior y aprovechar sus capacidades técnicas no directivas. Cambiaríamos una carrera ascendente a una carrera de especialización en toda su área técnica.

Si prosigue su formación en habilidades directivas quizá, con el tiempo, pueda adquirir las capacidades necesarias para liderar un grupo.

Esta decisión ha de consensuarse con el trabajador, explicándole las razones por las que se ha tomado, para no provocar desmotivación ni sentimiento de fracaso.

Para que nuestro empleado realice son satisfacción su plan de carrera, debe estar de acuerdo con nuestras decisiones, y no hay mejor manera que la información y el razonamiento de las decisiones tomadas.

Recuerda que...

Sin una evaluación adecuada que nos permita corregir los errores, el plan de carrera podría resultar una inversión inútil.

Esto supondría para la empresa una pérdida de tiempo, dinero y esfuerzo.

Evaluación global del plan de carreras de la empresa

Se analizarán indicadores como:

- Porcentaje de puestos cubiertos que han sido ocupados por personas con planes de desarrollo individuales.
- Porcentaje de personas con exceso de permanencia en un mismo puesto.
- Porcentaje de puestos clave del organigrama que ya tienen posible sucesor con personas de alto potencial vinculadas al plan de carreras.
- Valoración global anual de los destinatarios del programa.
- Valoración global de los gestores del plan y de los tutores de los destinatarios.

Esta evaluación es esencial para establecer nuestras prioridades y diseñar nuevos planes, estableciéndose como un proceso de mejora continua del plan.

6.3. Tipos de planes de carrera y acciones a desarrollar

Cuando se produzcan demandas a medio y largo plazo hay que diseñar un plan de carrera y planificar las acciones que ello comporta.

El **diseño** del plan de carrera es la definición del plan de carrera individual de la persona teniendo en cuenta las posibles rutas profesionales que puede ser capaz de seguir en función del potencial identificado, de sus preferencias y de las expectativas de futuro que ofrece la empresa.

Para cada programa se indicarán:

- Las personas responsables.
- Las fechas de cumplimiento de todas las acciones que se determinen.

El plan irá acompañado por un plan de formación individualizado que favorezca el desarrollo de los participantes en el plan.

Sabías que...

Al planificar carreras, optar por una u otra vía supone cierta irreversibilidad.

↓

El **superespecialista**, rara vez es buen directivo, porque no se entrena en actividades de gestión.

↓

El **directivo** no tiene conocimientos técnicos tan especializados; tiene que ser un generalista que domine la gestión de los recursos humanos y la gestión empresarial.

Tipos de planes de carrera

Según el puesto que se pretenda cubrir, las carreras se pueden desarrollar en varios sentidos. Los tipos principales de plan de carrera son:

- **Ascendente:** el trabajador es promovido continuamente a puestos jerárquicamente superiores. Se apoyan en la idea de que es necesaria la experiencia en los puestos base para poder pasar al siguiente nivel.
- **De enriquecimiento o expansión:** el trabajador profundiza en las responsabilidades de su puesto sin cambiar de posición. El trabajador, que ya gestiona adecuadamente su puesto, mejora sus resultados con nuevas metodologías y técnicas en el desempeño de su trabajo.
- **Desplazamiento lateral:** cambio de especialidad dentro del mismo nivel jerárquico. Lo atractivo es la variedad de trabajo, nuevas formas, nuevos retos y la posibilidad de adquirir nuevas habilidades.
- **Carrera en red:** combina movimientos verticales con movimientos horizontales. Se basa en la idea de que es necesario conocer varias experiencias dentro de un mismo nivel antes de pasar al siguiente.
- **Descendente o de realineamiento:** sirve para adaptarse a otros intereses en la empresa o para crecer más adelante. Habitualmente ocurre cuando reajustamos la carrera de la persona implicada a sus posibilidades reales de desarrollo.

Actividad resuelta 6.3

En el siguiente hotel, identifica qué tipo de planes de carrera o combinaciones serían adecuados para cada puesto:

a) Un cocinero de una partida que quiere llegar a ser jefe de cocina.
b) Un jefe de administración que quiere pasar a jefe de compras.
c) Un jefe de departamento aspirante a ser el director del hotel.
d) Un jefe de A&B superado por la responsabilidad del puesto.
e) Un jefe de recepción que implantará un nuevo sistema de gestión de reservas.

(Continuación)

SOLUCIÓN

a) Carrera ascendente: primero necesitará rotación por todas las partidas. Luego, preparación adecuada para la gestión de personas y organización del trabajo.
b) Desplazamiento lateral: cambio de especialidad. Nueva motivación.
c) Carrera en red: combina experiencias en distintos departamentos dentro de un mismo nivel antes de pasar al siguiente. Así, conoce todo el funcionamiento de la empresa.
d) Descendente: seguirá con su tarea anterior y se formará según los intereses de la empresa para crecer más adelante.
e) Enriquecimiento: profundiza en conocimientos de su puesto sin cambiar de posición. Sus resultados mejorarán con metodologías y técnicas en el desempeño de su trabajo.

Acciones a desarrollar dentro del plan de carrera

En todos los planes de carrera se combinarán las siguientes acciones:

- Formación: planes de formación adaptados a las exigencias del plan de carrera.
- Rotación: paso por distintas áreas o funciones del mismo nivel o complejidad profesional.
- Promoción: paso a puestos de mayor responsabilidad (promoción profesional) o mejora salarial (promoción económica).
- Seguimiento: control periódico de los resultados de los puestos clave y de las personas de alto potencial que están incluidas en el plan de carreras.

A la hora de diseñar trayectorias de carrera hay que establecer varios aspectos:

- Longitud de una trayectoria, número de puestos que compone una ruta determinada.
- Techo, nivel máximo al que se puede llegar a través de esa trayectoria.
- Calendario de cada una de las fases.
- Momentos de evaluación de resultados y redefinición de la trayectoria, si es necesario.

Enlaces web de interés

https://www.meliahotelsinternational.com/es/empleo
https://www.mcdonalds.es/empleo/formacion
https://www.parador.es/es/unete-a-paradores
http://canalempleo.grupovips.com

Resumen

- El **plan de carrera** es el método de formación para el desarrollo de futuras aptitudes directivas.
- Las **condiciones** necesarias en la empresa para la implantación del plan de carrera son: unidad de dirección, interés y apoyo, interés y compromiso de los empleados, sistema de igualdad de oportunidades y estabilidad y satisfacción laboral.
- Las **ventajas** para la empresa del plan de carrera son las siguientes:
  - Asegura la sucesión en puestos clave.
  - Realiza la formación adaptada a las necesidades.
  - Potencia el trabajo en equipo.
  - Identifica las potencialidades de los trabajadores.
- Las **ventajas** para los empleados son las siguientes:
  - Satisfacción psicológica, de motivación, de implicación y realización.
  - Sentido de pertenencia e identificación con la empresa.
  - Existencia de planes adaptados a las capacidades.
- En el plan de carrera **intervienen:**
  - El departamento de **recursos humanos**, que diseña los planes, dirige el proceso, evalúa y da apoyo técnico.
  - Los **directivos** de la organización, que seleccionan a los empleados del plan y forman, entrenan y preparan.
  - El **empleado**, que recibe la formación y aplica lo aprendido.
- El **ámbito de aplicación** del plan de carrera incluye los puestos clave o de alto riesgo y las personas de alto potencial: universitarios, entre 25-45 años, mínimo dos años experiencia en la empresa.
- Las **etapas** de una carrera profesional normal son:
  - El **crecimiento** (nacimiento-14 años; es el autoconcepto).
  - La **exploración** (15-25 años; se realizan estudios superiores).
  - El **establecimiento** (25-45 años, que es el núcleo de vida laboral: prueba: búsqueda de empleo motivador), estabilización (se alcanza una meta laboral firme o se entra en crisis; es una fase de autoevaluación).
  - El **mantenimiento** (consolidación de la posición) y el **declive** (adaptación para la jubilación).
- El plan de carrera tiene varias **fases**:
  - Los **pasos iniciales** consisten en la inducción a los empleados, informando de las oportunidades del plan, criterios y procedimientos y expectativas de crecimiento que abarca.
  - La **organización** se realiza mediante la comparación de demandas de puestos y oferta de empleados aspirantes; identificación del personal con alto potencial: capacidades, compromiso, acción; y acuerdo o contrato: objetivos, remuneración y condiciones.
  - El **diseño de carrera** incluye la definición del plan de carrera individual según las posibles rutas del trabajador; los tipos de planes (ascendente: hacia puestos jerárquicos superiores; de enriquecimiento o expansión: en el mismo puesto; desplazamiento lateral: dentro del mismo nivel; ruta en red: combinando distintos movimientos; descendente (para reajustar a posibilidades reales); y las acciones: formación, rotación, promoción y seguimiento.
  - El **seguimiento y la evaluación** del plan de carrera sirven para realizar controles y correcciones continuos.

Actividades finales

De comprobación

6.1. El plan de carrera de un empleado (marca la respuesta incorrecta):

a) Lo decide exclusivamente la empresa.
b) Es responsabilidad de cada persona, usando las herramientas a su alcance.
c) La empresa lo publica para que los empleados opten.
d) Todas las respuestas anteriores son incorrectas.

6.2. Entre las condiciones para que en la empresa haya un ambiente adecuado para implantar un plan de carrera están:

a) El interés de la directiva.
b) La difusión a todos los empleados de las oportunidades.
c) La unidad de dirección en el tiempo.
d) Todas las respuestas son correctas.
e) Las respuestas c) y d) son incorrectas.

6.3. Dentro de las ventajas del plan de carrera están:

a) La identificación del talento.
b) La organización de la sucesión.
c) La disminución de la tasa de rotación.
d) Todas las respuestas anteriores son correctas.
e) Las respuestas c) y d) son incorrectas.

6.4. Las funciones en el desarrollo del plan de carrera son:

a) Los directivos desarrollan el proceso de evaluación con seguimiento y herramientas adecuadas.
b) Recursos humanos selecciona a los empleados que accederán a los planes de carrera.
c) Recursos humanos dirige el proceso de desarrollo de líneas de carrera y plan de sucesión.
d) Todas las respuestas son correctas.

6.5. El plan de carrera se aplicará:

a) Para puestos de alto riesgo en la organización.
b) Para personas de alto potencial menores de 35 años.
c) Para personas de alto potencial recién incorporadas a la empresa.
d) Ninguna respuesta es correcta.

6.6. En una carrera profesional, nos encontramos las etapas:

a) Crecimiento, prueba, establecimiento, mantenimiento y declive.
b) Crecimiento, exploración, crisis, establecimiento y declive.
c) Crecimiento, exploración, establecimiento, mantenimiento y declive.
d) Crecimiento, exploración, prueba, establecimiento y mantenimiento.

6.7. Un puesto clave es aquel que:

a) Necesita una planificación muy exhaustiva de su sucesión.
b) Desarrolla una actividad determinante para el cumplimiento de los objetivos estratégicos de la organización.
c) Tiene unas necesidades muy específicas en cuanto a competencias, capacidades e implicación.
d) Todas las respuestas anteriores son correctas.

6.8. La matriz de desempeño:

a) Valora los objetivos cuantitativos y cualitativos de la empresa.
b) Combina la valoración del potencial y del desempeño del empleado.
c) Detecta exclusivamente al personal de alto potencial.
d) Ninguna de las respuestas es correcta.

6.9. Un indicador del potencial es el empuje, que implica:

a) El impacto de su personalidad.
b) La anticipación a los problemas.
c) El logro de objetivos.
d) El interés por responsabilidades.
e) Todas las respuestas anteriores son correctas.
f) Las respuestas b) y e) son incorrectas.

6.10. En la evaluación del plan de carrera:

a) Se comprueban los resultados individuales de cada persona.
b) Se comprueban los puestos clave cubiertos con éxito.
c) Se valora la gestión del plan.
d) Es necesario evaluar todos los resultados anteriores.

De ampliación

6.11. En la unidad anterior conocimos a María, una administrativa que comenzó a trabajar como cajera en un establecimiento de una cadena de restaurantes de comida rápida.

Durante los últimos años, María ha compaginado los estudios en la universidad con su trabajo en el restaurante, de manera que ya tiene una titulación universitaria. Además, ya estaba inmersa en los programas de formación de la empresa.

Ante su potencial y sus actitudes, la empresa decidió hace tiempo diseñar un plan de carrera para María. Durante el último año, tras rotar por todos los departamentos, María ejerce de encargada de un restaurante. Ahora que es titulada, cumple los requisitos para adquirir mayor responsabilidad. Además, todas sus evaluaciones han sido excelentes. En dos años, con la formación adecuada, y tras una evaluación positiva, María podrá ser supervisora de un área de restaurantes.

a) ¿Qué condiciones son necesarias en su empresa para que los planes de carrera se desarrollen correctamente?
b) ¿Qué ventajas aportará María a la cadena?
c) ¿Qué ventajas aportará la cadena a María?
d) Dentro de las etapas de una carrera profesional, ¿en cuál dirías que se encuentra María?
e) ¿Por qué María, teniendo un trabajo estable, ha decidido hacer una carrera universitaria, además de la formación propia de la empresa?
f) Por la evolución de María, seguramente terminará ocupando un puesto clave en la empresa. ¿Qué es un puesto clave?
g) María ha sido identificada en su empresa como una persona de alto potencial. ¿Qué tres elementos definen su talento? Explica en qué consisten.
h) ¿Cuál es el tipo de plan de carrera que está siguiendo María?
i) La carrera de María va orientada hacia un puesto de supervisión ahora mismo. ¿Cuáles son los requisitos profesionales para este puesto?
j) Según la matriz de desempeño, ¿en qué puesto debería situarse María?

6.12. Revisa las acciones a desarrollar dentro de un plan de carrera. ¿Ha combinado adecuadamente todas ellas la empresa de María?

Diversas cadenas hoteleras y cadenas de restauración diseñan planes de carrera y lo publican en sus webs. Busca algo de información al respecto.

6.13. Algunas páginas web ayudan a orientar la carrera profesional. Este es el caso de Infojobs. Investiga en la página siguiente: http://plandecarrera.infojobs.net/home.

6.14. ¿Podrías buscar el perfil de un camarero? ¿Y el de VIPS? ¿Y el de un trabajador de McDonald's?

6.15. Visita las siguientes páginas web de empresas especializadas y, teniendo en cuenta lo que has aprendido a lo largo de la unidad, prepara una tabla en la que se reflejen los planes de carrera de cada una:

http://www.mcdonalds.es

http://www.grupovips.com

http://www.arearh.com

http://www.expansion.com

Además, puede resultarte interesante consultar el siguiente enlace:

http://www.rrhh-web.com

6.16. **Caso práctico:**

Planes de carrera en una cadena hotelera

La cadena hotelera «Alba» ha establecido un plan estratégico de recursos humanos con un plazo de cumplimiento de cinco años.

El director de recursos humanos informa de que la estrategia se basa en el talento, la competitividad y la cultura de rendimiento. Se trabajará en la promoción de la diversidad y la igualdad de género.

La estrategia de gestión de personas pretende:

- Identificar a sus mejores empleados.
- Promover el desarrollo profesional haciendo crecer el talento.
- Lograr el compromiso de los trabajadores.
- Mejorar la eficiencia sumando aptitudes y tecnología.
- Desarrollar la cultura del rendimiento en la organización.

Las actividades que ha puesto en marcha para el desarrollo del talento son:

- Planes de carrera para potenciales directivos y mandos intermedios: este programa se estructura en cinco años con rotación, y ofrece la oportunidad de trabajar y recibir formación transversal en los diferentes departamentos, una sólida base de conocimientos del sector y habilidades de gestión para una carrera en la cadena hotelera.
- Planes de carrera para potenciales administradores de departamento: estructurados en dos años, se basa en formar en la gestión del departamento y la dirección de equipos.
- Programas de desarrollo del talento, para directivos, con capacitaciones en el más alto grado nacional e internacional de la cadena, para situarlos en las líneas estratégicas de la compañía.
- Control o gestión del desempeño: todas las actividades de la cadena hotelera serán evaluadas, incluidas las actividades directivas, con el objetivo de conocer las debilidades, fortalezas y áreas de mejora.

Todo el programa es conocido por todos los miembros de la organización y cualquiera que muestre implicación, interés y aptitudes podrá participar en él.

Preguntas para el estudio

¿Qué te parece este planteamiento de empresa?

¿Crees que las grandes organizaciones de hostelería y turismo de nuestro país siguen estas políticas?

Debatidlo en el aula.

Figura 6.8. Un plan de carrera dirige al personal de mayor potencial hacia las necesidades de la empresa.

7 Motivación laboral y clima organizacional

Contenidos

Objetivos

- Reconocer la importancia de la motivación.
- Analizar las teorías de la motivación.
- Estudiar los factores motivantes y desmotivantes.
- Definir el proceso de implantación de programas de clima laboral.
- Elaborar encuestas de clima laboral.

Introducción

La clave de todas las empresas para tener éxito está en su personal, por lo que la motivación del mismo es un aspecto muy importante.

Todas las personas que trabajan en una empresa tienen unas necesidades y unos objetivos individuales que tienen que ser satisfechos; para ello, las empresas tendrán que motivar a sus empleados, es decir, realizar acciones que satisfagan sus deseos para que estos actúen de una manera determinada.

Con la motivación, los empleados ven el sentido del trabajo, se sienten más orgullosos de sus funciones y obtienen satisfacción personal. A su vez, la empresa tiene trabajadores más motivados y, consecuentemente, más productivos.

Las personas motivadas son más felices, menos pasivas, menos críticas y, por tanto, más activas y productivas en las empresas.

7.1. Motivación laboral

«*La motivación es un término que designa los determinantes de iniciar el esfuerzo para realizar una determinada tarea, la decisión de realizar un determinado nivel de esfuerzo y la decisión de persistir en el desarrollo de ese esfuerzo durante un determinado periodo de tiempo*» (Campbell y Pritchard, 1976, 65).

Según la RAE **motivar** es «*disponer del ánimo de alguien para que proceda de un determinado modo*».

Todas las personas son diferentes en lo que a motivación se refiere. Las necesidades varían de una persona a otra, generándose diferentes patrones de comportamiento.

A pesar de todas las diferencias que existen, el proceso que dinamiza el comportamiento es más o menos semejante para todas las personas. Es decir, aunque los patrones de comportamiento varíen, el proceso es básicamente el mismo para todas las personas.

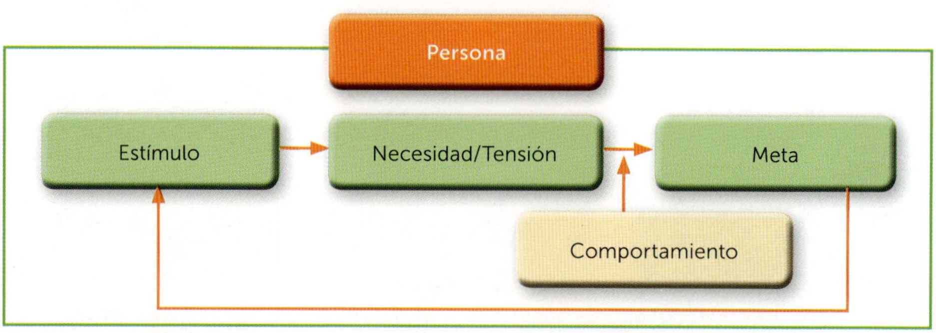

Figura 7.1. Modelo básico de comportamiento.

A pesar de que el modelo básico de comportamiento suele ser el mismo para todas las personas, el resultado variará dependiendo de la percepción del estímulo, de las necesidades y deseos de cada individuo.

Cuando existe una necesidad, el estado de equilibrio del organismo se desestabiliza, causando tensión o insatisfacción. Si el comportamiento es eficaz, el individuo satisfará la necesidad y el organismo volverá a su estado de equilibrio anterior.

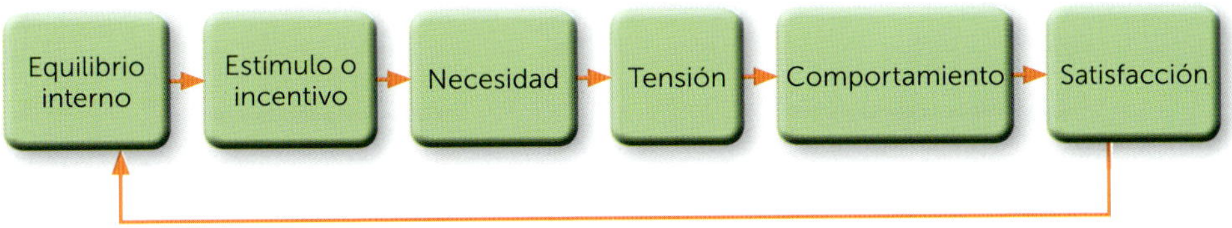

Figura 7.2. Etapas del ciclo motivacional.

En el **ciclo motivacional**, la tensión provocada por la necesidad puede encontrar un obstáculo para su liberación, buscando entonces un medio indirecto de salida, ya sea por vía psicológica (agresividad, apatía, etc.) o por vía fisiológica (insomnio, por ejemplo).

En otras ocasiones, la necesidad no es satisfecha ni frustrada, sino compensada, lo que ocurre cuando la satisfacción de otra necesidad reduce la intensidad de una necesidad que no puede ser satisfecha.

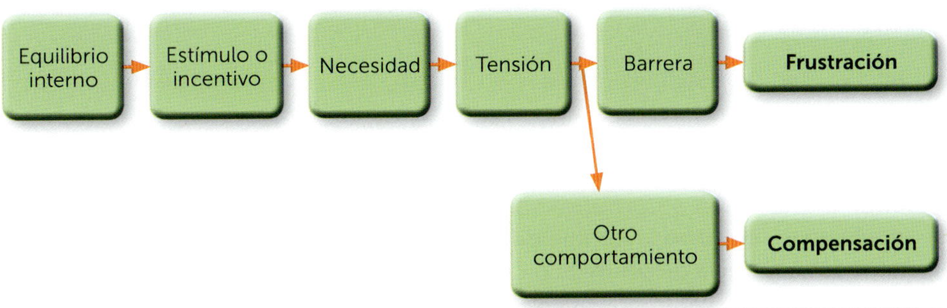

Figura 7.3. Etapas del ciclo motivacional.

La motivación no debe ser considerada como una técnica que se emplea para aumentar la producción. Hay que tener en cuenta la satisfacción de los trabajadores, por lo que, para obtener una adecuada motivación laboral, lo primero que hay que hacer es conocer las necesidades de los trabajadores, es decir, qué necesidades esperan satisfacer con el puesto de trabajo que desempeñan.

La motivación en el trabajo puede concebirse como un proceso por medio del cual, por un lado, se activa, se mantiene y se dirige la conducta hacia el logro de ciertas metas que satisfacen necesidades que son importantes para el individuo y, por otro, permite el logro de las metas organizacionales.

7.1.1. Tipos de motivación

Existen diversos tipos de motivación. Destacando los que se expondrán a continuación.

Figura 7.4. Tipos de motivación.

Recuerda que...

Las razones para motivar a los empleados son:

- Para facilitar los cambios y reducir las resistencias.
- Para reforzar comportamientos positivos.
- Para aumentar la autoestima.

Por su origen

- **Motivación intrínseca:** es aquella que surge espontáneamente de las necesidades psicológicas orgánicas, la curiosidad personal y el deseo de crecer. Se denomina también *automotivación*. Desde el punto de vista laboral, esta se origina en un entorno favorable que permite al trabajador desarrollar su tarea, con independencia de premios o castigos, simplemente por el hecho de considerar que eso es lo mejor que puede hacer y lo que le causa satisfacción.
- **Motivación extrínseca:** es aquella que es provocada por recompensas e incentivos independientes de la actividad que un trabajador realiza para conseguirlos y cuyo control depende de personas o hechos externos a dicho trabajador. Por ejemplo: «*Haz esto y obtendrás aquello*».

Por su sentido

- **Motivación positiva:** es un proceso mediante el cual el individuo inicia, sostiene y direcciona su conducta hacia la obtención de una recompensa, sea externa (un premio) o interna (la satisfacción derivada de la ejecución de una tarea). Este resultado positivo estimula la repetición de la conducta que lo produjo. Sus consecuencias actúan como reforzadoras de ese comportamiento.

Figura 7.5. Gestos de motivación.

- **Motivación negativa:** es el proceso de activación, mantenimiento y orientación de la conducta individual, con la expectativa de evitar una consecuencia desagradable, ya venga del exterior o del interior de la persona. Este resultado negativo tiende a inhibir la conducta que lo generó. En la actualidad, las diferentes concepciones no recomiendan la utilización de la motivación negativa. Algunos especialistas destacan que el castigo puede surtir efecto en el corto plazo, pero a largo plazo puede originar recurrencia de la conducta indeseada, reacción emocional no deseada, conducta agresiva destructiva, desempeño apático y falta de creatividad, temor al administrador del castigo así como rotación y ausencia laboral.

Figura 7.6. Las empresas deben tener ideas innovadoras para motivar a sus empleados.

Actividad propuesta 7.1

Busca otras definiciones de motivación y compáralas con las del resto de la clase.

7.1.2. Teorías de la motivación

A lo largo de la historia se han desarrollado muchas teorías sobre la motivación. A continuación, se resumen las más importantes.

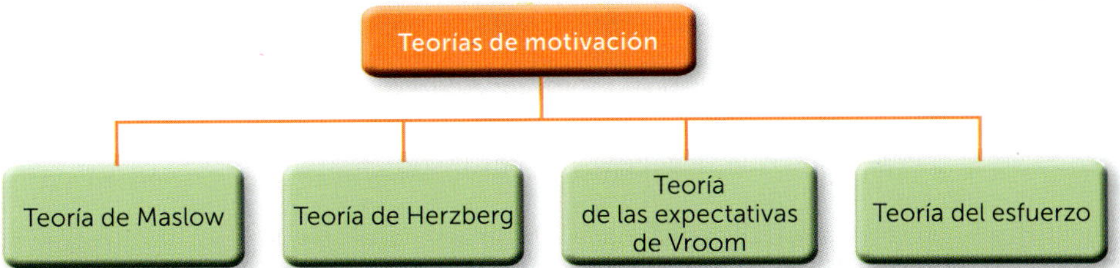

Figura 7.7. Teorías de motivación.

Teoría de Maslow

Maslow considera en su teoría que los motivadores del comportamiento son las **necesidades** y que estas se ordenan de forma jerárquica, de modo que hasta que no se consigue la primera o más básica, no se logra satisfacer la siguiente de la escala.

Maslow considera que las necesidades humanas están ordenadas jerárquicamente, desde las más urgentes hasta las menos urgentes. La jerarquía de las necesidades de Maslow coloca, por orden de importancia, las necesidades fisiológicas, las necesidades de seguridad, las necesidades sociales, las necesidades de estima y las necesidades de autorrealización.

Algunos ejemplos de necesidades aplicadas al ámbito laboral serían las que se reflejan en la Tabla 7.1.

Tabla 7.1. Ejemplos de necesidades según la teoría de Maslow

Nivel	Necesidades psicológicas	Necesidades laborales
Necesidades fisiológicas	• Aire. • Comida. • Abrigo. • Cobijo.	• Condiciones de trabajo. • Más tiempo de descanso. • Anulación de esfuerzos.
Necesidades de seguridad	• Exención de peligros físicos y privación de necesidades básicas.	• Obtención de beneficios: seguros, jubilación, pensiones, etcétera. • Antigüedad. • Normas de trabajo consistentes.
Necesidades sociales	• Pertenencia. • Aceptación. • Formación de grupo.	• Interés por colegas, amigos. • Oportunidades de interacción con otros. • Relaciones interpersonales armoniosas. • Formación de equipo.
Necesidades de estima	• Prestigio. • Poder. • Control. • Autoconfianza.	• Oportunidades para mostrar competencia para obtener compensaciones. • Oportunidad de ascender. • Reconocimiento basado en los méritos. • Inclusión en la planificación de actividades.
Necesidades de autorrealización	• Utilización del talento individual. • Creatividad. • Necesidad de ser lo que se puede llegar a ser. • Competencia frente al logro.	• Trabajo más significativo y desafiante. • Independencia. • Creatividad.

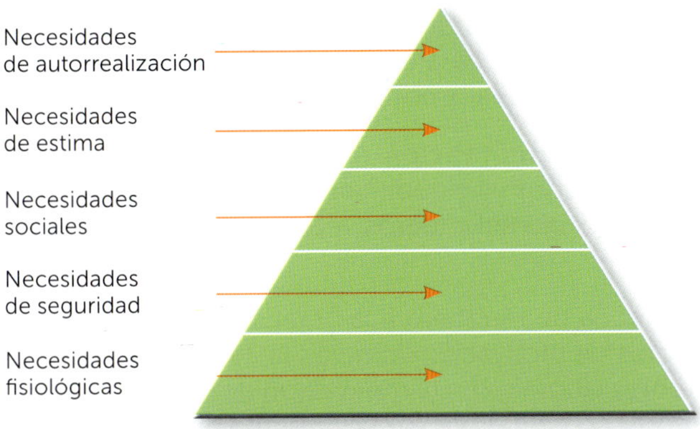

Figura 7.8. Pirámide de las necesidades de Maslow.

Figura 7.9. La posibilidad de mostrar la propia competencia es un factor estimulante para el trabajador.

Esta teoría no tiene aval científico en la hipótesis de la jerarquización; lo que sí está claro es que la satisfacción de necesidades fisiológicas y de seguridad es imprescindible para que el trabajador se sienta estimulado por incentivos que hagan referencia al resto de necesidades.

Actividad propuesta 7.2

Debate en el aula

¿Piensas que la motivación es una técnica que utilizan las empresas para aumentar el rendimiento?

¿Crees que cuando un trabajador llega a la cúspide en la pirámide de Maslow estará totalmente motivado?

Teoría de Herzberg

La teoría de los factores de Herzberg se basa en un estudio empírico sobre la satisfacción de las necesidades y los efectos de esto sobre la motivación de los trabajadores.

Se estudió a todos los individuos de una empresa y se les preguntaba por momentos en los cuales se sentían bien o mal en su lugar de trabajo. También se les pedía que describieran las condiciones que les llevaron a tener esos sentimientos.

De este análisis se llegó a la conclusión de que el reconocimiento llevaba a sentirse bien en el trabajo; sin embargo, la falta de reconocimiento no llevaba asociada una causa de reconocimiento negativo.

De este modo, se llegó a dos conclusiones. La primera es que algunas condiciones de trabajo **causan insatisfacción cuando no están presentes.** Sin embargo, la presencia de las mismas no es causa de motivación. Estas condiciones se denominan **factores de mantenimiento,** porque son necesarias para mantener los niveles adecuados, pero no son motor para el cambio del comportamiento. Por ejemplo, sueldos, seguridad en el trabajo, condiciones de trabajo, etcétera.

La segunda se refiere a los **factores de motivación.** Algunas condiciones de trabajo dan satisfacción y motivación en los niveles de trabajo, pero si no están presentes, no causan insatisfacción. Por ejemplo, logros, reconocimiento, progreso, responsabilidad, etcétera.

Las aportaciones que hizo la teoría de Herzberg a la gerencia hicieron que los factores de mantenimiento y los de motivación llamaran la atención por la importancia que tienen los factores laborales en la motivación del trabajo. Esto ha dado como resultado un interés creciente por el enriquecimiento de los puestos de trabajo.

Actividad propuesta 7.3

Relaciona la teoría de la motivación de Maslow y la teoría de Herzberg.

Teoría de las expectativas de Vroom

Esta teoría considera la motivación como un proceso que determina las opciones, de manera que los individuos en su puesto de trabajo son motivados para elegir entre diferentes conductas, como por ejemplo, el nivel de esfuerzo que un empleado pone en las actividades que tiene que realizar.

Si la persona considera que su esfuerzo será retribuido de la manera adecuada, habrá un **esfuerzo motivado,** lo que le llevará a tomar la opción de trabajar de manera que pueda percibir la recompensa deseada.

La lógica de la motivación de esta teoría es que los individuos realizan un esfuerzo de trabajo que da lugar a un rendimiento, que, a su vez, da lugar a recompensas deseadas.

Figura 7.10. Teoría de las expectativas.

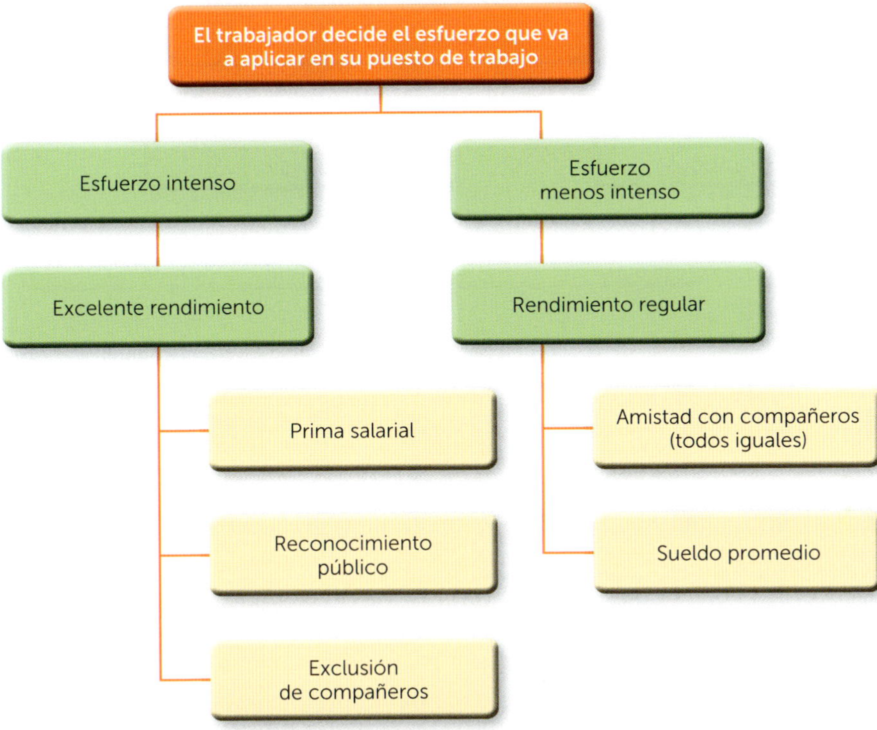

Figura 7.11. Ejemplo de comportamiento de un trabajador según la teoría de las expectativas de Vroom.

Teoría del esfuerzo

Esta teoría considera el uso de **refuerzos positivos y negativos** para crear un ambiente motivador, de manera que un comportamiento que produce un resultado agradable muy probablemente será repetido, mientras que un comportamiento que produce un resultado desagradable, no será repetido.

De este modo, los refuerzos positivos incluirán recompensas como el reconocimiento, primas, elogios, etc., y los refuerzos negativos, en lugar de proporcionar una recompensa negativa, lo que hacen es extinguir las recompensas.

Figura 7.12. Trabajadora motivada.

Actividad propuesta 7.4

Analiza las teorías motivacionales estudiadas y reflexiona si son aplicables en el sector de la restauración y en qué medida. ¿Ayudarían al director de recursos humanos de la organización a desempeñar mejor su trabajo?

Figura 7.13. Ejemplo de comportamiento de un trabajador según la teoría del esfuerzo.

7.1.3. Factores motivantes

La motivación de los trabajadores es una de las mayores preocupaciones de todos los jefes. Comprender por qué los trabajadores se comportan como lo hacen es una de las necesidades de la dirección de la empresa.

Sin embargo, esto no es fácil, ya que el comportamiento humano suele responder a múltiples factores, tanto personales como del entorno laboral.

Figura 7.14. Factores motivantes.

Los principales factores de motivación son los siguientes:

- **Resultados:** son muy importantes, ya que todo trabajador se motiva con aquello que le proporciona un resultado valioso. Por ejemplo, si un trabajador consigue un éxito, le motivará a seguir trabajando de forma eficaz.
- **Participación:** la participación del trabajador en la planificación de las tareas es un elemento eficaz y estimula el desarrollo personal y profesional, ya que está vinculada con la delegación y el trabajo en equipo.
- **Conocimiento de objetivos:** cuando los objetivos son conocidos de forma clara por todos los departamentos, aparece un factor de motivación; por el contrario, si no se conocen, suele haber desinterés en los trabajadores.
- **Tarea:** la tarea bien hecha, el servicio bien prestado, la satisfacción del cliente, la calidad en el producto, una elaboración bien hecha, etc., es lo que más satisfacción produce en el trabajador y su mejor recompensa.
- **Retribución:** el salario y las gratificaciones económicas son frutos del trabajo, por lo que no siempre son factores motivantes y no bastan para asegurar un buen rendimiento, aunque siempre ayudan a sentirse más valorado.
- **Recompensas:** como dice un proverbio chino, «*la gente no hace lo que los jefes esperan o desean, sino lo que los jefes recompensan*». Como hemos estudiado en las teorías de la motivación, las recompensas siempre son un factor motivante, ya que el trabajador tendrá un incentivo para hacer el trabajo bien hecho.
- **Reconocimiento:** a todas las personas les gusta la aprobación, el reconocimiento, el aprecio por parte de los superiores, el ascenso por méritos, las felicitaciones, etcétera.
- **Responsabilidad:** un factor muy importante de motivación es la posibilidad de innovar, de planificar, de establecer objetivos, tomar decisiones, etc. Todos estos aspectos los recoge la responsabilidad de un trabajador en su puesto de trabajo.
- **Crecimiento:** la formación, el desarrollo y la promoción son factores que motivan para seguir trabajando de forma eficaz.
- **Castigos y sanciones:** pueden constituir una estrategia eficiente para dirigir o corregir el comportamiento de los trabajadores y evitar comportamientos inapropiados. Sin embargo, su aplicación puede tener efectos secundarios y puede ser considerada un arma de doble filo.

¿Sabías que...

Reglas para motivar:

1. Ser positivo.
2. Dar ánimo y aliento.
3. Gratificar los comportamientos deseados.
4. Personificar la motivación.
5. Ser oportuno.
6. Ser inmediato dando elogios y reconocimientos.
7. Recordar y utilizar el nombre del interlocutor.
8. Evitar la rutina en los reconocimientos.
9. Ser discriminativo (que se desea compensar y que no).
10. Ser equitativo.
11. Dar significación al trabajo.
12. Ser receptivo.
13. Comparar el ahora con el antes.
14. Ser asertivo.
15. Subrayar los puntos fuertes de los trabajadores.
16. Ser fiable.
17. Hablar bien.
18. Facilitar el desarrollo personal y profesional de los empleados.

7.1.4. Tácticas de motivación en empresas del sector de la restauración

En las empresas deben motivar los jefes, pero para que ese trabajo sea útil, los trabajadores deberán tener una actitud positiva ante el trabajo y hacia la empresa y deberán sentirse cómplices de los objetivos de la misma.

Las estrategias y tácticas que utilizan en la actualidad las empresas del sector de la restauración para motivar a sus empleados son:

- La participación del empleado en la programación y control de sus propias tareas satisface necesidades psicológicas, infunde al trabajador confianza y un sentimiento de implicación con la empresa. Además, es muy importante delegar en ellos y ofrecerles mayor poder de decisión, autonomía y responsabilidad.
- Ofrecer un trabajo enriquecedor. Esta técnica se lleva a cabo aumentando la variedad y responsabilidad en las tareas a desempeñar, intentando que el trabajador vea la utilidad y el valor de su trabajo. Con esto se evita que el trabajador caiga en la rutina de tener que hacer siempre las mismas tareas y se le proponen nuevos retos.
- Las relaciones con los jefes y los compañeros influyen de manera notable en la identificación del trabajador con la empresa y con sus objetivos. Además, esto fomenta la creatividad, las nuevas ideas, la iniciativa, etc. Para crear un buen ambiente laboral, las empresas crean grupos o equipos de trabajo (que, además de permitirles relacionarse con sus compañeros, les dan identidad y sentido de pertenencia), organizan actividades así como eventos o reuniones sociales.

Figura 7.15. Reunión social.

- Proporcionar formación, oportunidades de desarrollo y autorrealización para su desarrollo profesional y personal.
- Escuchar y mostrar interés por los trabajadores, por sus acciones o sus problemas.
- Agradecer sinceramente los esfuerzos a los trabajadores. Esta técnica consiste en reconocer los buenos trabajos, los resultados y los logros obtenidos. Para ello, habrá que elogiarles o darles reconocimiento ante sus compañeros.

- Premiar a los trabajadores que presenten un desempeño extraordinario.
- Celebrar los éxitos de la empresa juntos.
- Hacer que el trabajador se sienta útil, considerado y que sienta que es importante y tomado en cuenta por la empresa. Para ello, la empresa debe otorgarles una mayor participación, permitiendo que expresen sus ideas u opiniones, incentivando a que den sus sugerencias, por ejemplo, a través de encuestas, que además de hacerlos sentir útiles y considerados, permiten obtener sugerencias valiosas para la empresa.

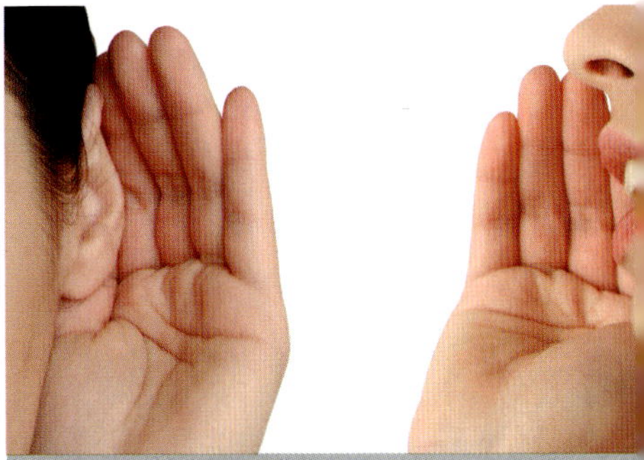

Figura 7.16. Escucha activa.

- Usar metas y objetivos, pero para ello, la empresa debe asegurarse que las metas se perciban como desafiantes y a su vez, alcanzables; hay que asegurarse de que los empleados aceptarán las metas y se comprometerán con las mismas.

Recuerda que...

A todos nos motiva el ser considerado positivamente cuando se ha conseguido un reto, el ser valorados justamente y el ser tratados como personas (y no como una máquina de la empresa).

Actividad resuelta 7.1

Imagina que eres el gerente de un restaurante y un trabajador te pide que si puedes escucharle, ya que tiene un problema con sus compañeros y está desmotivado.

Como gerente, tienes que mentalizarte en practicar una escucha activa para que el trabajador se sienta más motivado después de hablar contigo.

¿Para qué sirve escuchar a un trabajador y cómo lo harías?

SOLUCIÓN

¿Para qué sirve?

- Para obtener información de quien nos habla.
- Para convertirnos en una persona significativa y digna de confianza.
- Para lograr que la otra persona se sienta aceptada.
- Para mostrar un modelo de comportamiento que, probablemente, será imitado.

¿Cómo lo harías?

- Mentalizándote y preparándote para escuchar.
- Sin desestimar el escuchar a alguien.
- Informando con el cuerpo de tu actitud de escucha.
- Sin interrumpir.
- Sin juzgar o valorar lo que opina el otro.
- Evitando dar soluciones prematuras que puedan ocasionar más problemas al trabajador.

Actividad propuesta 7.5

Imagina que eres el jefe de cocina de un hotel y tienes que proponer cinco acciones inmediatas para motivar a tu equipo, ¿qué harías?

Sabías que...

Todos los trabajadores sufren periodos de **desmotivación** en sus puestos de trabajo; sin embargo, la empresa debe tratar de averiguarlo e intentar que sea el menor tiempo posible, ya que de lo contrario, la situación laboral se vuelve insostenible.

7.2. Desmotivación: factores desmotivantes

La desmotivación es una situación en la que el trabajador no siente ilusión, ganas ni interés por las actividades o tareas que tiene que desempeñar en su puesto de trabajo y, consecuentemente, disminuye su rendimiento y productividad en la empresa.

Un trabajador está desmotivado cuando su conducta es indiferente o, incluso, contraria a los objetivos de la empresa. Podemos detectar que un trabajador está desmotivado cuando ocurren las siguientes situaciones:

- El trabajador se aburre, ya que las actividades encomendadas son rutinarias.
- El trabajador realiza un trabajo pobre y de mala calidad.
- La empresa cuenta con pocos recursos y una economía deficiente.
- En la empresa hay frecuentes accidentes por falta de atención de los jefes.
- Hay un ambiente agresivo. Algunos trabajadores critican a los jefes y existen roces personales.
- El trabajador se ausenta habitualmente del puesto de trabajo.
- El trabajador muestra excesiva rigidez y resistencia a los cambios.
- El trabajador muestra una actitud de desinterés y despreocupación por el trabajo.

Figura 7.17. Desmotivación laboral.

Los factores que desmotivan a los trabajadores son:

Figura 7.18. Estado de frustración laboral.

- El sentimiento de injusticia que pueden percibir los trabajadores.
- La falta de claridad en las tareas a realizar.
- La falta de reconocimiento de los méritos y esfuerzos realizados.
- La crítica delante de otros.
- Las promesas no cumplidas.
- La falta de interés del jefe por sus colaboradores.
- La debilidad con las normas de disciplina.
- El sentimiento en el equipo de fracaso o desconfianza.
- La no asunción de la responsabilidad en los momentos complicados.
- La falta de apoyo en situaciones problemáticas.
- El incumplimiento por parte del jefe de lo que exige a sus colaboradores.

En muchas ocasiones, la desmotivación es la antesala de la frustración, es decir, el trabajador comienza siendo indiferente a los objetivos y termina no lográndolos.

¿Sabías que...

El «síndrome de las termitas» se produce cuando los trabajadores se cambian de empresa porque están desmotivados y, además, su desmotivación individual se *contagia* al resto de compañeros.

La frustración laboral ocasiona reacciones negativas en los trabajadores y disminuye la rentabilidad de la empresa.

Cuando un trabajador está frustrado, puede tener las siguientes reacciones:

- **Represión:** el trabajador piensa que nunca conseguirá los objetivos y retrocede a tareas básicas. Por ejemplo, un jefe de rango no es capaz de montar una mesa para un banquete de forma correcta y se dedica a repasar la cristalería.
- **Sustitución:** el trabajador sustituye el objetivo por otro que considera alcanzable. Por ejemplo, el director de comidas y bebidas de un hotel no es capaz de llevar la gestión del almacén, pero es muy bueno negociando con los proveedores.
- **Imaginación:** el trabajador se abstrae del mundo real e imagina situaciones que le agradan. Por ejemplo, el trabajador se imagina lo que haría si fuera el director del hotel.
- **Negación:** el trabajador se está quejando constantemente, sin buscar soluciones a los problemas.
- **Pesimismo:** el trabajador siempre piensa que es el peor, que todo lo hace mal y que nada en la vida le va a ir bien.
- **Escape:** el trabajador huye del problema, no lo acepta y, por tanto, no se enfrenta a él.

Actividad propuesta 7.6

¿Qué factores piensas que son desmotivantes en los puestos de trabajo de camarera de pisos de un hotel, de camarero de una cafetería y de jefe de cocina de un *catering*?

7.3. Clima laboral

De todas las teorías sobre el concepto de **clima laboral,** la más utilizada ha sido la que valora como elemento fundamental las percepciones que el trabajador tiene de las estructuras y los procesos que suceden en el entorno laboral.

Este enfoque se centra en que el comportamiento del trabajador en la empresa no es algo fortuito, sino que depende de las percepciones que tenga el trabajador de los factores relacionados con el sistema formal y la estructura de la empresa, como, por ejemplo, las relaciones de dependencia, el salario, las promociones, la formación, etc. y de los factores de liderazgo, como por ejemplo, el tipo de supervisión que efectúan los directivos, etcétera.

Sin embargo, estas percepciones van a depender, en gran medida, de las actividades, interacciones y otras experiencias que cada miembro tenga con la empresa de la que forma parte.

Algunos autores han definido el clima laboral de las siguientes maneras:

Según Forchand y Gilmer, es el «conjunto de características permanentes que describen una organización, la distinguen de otra e influyen en el comportamiento de las personas que la forman».

Según Chiavenatto, «el clima organizacional lo constituye el medio interno de una organización, la atmósfera que existe en cada organización, etc., incluyendo diferentes aspectos de la situación que se sobreponen mutuamente en diversos grados, como el tipo de organización, la tecnología, las políticas de la compañía, las metas operacionales, los reglamentos internos (factores estructurales). Además de actitudes, sistemas de valores, formas de comportamiento sociales que son sancionadas (factores sociales)».

Según Gary Dessler, «el clima organizacional representa las percepciones que el individuo tiene de la organización para la cual trabaja y la opinión que se haya formado de ella en términos de autonomía, estructura, recompensas, consideración, cordialidad, apoyo y apertura».

Sabías que...

Si evaluamos el **clima laboral**, medimos la percepción que tienen los trabajadores de la organización.

Con esto podremos corregir y ajustar las debilidades y mantener los puntos fuertes.

Estas definiciones hacen referencia a los siguientes elementos:

- El clima laboral se refiere a las características del entorno de trabajo.
- El clima laboral se percibe directa o indirectamente por los trabajadores que realizan su trabajo en ese entorno.
- El clima laboral influye en el comportamiento de los trabajadores.
- El clima laboral hace que una organización se distinga de otra.
- El clima laboral sirve de base para describir la situación laboral, ya que media entre los factores del sistema organizacional y el comportamiento individual.

Figura 7.19. Clima laboral productivo.

Por tanto, podemos señalar que el **clima laboral** es un fenómeno que media entre los factores del sistema organizacional y las tendencias motivacionales de los trabajadores, que se representan en un comportamiento que tiene unas consecuencias, positivas o negativas, sobre la organización (productividad, satisfacción, rotación, etcétera).

7.3.1. Diseño, implantación y gestión de programas de clima laboral

Para la implantación de un programa de clima organizacional en la empresa es necesario llevar a cabo las etapas que se muestran en la Figura 7.20.

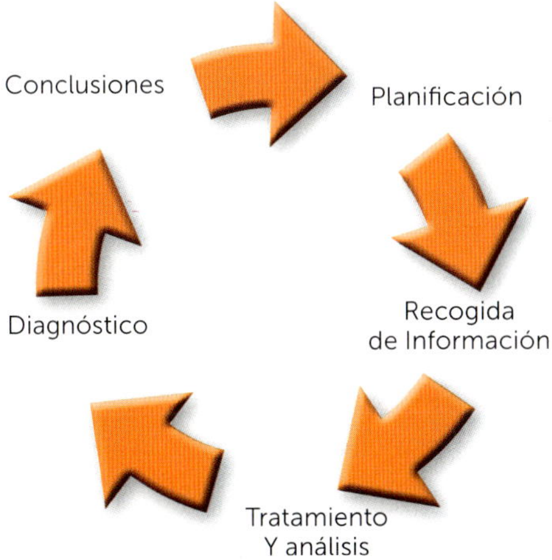

Figura 7.20. Sistemas de implantación de programas de clima laboral.

1.ª etapa: planificación

Antes de comenzar un estudio de clima laboral en una empresa, hay que identificar qué personas van a colaborar y hay que tener el visto bueno de la dirección. Una vez que se ha formado el grupo de trabajo, hay que obtener los siguientes datos:

- Número total de empleados.
- Año de constitución de la empresa.
- Antigüedad de los trabajadores.
- Centros de trabajo de la empresa: ubicación y número de empleados por centro.
- Categorías laborales o niveles jerárquicos.
- Departamentos existentes.
- Organigrama.
- Horarios de trabajo.

Figura 7.21. Fase de planificación.

Con esta información, habrá que segmentar los diferentes colectivos que compongan la empresa para poder comparar al final los datos de cada grupo diferenciado. Estos grupos se segmentarán siguiendo los siguientes criterios:

- Centro de trabajo.
- Nivel jerárquico o categoría profesional.
- Departamento al que pertenecen.
- Antigüedad.

A continuación, se procederá a la elaboración o selección de la encuesta o cuestionario, teniendo en cuenta que las dimensiones que este trate sean las que más interesen.

2.ª etapa: recogida de información

En primer lugar, hay que entregar a todos los trabajadores los cuestionarios de clima laboral, de manera que no se paralice la actividad de la organización.

Una vez que los empleados han cumplimentado los cuestionarios, los han devuelto y se han obtenido los resultados, se llevan a cabo entrevistas con cada empleado (o con una muestra representativa), analizando con ellos los datos más significativos, los problemas e intentando dar solución a los mismos.

Figura 7.22. Fase de tratamiento y análisis.

3.ª etapa: tratamiento y análisis

Cuando se ha recogido toda la información necesaria para extraer conclusiones sobre el clima laboral de la organización, se distinguirá entre un tratamiento de la información cuantitativa y de la información cualitativa.

El **tratamiento de la información cuantitativa** consiste en analizar los datos estadísticos de las respuestas de cada segmento, calculando la media aritmética de las puntuaciones globales y, también, las de cada segmento que se haya tenido en cuenta, pudiendo comparar los datos de cada colectivo.

Pregunta: ¿Cree que el hotel reconoce el esfuerzo personal de sus empleados?

a) Sí, siempre.
b) En bastantes ocasiones.
c) Regular.
d) En pocas ocasiones.
e) No, nunca.

	Cocina	Recepción	Sala	Pisos
Siempre	65 %	60 %	70 %	0 %
Bastante	30 %	20 %	20 %	10 %
Regular	5 %	15 %	5 %	15 %
Poco	0 %	5 %	5 %	20 %
Nunca	0 %	0 %	0 %	55 %
TOTAL	**100 %**	**100 %**	**100 %**	**100 %**

Figura 7.23. Ejemplo de tratamiento de datos cuantitativos en un hotel ante una pregunta de clima laboral.

El tratamiento de la **información cualitativa,** es decir, la compuesta por opiniones, tendencias y aspectos más subjetivos, se recoge durante las entrevistas, anotando la frecuencia de las respuestas del mismo segmento e intentando detectar las coincidencias o diferencias de opiniones.

- Se detecta en las camareras de pisos que se sienten poco motivadas.
- Las únicas que sienten que se valora su esfuerzo son la gobernanta y la subgobernanta.
- Las empleadas tienen poca motivación por su trabajo.

Figura 7.24. Ejemplo de tratamiento de datos cualitativos del departamento de pisos de la Figura 7.23.

4ª Etapa: diagnóstico

Una vez analizada e interpretada la información disponible, se elabora un **diagnóstico** del tipo de clima laboral que existe en la empresa, en general, y en los diferentes segmentos o colectivos que la forman.

5ª Etapa: conclusiones

Las **conclusiones** extraídas del estudio deben dar lugar a acciones concretas para el correcto desarrollo organizacional. Una vez identificados los problemas, es necesario actuar de forma apropiada y retroalimentar al personal sobre los resultados de la encuesta, realizando las acciones correctivas y de seguimiento específicas.

Figura 7.25. Encuestas de clima laboral.

Es importante que los cuestionarios sean anónimos para que los empleados se expresen libremente.

7.3.2. Encuestas de clima laboral

Las **encuestas** o **cuestionarios** son uno de los instrumentos más sencillos y económicos para medir y evaluar el clima laboral de la empresa, y por ello, son el medio más utilizado.

Las encuestas o cuestionarios pueden constar de dos tipos de pruebas diferentes:

- Los **cuestionarios estandarizados** integran un número variable de preguntas en bloques, como por ejemplo, la implicación, el apoyo, la organización, la cohesión, la autonomía, la cooperación, el sistema de recompensa y de retribución, la atención y el interés de los superiores, etc. Estos cuestionarios ya están elaborados, solo hay que aplicarlos y medir los resultados. El inconveniente es que puede que no se adapten a la realidad de la empresa determinada.

  Un ejemplo de este tipo de cuestionarios es el que elaboraron los autores **Litwin** y **Stringer,** que miden la percepción de los empleados en función de las siguientes dimensiones: sentimientos de apoyo y amistad, percepción de las obligaciones, remuneración, responsabilidad individual, riesgo y toma de decisiones y tolerancia al conflicto.

- Los **cuestionarios diseñados especialmente para cada empresa,** que contengan preguntas sobre temas considerados especialmente importantes o problemáticos por parte de la dirección, así como temas relativos a la evaluación de programas o políticas puestas en práctica en la organización.

  En estos casos y para que la encuesta tenga éxito, es esencial planificarla cuidadosamente, expresando por escrito los objetivos que se quieren alcanzar con la encuesta.

  Por otra parte, la encuesta debe tener publicidad previa a través de boletines internos y material publicitario impreso.

Recuerda que...

Muchas empresas en sus estudios del clima laboral, combinan el sistema de **cuestionario estandarizado** y el **cuestionario elaborado por la propia empresa,** para la obtención de una información más completa y objetiva.

Tipos de preguntas sobre el clima laboral
• ¿Pones todo tu esfuerzo en tus tareas?
• Cuando pides ayuda, ¿la encuentras?
• Siempre que haces algo bien, ¿se te felicita?
• ¿Son escuchadas las sugerencias que formulas?
• Las órdenes, ¿te son comunicadas con claridad?
• ¿Consideras que tu trabajo es rutinario?
• Las normas y los criterios a seguir, ¿son rígidos?
• Cuando haces algo mal, ¿se te reprocha?

Figura 7.26. Ejemplo de preguntas en una encuesta de clima laboral.

Figura 7.27. Trabajadores motivados en la empresa.

Actividad propuesta 7.7

Elabora una encuesta de clima laboral para un restaurante que cuenta con 10 empleados divididos en tres departamentos:

- Reservas / facturación.
- Sala.
- Cocina.

En este restaurante, el gerente ha detectado un problema de comunicación entre los departamentos de cocina y sala que, consecuentemente, afecta también a reservas/facturación. Quiere averiguar qué ocurre e intentar solucionarlo mediante el estudio del clima en la organización.

Recuerda que...

La motivación de los trabajadores en el sector de hostelería y turismo es esencial para crear un buen clima de trabajo y un ambiente agradable.

Sabías que...

En NH hoteles se tiene en cuenta y se valora la relación directa entre la calidad, la productividad y la satisfacción. De este modo, es inconcebible imaginar que si uno de sus empleados está desmotivado sea capaz de prestar un servicio de calidad acorde con los estándares de la compañía.

Enlaces web de interés

http://www.capitalhumano.es
http://www.equiposytalento.com
http://www.rrhh-web.com

Resumen

- La **motivación laboral** puede considerarse un proceso por medio del cual se activa, se mantiene y se dirige la conducta hacia el logro de ciertas metas que satisfacen necesidades del individuo y, a la vez, permite el logro de los objetivos de la empresa.
- Los tipos de motivación se pueden clasificar:
  - **Por su origen:** motivación intrínseca y extrínseca.
  - **Por su sentido:** motivación positiva y negativa.
- Las **teorías de la motivación** que más valor han adquirido son la teoría de Maslow, la teoría de Herzberg, la teoría de las expectativas de Vroom y la teoría del esfuerzo.
- Los principales **factores de motivación** que deben analizar las empresas son: los resultados, la participación, el conocimiento de los objetivos, la tarea, la retribución, las recompensas, el reconocimiento, la responsabilidad, el crecimiento y los castigos y sanciones.
- Para motivar, las empresas del sector de la restauración utilizan **estrategias** que hagan sentir a los empleados parte de la misma, ofreciendo variedad en las tareas a desempeñar, formación y agradeciéndoles los trabajos y esfuerzos realizados.
- La **desmotivación** es una situación en la que el trabajador no siente ilusión, ganas ni interés por el puesto de trabajo y, por tanto, disminuye su rendimiento en la empresa.
- Existen muchos **factores desmotivantes**, por ejemplo, las injusticias, la falta de reconocimiento o los sentimientos de fracaso, entre otros.
- La **desmotivación**, en ocasiones, puede provocar situaciones de **frustración.**
- El **clima laboral** es una situación que media entre los factores del sistema organizacional y las tendencias motivacionales de los trabajadores, que se manifiesta a través de comportamientos determinados en el puesto de trabajo.
- Las **fases de la implantación de programas de clima laboral** son: planificación, recogida de información, tratamiento y análisis, diagnóstico y conclusiones.
- Para evaluar el clima laboral en las empresas se utilizan **encuestas** o **cuestionarios**, tanto estandarizados como diseñados por la propia empresa y adaptados a sus circunstancias y características.

Actividades finales

De comprobación

7.1. La motivación que surge espontáneamente de las necesidades orgánicas de la curiosidad personal y del deseo de crecer se denomina:

a) Motivación extrínseca.
b) Motivación intrínseca.
c) Motivación negativa.
d) Motivación positiva.
e) Ninguna de las respuestas es correcta.

7.2. Se motiva a los empleados para:

a) Facilitar cambios en las tareas.
b) Reducir resistencias.
c) Reforzar comportamientos positivos.
d) Aumentar la autoestima.
e) Todas las respuestas son correctas.

7.3. Según la teoría de Maslow, y aplicándola al ámbito laboral, son necesidades fisiológicas:

a) Las condiciones de trabajo.
b) La antigüedad.
c) La formación de equipo.
d) Las normas de trabajo rígidas.
e) Todas las respuestas son correctas.

7.4. Cuando se ha recogido toda la información necesaria para diagnosticar el clima laboral:

a) El tratamiento de la información cualitativa se realiza mediante un análisis estadístico.
b) El tratamiento de la información cuantitativa se realiza mediante la entrevista con los empleados.
c) El tratamiento de la información cualitativa se realiza extrapolando datos numéricos.
d) El tratamiento de la información cuantitativa se realiza mediante un análisis estadístico.
e) Ninguna de las respuestas es correcta.

7.5. La teoría de la motivación que considera que el reconocimiento lleva a sentirse bien en el trabajo, pero la falta de reconocimiento no implica el reconocimiento negativo, se denomina:

a) Teoría de Maslow.
b) Teoría de Herzberg.
c) Teoría del esfuerzo.
d) Teoría de las expectativas.
e) Ninguna de las respuestas es correcta.

7.6. Son factores motivantes para los trabajadores:

a) La responsabilidad.
b) La participación.
c) La retribución.
d) Las tareas desempeñadas.
e) Todas las respuestas son correctas.

7.7. Cuando el trabajador piensa que nunca conseguirá sus objetivos y retrocede a tareas básicas que puede realizar fácilmente, está en un estado de:

a) Sustitución.
b) Negación.
c) Represión.
d) Regresión.
e) Pesimismo.

7.8. El clima laboral:

a) Influye en la conducta y en las actividades de los miembros de la organización.
b) No se percibe por los trabajadores.
c) Es una característica externa a la organización.
d) No sirve de base para describir la situación laboral.
e) Ninguna de las respuestas es correcta.

7.9. El instrumento más utilizado por las empresas para medir el clima laboral es:

a) La dinámica de grupos.
b) La ratio.
c) La observación directa.
d) La encuesta.
e) Ninguna de las respuestas es correcta.

7.10. Son factores desmotivantes:

a) El salario.
b) Las promociones.
c) Los exámenes de evaluación.
d) Las promesas no cumplidas.
e) Todas las respuestas son correctas.

7.11. Los cuestionarios que tienen en cuenta las características de la empresa y cuyas preguntas son de gran importancia e interés para la dirección, se denominan:

a) Cuestionarios de Litwin y Stringer.
b) Cuestionarios diseñados para una empresa.
c) Cuestionarios estandarizados.
d) Ninguna de las respuestas es correcta.

De aplicación

7.12. Cita las diferencias entre la motivación positiva y la negativa.

7.13. Relaciona la teoría de las expectativas de Vroom y la teoría del esfuerzo.

7.14. Reflexiona y comenta con tus compañeros si consideras el dinero como un factor de motivación en las empresas.

7.15. ¿Qué estrategias de motivación utilizarías si fueras el director de un hotel de tres estrellas, en el que los empleados del área de cocina están desmotivados porque siempre elaboran la misma oferta gastronómica y la consideran aburrida y rutinaria?

7.16. Define con tus palabras que es la desmotivación laboral y qué la provoca.

7.17. Señala las diferencias entre el tratamiento de la información cuantitativa y cualitativa.

7.18. ¿Qué es el clima laboral?

7.19. Investiga otras herramientas que utilicen las empresas para medir el clima laboral.

7.20. Relaciona las siguientes definiciones con su concepto:

a) Represión.	1. El trabajador piensa que todo lo hace mal.
b) Sustitución.	2. El trabajador piensa que nunca conseguirá los objetivos.
c) Imaginación.	3. El trabajador se queja de todo sin buscar solución.
d) Pesimismo.	4. El trabajador sustituye el objetivo por otro que considera alcanzable.
e) Negación.	5. El trabajador piensa situaciones irreales que le agradan.

7.21. **Debate en el aula**

- ¿Piensas que, utilizando estrategias de motivación, se puede fidelizar a los trabajadores?

De ampliación

7.22. **Caso práctico:**

El director de un hotel de cuatro estrellas, D. Alberto Sors, estaba desesperado, ya que esta temporada se habían ido del hotel tres jefes de cocina para ir a otro hotel de la misma localidad de playa.

Lo peor era que el último jefe de cocina se llevaba con él a su segundo, con lo que la sustitución era más que dificultosa.

D. Alberto comentaba diariamente con sus amigos que un hotel tan pequeño y tradicional, que además no pertenece a una cadena hotelera, no es atractivo para motivar y fidelizar a un personal escaso en el mercado, como es el gremio de los cocineros.

Por otra parte, pensaba que los grandes hoteles podían permitirse el lujo de pagar sueldos muy altos a los jefes de cocina, aunque al resto de personal de cocina le pagaran, incluso, menos de lo que pagaba él, pero en los grandes hoteles podían aprender, prosperar y conseguir con el tiempo ser chefs en esa misma cadena. Además, las cadenas jugaban con las dos temporadas, la de invierno en Canarias y la de verano en la Península, y cuando necesitan personal en una u otra, los desplazaban.

Un día, comentando este tema con sus amigos, uno le preguntó, con aire de que algo le habían contado del tema, sobre los horarios de trabajo de su personal, y D. Alberto, le explicó, volviéndose a comparar con las cadenas que, en los grandes hoteles se pueden permitir horarios de cuarenta horas semanales, librando dos días todas las semanas pero, en un hotel como el suyo, lo corriente es no librar en temporada alta y añadir las fiestas que se les deben en cuanto afloja el trabajo; en cuanto a lo de las cuarenta horas, eso es una utopía. En temporada alta hay que estar de la mañana a la noche, pero bueno, luego tienen unas buenas vacaciones, porque el hotel cierra desde enero hasta el 15 de marzo y en todo ese tiempo recuperan lo que se les debe.

D. Alberto está muy negativo porque piensa que cuando contrate a un nuevo jefe de cocina, le pasará lo mismo o le pedirá un aumento de sueldo para igualarse al resto de hoteles.

Datos del hotel:

- Hotel Villamar (****), situado en una población costera de la Comunidad Valenciana.
- 60 habitaciones (30 con vistas al mar).
- Situado en primera línea de playa.

- Inaugurado en 1965 por el padre de D. Alberto Sors, su actual propietario y director.
- Fuerte estacionalidad: ocupación muy alta de junio a septiembre, completo en julio y agosto.
- Clientela muy fiel: algunos clientes pasan todo el verano en el hotel desde hace años. En general, suelen ser matrimonios mayores, a veces acompañados de sus hijos y nietos.
- Régimen de media pensión o de pensión completa.
- Pequeña piscina, sala de juegos, jardín y piscina, terraza-bar, baile por las noches en el jardín con música disco. Un día a la semana viene un conjunto de tres músicos y vocalista, quienes hacen música bailable en vivo, especialmente de los años sesenta.
- Fuera de temporada, trabajo principalmente de fines de semana y, a veces, con algún grupo de agencia.
- Se sirven banquetes de bodas durante todo el año, con mayor incidencia en primavera y en sábados.
- Servicio de restauración: desayuno continental servido en mesa, menú diario con tres platos y postre. Existe una carta, pero apenas se sirve.

Ejemplo de menú:

DESAYUNO

Café, té, chocolate
Bollería variada
Tostadas
Mantequilla y mermelada
Yogures

ALMUERZO

Ensalada mixta
Gazpacho andaluz
Paella marinera
Entremeses

***

Canelones
Fritura de pescado
Escalopines al roquefort
Pollo asado

***

Flan de la casa
Helado
Fruta del tiempo

Preguntas para el estudio:

a) ¿Qué factores consideras desmotivantes para estos jefes de cocina?

b) ¿Qué estrategias utilizarías para motivar a los trabajadores de este hotel y, consecuentemente, fidelizarles?

c) Elabora una encuesta de clima laboral para este hotel.

8 Dirección, liderazgo y *coaching* en restauración

Contenidos

Objetivos

- Conocer todas las funciones de un director de equipos.
- Trabajar las leyes y los principios básicos de la dirección de equipos.
- Distinguir entre la dirección y el liderazgo.
- Estudiar las posibilidades de liderazgo empresarial.
- Distinguir las posibilidades de delegación de autoridad de la empresa.
- Conocer la nueva técnica de gestión de equipos: el *coaching*.

Introducción

El equipo humano es una de las herramientas fundamentales de cualquier empresa, especialmente en lo que a servicios se refiere. Dirigir ese equipo humano de forma adecuada y controlando los elementos que lo integran es clave para ser competitivos.

La labor del director consiste en planificar, organizar y controlar las actuaciones, pero un buen líder también sabrá tratar a sus trabajadores y pondrá en práctica las novedosas técnicas del *coaching* que ayudan a que todo el equipo se implique y se comprometa para alcanzar los objetivos de la organización.

8.1. Dirección de equipos

Toda empresa debe poseer una **dirección** que la gobierne, con visión de conjunto y capacidad de decisión sobre todos sus elementos.

Desde el punto de vista de los recursos humanos, la empresa no es solo una entidad económica; es también un ente social. El directivo tiene una **responsabilidad social**, que consiste en la motivación, la formación y la eficacia de los equipos humanos que maneja.

Así, Fayol definió al *manager* como «*la persona que intenta conseguir los objetivos que se le han marcado, con los recursos que se le asignan, procurando conseguir la felicidad de las personas a su cargo*».

De aquí se entiende que el director tiene doble responsabilidad: frente a la empresa y sus resultados económicos y frente a las personas que maneja y su realización profesional.

8.1.1. Funciones de la dirección de equipos

Entre las funciones que implica la dirección, se encuentran las siguientes:

- Establecimiento de planes y objetivos mediante la planificación.
- Organización, con métodos y procedimientos.
- Adecuada gestión, formación y motivación de los recursos humanos.
- Dirección de los equipos de trabajo, con capacidad de liderazgo.
- Creación de normas de actuación y conducta.
- Coordinación de actividades.
- Control.
- Análisis.

- Toma de decisiones.
- Gestión de las mejoras.

Dichas funciones se pueden resumir en tres grandes responsabilidades: planificación, liderazgo y control.

Figura 8.1. El director cuidará del bienestar del personal a su cargo.

Planificación

Cuanto mayor es el puesto del directivo en la organización, mayor es la función de **estrategia** y **planificación.** La planificación consiste en una actividad continua y recurrente de:

- Establecimiento de objetivos.
- Análisis de la situación empresarial.
- Posibles vías para el logro de los objetivos.
- Decisión de la opción a seguir.
- Implantación.
- Evaluación.
- Corrección, si es necesario.

¿Sabías que...

Según ascendemos en la jerarquía:

- Aumentan las funciones de planificación y estrategia.
- El liderazgo se mantiene constante.
- El control disminuye.

Control

Con los sistemas actuales de organización de los recursos humanos y la delegación de autoridad, cuanto más se asciende en la organización, más disminuye el control.

Es suficiente con controlar a los subordinados a los que hemos delegado la responsabilidad de determinadas acciones en la empresa.

En los niveles más bajos, hay mayor grado de control humano y administrativo. No obstante, es esencial la evaluación continua de los resultados y el control de las desviaciones entre lo planificado y lo obtenido.

El director debe ir controlando todo el proceso, animando al equipo con el éxito ya alcanzado y corrigiendo las pequeñas desviaciones sobre la marcha.

Liderazgo

Para que un director sea eficaz, debe ejercer correctamente el **liderazgo**, que consiste en conseguir que los empleados te sigan hacia lo planificado, motivándoles e implicándoles en los objetivos a lograr.

Un empleado implicado está convencido de que si cumple las instrucciones del líder, conseguirá, tanto los objetivos de la empresa como los objetivos propios, logrando su realización profesional y su satisfacción.

El liderazgo, o la capacidad de manejar personas, es constante en todos los niveles de la dirección.

8.1.2. Principios básicos de la dirección de equipos

Cualquier director debe basarse en varios **principios** para dirigir su empresa con eficacia y alcanzar sus objetivos. Los más importantes fueron establecidos por Fayol y por Koontz y O´Donnell. A continuación, tenemos una recopilación de los principios esenciales en la Tabla 8.1.

Tabla 8.1. Principios básicos de la dirección de equipos

Principio	Explicación
Principio de la autoridad-responsabilidad.	Los jefes tienen que dar órdenes para que se hagan las cosas.
Unidad de mando.	Se debe establecer una cadena de mando clara y unitaria. Cada subordinado solo depende de un jefe, que le da instrucciones y al que rinde cuentas.
Respeto de la cadena de mando.	Los eslabones de la cadena de mando deben respetarse en las dos direcciones, sin saltar ni puentear ninguno de ellos. Así se evitan los fallos de autoridad.
Responsabilidad del mando.	El mando es responsable ante sus competencias. Aunque haya delegado la autoridad sobre un elemento determinado, conserva la responsabilidad.
Unidad de dirección.	Las operaciones que tienen un mismo objetivo deben ser dirigidas por un solo gerente que use un solo plan.
Disciplina.	Los miembros de una organización tienen que respetar las reglas y convenios que gobiernan la empresa. Este será el resultado de un buen liderazgo, acuerdos equitativos y sanciones para las infracciones, aplicadas con justicia.

(Continuación)

Tabla 8.1. Principios básicos de la dirección de equipos

Principio	Explicación
Principio de la centralización-descentralización.	Fayol creía que los gerentes deben conservar la responsabilidad final, pero también necesitan dar a su subordinado autoridad suficiente para que pueda realizar adecuadamente su oficio.
Principio de la equidad.	Los administradores deben ser equitativos con sus subordinados.
Principio de la iniciativa.	Deben darse a los subordinados libertades para concebir y llevar a cabo sus planes, aun cuando, a veces, se comentan errores.
Principio de dirigir el objetivo.	Los administradores deben armonizar las metas personales de los individuos con las metas de la empresa para lograr la eficacia.
Principio de armonía del objetivo.	Los objetivos de la empresa solo podrán alcanzarse si los subordinados se implican, y si sus objetivos individuales y los intereses personales son satisfechos al conseguir las metas. Los objetivos de todos los departamentos y las secciones deberán relacionarse armoniosamente para lograr el objetivo general.

8.1.3. Leyes básicas de la dirección de equipos

La dirección de equipos está basada en seis leyes principales, agrupadas según sean de interacción física o humana. Es importante tenerlas en cuenta para lograr una gestión eficaz.

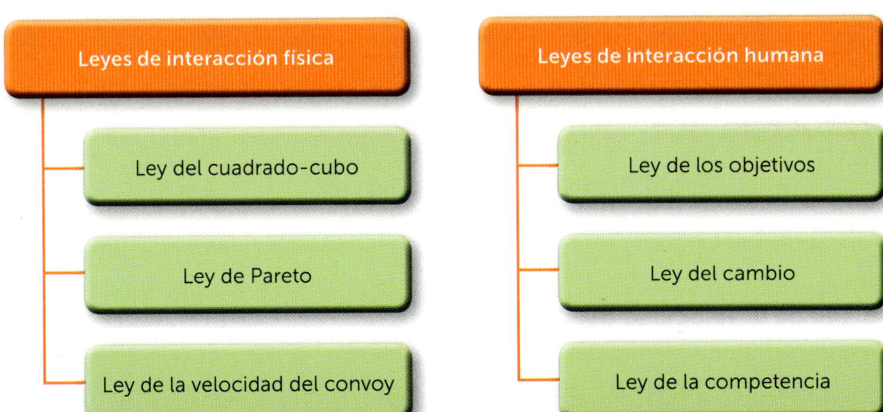

Figura 8.2. Agrupación de las leyes de dirección de equipos.

Leyes de interacción física

Las leyes basadas en la física que hay que tener en cuenta en la dirección de equipos son tres:

- Ley del cuadrado-cubo.
- Ley de Pareto.
- Ley de la velocidad del convoy.

¿Sabías que...

Ante una crisis de crecimiento, la organización intensifica el trabajo hacia el interior, con lo que busca solucionar todos los problemas surgidos.

Cuando se dedica más del 60 % del trabajo para sí misma y no para los clientes, la situación es de incompetencia.

Ley del cuadrado-cubo

Cuando una empresa supera su tamaño ideal, se produce un aumento aritmético en las ventajas y un aumento en progresión geométrica en las desventajas: costes, problemas de comunicación, desmotivación, desconexión interna, etcétera.

En esta situación de crisis de crecimiento, la empresa dedica más esfuerzos a la solución de sus problemas que a trabajar para sus clientes.

La única solución ante la crisis obliga a realizar un cambio de estructura.

Ley de Pareto

Determina que un mínimo de causas produce la mayor parte de los efectos.

En cualquier economía mundial, el 20 % de sus habitantes concentra el 80 % de la riqueza. En cualquier organización:

- El 20 % de los clientes responde por el 80 % de los negocios, es decir, una minoría de clientes representa la mayoría de las ventas.
- El 20 % de los componentes de un producto o de un equipo representa el 80 % de los costes.
- El 20 % de productos representa el 80 % de los beneficios obtenidos.
- El 20 % de nuestro tiempo al día es el que produce el 80 % del trabajo.

Recuerda que...

Aplicado a la dirección de equipos, la ley de Pareto informa de que el 20 % del personal tomará el 80 % de las decisiones.

Ley de la velocidad del convoy

En un sistema compuesto por varios subsistemas entrelazados y dependientes, la capacidad de trabajo máxima será la del último o menos eficiente de sus componentes.

La consecuencia que esto supone para la dirección de equipos es que la capacidad máxima de trabajo en nuestra organización está limitada por el peor de nuestros departamentos.

Por ejemplo, en un hotel con gran capacidad de alojamiento y calidad en el servicio, una mala gestión del departamento comercial, que no sea capaz de lograr acuerdos con las agencias de viajes, limitará nuestras ventas.

Leyes de interacción humana

Las leyes basadas en el comportamiento humano que hay que tener en cuenta en la dirección de equipos son tres:

- Ley de los objetivos.
- Ley del cambio.
- Ley de la competencia.

A continuación vamos a desarrollar en qué consiste cada una:

Ley de los objetivos

> En una organización, solo los buenos *managers* son capaces de anteponer los objetivos generales de la organización a los suyos particulares.

Atendiendo a la psicología humana, cuando en la organización entran en conflicto los objetivos particulares de sus miembros con los objetivos de la empresa, las personas se centran en conseguir los objetivos individuales por encima de los de la organización.

Los estudios antropológicos y psicológicos sostienen que los objetivos básicos de la especie humana son la seguridad y el poder. Aplicados a la empresa, estos objetivos significan estabilidad laboral, salario y ascenso en el organigrama. Si queremos que los *managers* antepongan los objetivos de la organización, deberemos vincularlos a los objetivos personales. De este modo, el conflicto desaparece porque al alcanzar los objetivos de la organización recibe como recompensa sus objetivos personales.

Ley del cambio

> Cuando en una organización introducimos un cambio para pasar de una situación a otra más eficiente, la evolución no es lineal: al principio se presenta un fenómeno de crisis y disminución de los resultados, para después comenzar la recuperación y aproximarse finalmente a los resultados esperados.

Para llegar a la situación final deseada, es necesario superar la fase de crisis mencionada.

Generalmente los miembros de la organización se resisten a los cambios, y opinan que lo anterior funcionaba mejor que lo actual. Para superar la crisis el *manager* debe tomar medidas basadas en la información detallada y en la motivación a cada uno de nuestros trabajadores de forma proporcional a su responsabilidad en la empresa.

Sabías que...

- Si no reaccionas al cambio, mueres.
- Si reaccionas al cambio, sobrevives.
- Si anticipas el cambio, llevarás ventaja competitiva.
- Si provocas el cambio, serás líder.

Ley de la competencia o ley de la selección de las empresas

Solo la competencia del mercado puede forzar los cambios necesarios para que las empresas se mantengan competitivas, y solo las empresas capaces de afrontar los cambios que exige el mercado podrán sobrevivir.

La ley de la competencia se corresponde con la ley de la selección natural de las especies. Así, observamos cómo las empresas que operan en un sistema de monopolio son más ineficientes en la gestión, pero tienen mayor sensación de seguridad. En cambio, cuando una empresa opera en un sistema de competencia perfecta, la presión del mercado le obliga a buscar la eficiencia y la competitividad.

Figura 8.3. Las empresas pueden actuar en varios tipos de mercado.

Actividad propuesta 8.1

Nuestro salón de banquetes tiene capacidad para dos bodas diarias, una al mediodía y otra por la noche. Como el negocio funciona bien, hemos decidido utilizar los exteriores para poder ofrecer tres bodas diarias en la temporada de primavera-verano.

Tras tomar esta decisión y vender varios banquetes, la empresa ha descubierto que la decisión no es tan rentable. Una boda diaria más implica:

- Alquiler de material, porque con el actual no tenemos suficiente: carpa, mesas, mantelería, cristalería, cubertería, etc., gasto que no teníamos anteriormente.
- Contratación de nuevo personal extra: personal nuevo al que no conocemos y sobre el que no tenemos seguridad.
- Mayor carga de trabajo de nuestro personal habitual: que, además de su trabajo, tienen que formar y supervisar al nuevo personal.
- Sobrecarga de trabajo en la cocina, que tiene que funcionar con el mismo espacio, organizando los tiempos y los procesos.

¿Cuál es la ley de la dirección de equipos que se está reflejando en este supuesto? ¿Qué solución debe tomar la empresa?

Actividad propuesta 8.2

D. Manuel Segura es el encargado de un restaurante de una conocida cadena líder en la satisfacción del cliente y el trato personalizado. Por este motivo, las ventas están aseguradas en todos sus restaurantes.

D. Manuel es ambicioso y pretende mejorar pronto su situación. Sabe que los resultados económicos hablarán bien de él en la empresa y decide métodos propios para mejorar la rentabilidad: para incrementar el número de servicios por mesa, se aceleran las comidas de los clientes, disminuyendo la atención. La calidad del servicio disminuye, pero los números suben.

D. Manuel logra su objetivo y es ascendido, pero poco después, los clientes empiezan a desaparecer, hay muchas críticas sobre su atención al cliente y el nuevo encargado tendrá que remontar la mala fama.

¿Cuál es la ley de la dirección de equipos que se está reflejando en este supuesto? ¿Qué consecuencias ha tenido para la empresa? ¿En qué ha fallado la empresa?

Actividad propuesta 8.3

El asador «Chivis» ha decidido informatizar su sistema de comandas. A partir de ahora, los camareros tomarán nota a los clientes con una PDA que tiene grabada toda nuestra oferta y la numeración de las mesas, y la petición se reflejará en una pantalla en la cocina.

La pretensión es ahorrar tiempo de desplazamiento a las comandas y evitar confusiones.

El primer mes resulta caótico. Camareros que pulsan mal y piden algo distinto, mesas que se reajustan y no se refleja en el sistema, peticiones especiales que no se transmiten, etc. Pero tras un mes de reajuste continuo, todo comienza a funcionar, y la sala y la cocina comienzan a percibir los beneficios del sistema.

¿Cuál es la ley de la dirección de equipos que se está reflejando en este supuesto? ¿Qué consecuencias ha tenido para la empresa?

Actividad propuesta 8.4

El hotel «Sol Maritim» lleva 25 años funcionando en la Costa del Sol. Durante este tiempo, se ha visto obligado a actualizar continuamente sus instalaciones: la competencia es muy fuerte y si se quiere mantener la clientela, hay que estar a la altura. Esta última temporada, ha invertido en un *spa*, porque todos los hoteles de alrededor lo tenían y la clientela lo reclamaba. Costará recuperar la inversión, pero las críticas son buenas y los clientes están contentos.

¿Cuál es la ley de la dirección de equipos que se está reflejando en este supuesto? ¿Qué consecuencias ha tenido para la empresa?

8.2. Liderazgo

En la dirección de la empresa, el término **liderazgo** aparece como un componente clave. Un buen director o *manager* debe destacar por su capacidad de innovación, motivación y liderazgo, dentro de su visión estratégica.

El **liderazgo** es la capacidad de influir a las personas para que, por convencimiento, se esfuercen en cumplir las instrucciones para alcanzar los objetivos marcados.

Un líder es capaz de motivar a su equipo basándose en: el poder, la capacidad de comprensión de las personas, la creación de un buen ambiente de trabajo, además de por ser fuente de inspiración y de facilitar la consecución de los objetivos. Un equipo motivado aceptará el liderazgo.

Sabías que...

Las personas que ocupan puestos de responsabilidad tienen poder para mandar, pero no todos los mandos son líderes, ni todos los líderes ocupan puestos de responsabilidad en la jerarquía de nuestra organización.

8.2.1. Perfil del líder

Un director en la organización debe cumplir una condición muy importante: ser líder.

Un líder es una persona con unas **características personales** y un **carisma** que le permiten dirigir un equipo. Destaca por su capacidad de percepción social y poder de convicción.

Un director líder transmite un mensaje claro y conciso, que todos pueden entender. En su organización, cada puesto conoce cuáles son los objetivos, su responsabilidad y el protagonismo en la consecución de los mismos. Así, el líder consigue que todo el equipo se sienta involucrado, identificado y comprometido con el proyecto empresarial.

Junto a la habilidad comunicativa, la personalidad del líder se completará con responsabilidad, ejemplaridad y cordialidad.

Actividad propuesta 8.5

Debate en el aula

Todos los jefes tienen autoridad, pero ¿todos los jefes son líderes?

Rasgos del liderazgo

Una persona con capacidad de liderazgo posee una serie de requisitos intelectuales, físicos, psicológicos, de personalidad, sociales y relacionados con el trabajo que le definen. Estos requisitos son los siguientes:

Tabla 8.2. Rasgos que definen al líder

Físicos	• Apariencia. • Estatura. • Energía.
Psicológicos	• Inteligencia. • Habilidad. • Percepción social: sensibilidad para darse cuenta del estado de ánimo y del clima general del equipo.
De personalidad	• Confianza en sí mismo. • Prestigio. • Poder de convicción. • Capacidad de hacerse cargo y controlar todas las situaciones.
Sociales	• Cooperación. • Sentimiento como parte del equipo que colabora con el trabajo de los demás. • Sociabilidad: está orientado hacia las personas, trabajadores y clientes y es extrovertido. • Actitud positiva hacia la gente y los resultados obtenidos. • Paciencia, tolerancia y comprensión. • Capacidad para mostrar las emociones y compartir los sentimientos.
Relacionados con el trabajo	• Persistencia. • Buena disposición para identificar y analizar los problemas. • Preocupación por obtener resultados oportunos y reaccionar con rapidez. • Competitividad: se preocupa por la precisión, los detalles y la exactitud. • Interesado en cumplir con las normas y alcanzar una alta calidad en el trabajo.

8.2.2. Funciones del líder

Un buen líder debe tener fuertes habilidades en establecimiento de metas, delegación, comunicación, control y motivación. Para que su equipo funcione adecuadamente, el líder debe realizar las siguientes **funciones:**

- Conocer a cada uno de los miembros de su equipo:
  - Fortalezas y debilidades.
  - Capacidades y talentos que pueden aportar a la consecución de los objetivos.
  - Gustos, necesidades y motivaciones personales.
- Determinar metas y objetivos:
  - Establecer objetivos individuales y grupales de forma acorde. Así, a la vez que se alcanza el objetivo del grupo, también se está satisfaciendo una necesidad individual.
  - Asegurarse que las metas estén acordes a los valores del equipo y de la organización.
- Planificar tareas y funciones y seleccionar a los responsables adecuados para realizarlas.
- Crear sinergia, de manera que los resultados que alcanza el equipo como tal, son mayores que los resultados que podrían alcanzar como individualidades.
- Inspirar la creatividad y lograr el compromiso y la colaboración de los miembros.
- Delegar: los miembros del equipo serán preparados por el líder para detectar, analizar y corregir los problemas de menor envergadura y rutinarios. Permitir y potenciar a los demás a pensar por sí mismos mejora la efectividad y permite el desarrollo de las personas.
- Evaluar y corregir con rapidez y precisión, aceptando los errores como oportunidades de crecimiento.
- Representar al equipo dentro y fuera de la organización. El líder es la cara visible del equipo y el responsable de transmitir sus inquietudes e intereses ante los demás.
- Motivar a sus subordinados y promover su desarrollo constante. El líder buscará aquello que motiva a su grupo y lo promoverá.

Actividad propuesta 8.6

Razona cómo las funciones del líder complementan las funciones de un directivo.

8.2.3. Estilos de liderazgo

Cuando un líder actúa ante sus subordinados, puede adoptar uno de estos tres estilos básicos: el líder autócrata, el líder participativo y el líder de rienda suelta.

Líder autócrata

Un líder autócrata es aquel que:

- Centraliza su autoridad, asumiendo toda la responsabilidad de la toma de decisiones.
- Establece todo: inicia las acciones, marca objetivos, procedimientos.

Recuerda que...

Cada tipo de empresa tiene que encontrar su estilo de liderazgo, según sus características.

En pocas ocasiones se ejerce un estilo de liderazgo puro. Dependiendo del tipo de decisión, el director decide si comportarse de forma autócrata, democrática o liberal.

- Toma las decisiones de un modo unilateral y limita la participación de los subordinados.
- Es dogmático y espera obediencia. Ordena y espera que le obedezcan.
- Considera que solamente él es competente y capaz de tomar decisiones importantes. De los subalternos solo busca obediencia y adhesión a sus decisiones.
- Controla al subalterno en el cumplimiento de sus directrices, en el desarrollo del trabajo, y corrige cualquier desviación.
- Su poder resulta de su capacidad de otorgar recompensas o castigos.

Líder participativo o democrático

Un líder participativo también ejerce su derecho a tomar decisiones, y también establece directrices muy concretas a sus subordinados, pero cuenta con ellos para practicar el liderazgo.

- Involucra a sus subordinados en la toma de decisiones.
- Tiene en cuenta sus ideas y opiniones sobre aquellas decisiones que les incumben, aceptando sus contribuciones, siempre que sea posible y práctico.
- Promueve la participación en la toma de decisiones de sus subalternos para que sus ideas sean cada vez más útiles y maduras.
- Motiva a sus subordinados a incrementar su capacidad de autocontrol y los insta a asumir más responsabilidades para guiar sus propios esfuerzos.
- Apoya a sus subalternos y no asume una postura de dictador.
- No obstante, la autoridad final en asuntos de importancia sigue en sus manos.

Líder que adopta el sistema de rienda suelta o líder liberal

Este estilo de liderazgo delega la autoridad para tomar decisiones en los subordinados.

El líder plantea el trabajo a los subordinados y les concede autoridad para decidir cómo desarrollarlo. Da libertad absoluta de actuación para los miembros del grupo, les provee de medios y de información y espera que asuman la responsabilidad por su propia motivación, guía y control.

Para que este sistema funcione, los subordinados deben tener un alto grado de cualificación, madurez y experiencia.

Actividad propuesta 8.7

Relaciona cada expresión con un estilo de liderazgo y razona la respuesta.

- Líder n.° 1: *«Aquí está el trabajo que van a hacer. Háganlo como quieran con tal de que salga bien. Solamente espero que se me informe cuando tengan problemas complicados».*
- Líder n.° 2: *«Estoy seguro que entenderán que la responsabilidad final de tomar una decisión es mía, pero me pueden ayudar dándome sus ideas y diciéndome lo que piensan. Les dejaré ayudar en la implantación de la decisión, una vez que esta haya sido tomada».*
- Líder n.° 3: *«Oigan, yo soy el jefe aquí. Yo también tomaré las decisiones, y yo les diré lo que quiero que hagan. Será mejor que cumplan con su trabajo porque estaré observando cada movimiento».*

8.3. Delegación de autoridad: concepto, técnicas y herramientas

La **delegación de autoridad** es el acto por el que los puestos de mayor jerarquía de una organización ceden parte de sus funciones de mando a puestos inferiores. Estos puestos ejercerán dichas funciones y responden ante los primeros.

Se trata de una modalidad de ejercicio del poder descentralizada, cuyo objetivo es que el poder se aplique desde diferentes puntos. Es muy característica de los

Sabías que...

Cada empresa debe lograr el equilibrio en su nivel de centralización o descentralización.

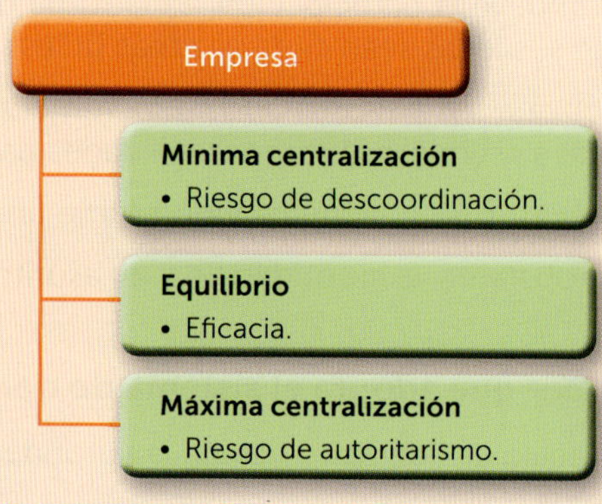

estilos de dirección democráticos.

La delegación es una parte vital del papel de un directivo. No es un proceso sencillo; requiere paciencia, valentía y planificación.

Que una tarea sea delegada no significa que exima de su responsabilidad a quien delega. Este último será quien deba responder ante instancias superiores, aunque el delegado sea responsable ante él.

Las tareas a delegar deben seleccionarse con cuidado y hay que elegir adecuadamente en quién se delega. Se deben delegar las tareas que nuestros subordinados están capacitados para realizar, y que a nosotros nos consumirían mucho tiempo innecesario. No se deben delegar aquellas tareas que, por ser cruciales, puedan dar lugar al fracaso, o que estén relacionadas con cuestiones confidenciales.

Una empresa implanta el sistema de delegación de autoridad por varios motivos posibles, entre los que destacan los que vamos a exponer a continuación.

Estilo de dirección democrático

Los puestos de mayor autoridad en la empresa tienen una actitud democrática y participativa, confían en el talento y en las capacidades de su equipo y están dispuestos a ofrecerles una oportunidad.

Delegan parte de su autoridad y dejan que su equipo actúe con cierta libertad, porque creen firmemente que esto provocará mejoras e innovaciones en toda la organización.

Crecimiento de la empresa

Cuando una empresa llega a dimensiones importantes, se hace necesario organizarla por departamentos que se encarguen de diferentes tareas dentro de la actividad diaria.

Estos departamentos necesitan tener un grado de autoridad adecuado, que les permita tomar decisiones operativas sobre sus competencias.

Si para cualquier decisión todos los departamentos tienen que consultar a los niveles superiores de la empresa, se creará el efecto «cuello de botella». Muchas decisiones a tomar por una sola persona que se sobrecarga de trabajo, ralentiza la toma de decisiones y reduce nuestra rapidez de respuesta y nuestra efectividad.

Para evitar este problema, los niveles superiores de la empresa cederán parte de su autoridad a los puestos que dirigen los departamentos, que actuarán con libertad dentro de las funciones que les competen.

Dificultades para ejercer el mando centralizado

Algunas empresas tienen núcleos de actividad muy dispersos geográficamente: sucursales o delegaciones en diversas regiones, comunidades autónomas, etcétera.

Estas situaciones exigen una estructura descentralizada, con autonomía funcional, ya que un mando, coordinación y control demasiado centralizado resulta difícil de llevar a cabo.

Cada sede territorial seguirá las directrices marcadas por las jerarquías más altas de la sede central de la empresa, pero tendrán delegada la autoridad para tomar decisiones y dirigir su actividad sin depender de ella.

Políticas de motivación del personal

Todos los miembros de un equipo de trabajo se motivan cuando sienten que sus superiores creen en sus posibilidades y potencian que desarrollen sus capacidades.

Con la delegación estamos otorgando responsabilidad en el trabajo y participación en las decisiones. Ejerciendo la delegación de forma controlada y equilibrada, lograremos un equipo de trabajo motivado y comprometido con la empresa.

8.3.1. Técnicas y herramientas para la delegación de autoridad eficaz

La delegación no siempre es fácil. Hay que ser cuidadosos y aplicar una serie de técnicas que facilitarán los buenos resultados en la delegación:

a) Definir con claridad las tareas y funciones asignados a cada persona que recibe autoridad delegada.

   Esta técnica evitará confusiones sobre la responsabilidad, delegada o no. Así, tanto los éxitos como los fracasos estarán definidos claramente, y nadie en la empresa caerá en la tentación de actuar según su conveniencia en cada momento.

   A la hora de informar de la tarea a delegar se establecerán de forma clara:

   - Meta y objetivos.
   - Criterios por los que se va a medir el rendimiento.
   - Mecanismos de seguimiento.
   - Aclaración de las dudas que puedan surgir.

¿Sabías que...?

Los errores más comunes en el proceso de delegación de autoridad son:

- **Abdicar:** eludir las responsabilidades con la excusa de que hemos delegado funciones.
- **Desconfiar:** jefes que, pese a delegar, quieren tener todo controlado e intervienen constantemente en las actuaciones de sus subordinados, anulando su autoridad.
- **Atribución de éxitos ajenos:** jefes que, cuando los subordinados a los que han delegado la autoridad tienen éxito en sus actuaciones, se atribuyen todo el mérito y eclipsan a sus subordinados.

b) Además, se fijarán objetivos claros y precisos. Cada trabajador o trabajadora al que se le ha delegado autoridad debe tener claro:

- Qué se espera de su gestión.
- Cuáles son sus resultados esperados.
- Cuál es la programación prevista.
- Cuáles son sus responsabilidades.

Figura 8.4. Cada organización ha de encontrar su equilibrio en la descentralización del poder.

c) Asimismo, se concederán los medios adecuados para poder ejercer la autoridad recibida. Cuando se cede a un miembro del equipo autoridad y responsabilidad ante unos objetivos concretos, es necesario concederle equilibradamente poder y medios para ejecutar dicha autoridad. En caso contrario, la delegación no tendrá resultados positivos y supondrá una actividad desmotivadora para la persona responsable.

d) Hay que establecer criterios de control adecuados. La persona a la que se delega autoridad sobre un aspecto determinado tiene que responder ante sus superiores. Es responsable de su actuación y de los resultados obtenidos.

El nivel jerárquico que ha delegado la autoridad tiene que tener los medios adecuados para evaluar dichos resultados.

e) Por último, se ha de implantar una política de incentivos y sanciones que apoye y refuerce la actuación de aquellos que ejercen la autoridad delegada. Los resultados obtenidos por los responsables de cada actividad tendrán consecuencias en su vida profesional de forma positiva o negativa. Así, se incentiva el esfuerzo y el trabajo diario de aquellos a los que se les ha delegado la autoridad.

Actividad resuelta 8.1

¿Por qué las empresas tienen que buscar el equilibrio entre la centralización-descentralización?

SOLUCIÓN

Una empresa tiene que encontrar su propio equilibrio entre la centralización o la descentralización de la autoridad porque:

- Cuando la centralización es muy alta, la dirección puede resultar demasiado autoritaria, con los riesgos que conlleva no tener en cuenta las aportaciones de nuestros subordinados.
- Cuando el número de empleados aumenta y todas las decisiones dependen de una sola persona, se crea el efecto «cuello de botella», un embudo que ralentiza la capacidad de reacción y la operatividad de la organización.
- Cuando la centralización es muy baja, corremos el riesgo de descoordinación, es decir, que cada uno haga lo que quiera sin dar explicaciones por ello, ni tener en cuenta a los demás.

(Continuación)

- Cuando delegamos equilibradamente, las personas receptoras de la autoridad pueden tomar decisiones sobre sus competencias, descargando a la función directiva superior y aumentando la capacidad de reacción y la operatividad.

En consecuencia, lo ideal es encontrar un punto de equilibrio donde las jerarquías más altas controlen lo que ocurre en la empresa, pero delegando parte de la autoridad a jefes inferiores, sin que suponga un riesgo para la organización.

Actividad propuesta 8.8

El asador «Chivis» es un pequeño restaurante que cuenta con diez trabajadores entre la sala, la cocina y la gestión. El dueño ejerce la dirección de forma muy centralizada. Es un experto en su especialidad y supervisa todos los procesos, tomando las decisiones cuando surge cualquier situación. El jefe de cocina y el jefe de sala deben consultarle cualquier eventualidad antes de reaccionar pero, dado el tamaño de la empresa, no supone un problema. Además, todos lo respetan por su gran conocimiento y capacidad de liderazgo.

En cambio, en el hotel de al lado, la situación es diferente. El tamaño de la empresa y todas las áreas a tratar obligan a que cada departamento tenga cierta autonomía. El jefe de cocina del restaurante-*buffet* diseña los menús semanales, el jefe de banquetes contrata los servicios necesarios, etc. Eso sí, siempre tendrán que rendir cuentas de sus resultados a su superior, el director de alimentación y bebidas.

¿Qué sistema de gestión de la autoridad está usando cada una de las empresas? ¿Cuál de los dos sistemas de centralización/descentralización de autoridad es mejor? Razona tu respuesta.

8.4. *Coaching*

Hoy en día, la gerencia de las personas ha evolucionado. Ya no solo se trata de supervisar, sino que se deben lograr los más altos niveles de productividad, consiguiendo el compromiso de los empleados mediante la motivación, la igualdad, la justicia y la orientación hacia las metas. Nos preocupamos por el bienestar de los empleados y por su realización profesional y personal.

Aparece una nueva función para los niveles jerárquicos más altos de la empresa: el *coaching*.

El ***coach*** es aquel líder capaz de mantener a todos los miembros de su equipo inspirados, motivados y trabajando juntos para el logro de los objetivos de su organización. Se preocupa por planear el crecimiento personal y profesional de cada una de las personas del equipo y del suyo propio.

Para los *coaches*, lo que importa es la gente, porque son ellos quienes producen los resultados. Todos los miembros de su equipo tienen talentos y habilidades;

solo hace falta combinarlos todos adecuadamente para lograr los resultados esperados.

El *coach* ayuda al equipo a definir sus metas, su plan de acción, y lo acompaña en su desarrollo. Hace tomar conciencia de los puntos fuertes y débiles que tienen. Después, les apoya en su propia toma de responsabilidades, convirtiéndoles en un equipo más fuerte, competitivo y satisfecho de sus propios logros.

Figura 8.5. El *coach* es capaz de maximizar la implicación y las capacidades de cualquier trabajador.

El *coaching* se aplica en empresas y organizaciones de todo tipo. Las ventajas que aporta a la empresa son:

- Ofrece mayor claridad en los objetivos.
- Dirige a los miembros del equipo hacia la consecución de mejores resultados.
- Acentúa los valores y los compromisos del ser humano.
- Impulsa la potencialidad de las personas, permitiéndoles alcanzar objetivos que antes no se habrían planteado.
- Estimula las relaciones y mejora la comunicación.
- Provoca cambios de comportamiento que ayudan a la mejora del desempeño personal y profesional.

Sabías que...

Un *coach* sabe:

- Cómo motivar a los demás para que tengan éxito en su desempeño laboral.
- Cómo mantener el esfuerzo para el logro de los objetivos.
- Cómo creer en sí mismo y cómo sobreponerse a los fracasos.

- Predispone a las personas para la colaboración, el trabajo en equipo y el consenso.
- Unifica la cultura empresarial: alinea los criterios y sincroniza los valores de la empresa con los de los individuos.
- Facilita la adaptación a los cambios de manera eficiente y eficaz.

Los *coaches* poseen creencias muy firmes sobre:

- La **competencia humana:** los *coaches* creen que los trabajadores desean ser competentes y, con la ayuda necesaria, harán lo posible para serlo más aún. Por tanto, se les debe dar la oportunidad para demostrar su competencia de forma continua.
- El **desempeño superior:** los *coaches* creen que se logra con el compromiso de los individuos y los equipos para trabajar lo mejor que les permiten sus habili-

dades. Este compromiso es posible cuando las personas comprenden lo que están haciendo y su importancia, tienen las competencias para desempeñar los trabajos y tareas que se esperan de ellos, y tienen la oportunidad de mejorar cuando cometen errores y se sienten retadas por su trabajo y apreciadas por lo que hacen.

- Valores sobre la **importancia del *coaching*:** perciben el *coaching* como un grupo de competencias que pueden ser aprendidas y aplicadas, al igual que cualquier otro tipo de habilidades requeridas para la gerencia, supervisión y liderazgo.

8.4.1. Cualidades, características y funciones del *coach*

Los rasgos que caracterizan a un buen *coach* se agrupan en una serie de cualidades, características y funciones que se desarrollan en la Tabla 8.3:

Tabla 8.3. Cualidades, características y funciones del *coach*

Cualidades del *coach*
• Capacidad de servicio. • Perspicacia y capacidad de análisis. • Altas dosis de competencia emocional. • Integridad y fuertes convicciones éticas. • Paciencia. • Imparcialidad. • Respaldo a sus *coaches*. • Interés por cumplir su labor. • Buen receptor en la escucha. • Perceptivo, consciente, objetivo y responsable. • Con capacidad de expresión: sabe transmitir y comunicar sus ideas con claridad y se asegura de haber sido entendido. • Abierto al diálogo. • Genera confianza y credibilidad. • Cuenta con los conocimientos, las habilidades y la experiencia para realizar su tarea con eficiencia y efectividad. • Claridad en su comunicación. • Respeto hacia los individuos que guía. • Apoyo a su equipo, aportando la ayuda que necesitan: información, materiales, consejos o, simplemente, comprensión. • Construcción de confianza: confía en el resto de las personas, apreciando las potencialidades que todo individuo atesora en su interior.

(Continuación)

Tabla 8.3. Cualidades, características y funciones del *coach*

Características del *coach*
• Hace saber a su equipo que cree en ellos y en lo que hacen, reconociendo los éxitos e impulsando a la excelencia. • Mutualidad: comparte con su equipo una visión de las metas comunes. • Perspectiva: intenta comprender el punto de vista de los subordinados e involucrarse con ellos. Así, no supone lo que piensan y sienten sus subordinados, lo sabe. • Riesgo: los subordinados saben que si se aprende de los errores, no van a ser castigados con el despido. • Paciencia: evitará las visceralidades y potenciará la habilidad para pensar y reaccionar. • Confidencialidad: mantener la confidencialidad de la información individual recolectada, es la base de la confianza de sus subordinados y de su credibilidad como líder. • Facilidad para generar cambio a través de una comunicación eficaz. • Potencia nuevos puntos de vista y diferentes enfoques de una forma natural y con energía.
Funciones del *coach*
• Liderazgo visionario inspirador. • Seleccionador de talentos. • Entrenador de equipos. • Promotor del desempeño individual de los subordinados. • Motivador y mentor de desarrollo de carrera. • Gestor del trabajo en equipo. • Estratega innovador.

8.4.2. Características del *coaching*

Esta función directiva tiene que cumplir las siguientes características:

- **Concreción:** el *coaching* se aplica en conductas que pueden ser mejoradas, focalizándose en los aspectos objetivos y descriptivos del desempeño.
- **Interactiva:** en una conversación de *coaching* se intercambia información. Se dan preguntas y respuestas y se intercambian ideas con la participación de ambas partes.
- **Responsabilidad compartida:** tanto el *coach* como el subordinado tienen una responsabilidad compartida para trabajar juntos en la mejora continua del desempeño. Todos los participantes comparten la responsabilidad de lograr que la conversación sea lo más útil posible con este fin.
- **Forma específica:** la meta de la conversación está definida. Durante la conversación, primero se amplía la información y, luego, se centrará en aspectos específicos para lograr la meta establecida.
- **Respeto:** el líder y *coach* comunica siempre su respeto por la persona con la que trabaja.

Sabías que...

Podríamos decir que el *coaching* es un paso más en la evolución del liderazgo. Se basa en sacar el máximo potencial de nuestros trabajadores respecto a sus cualidades y capacidades para que después puedan aplicarlo en la empresa. La ventaja fundamental es que la empresa se beneficia de las mejoras del trabajador y el trabajador se siente autorrealizado, motivado e implicado con la empresa.

8.4.3. Comparación entre el liderazgo tradicional y el *coaching*

La Tabla 8.4 que desarrollamos a continuación analiza las principales diferencias entre el liderazgo tradicional y el *coaching* según las funciones principales a desarrollar por los puestos de dirección:

Tabla 8.4. Diferencias entre el liderazgo tradicional y el *coaching*

	Liderazgo	Liderazgo *coaching*
Visión del líder	Cuota de ventas.	Ser los mejores en nuestra profesión.
Planificación	Anual, trimestral, mensual.	Anual, semanal, diaria.
Control y corrección	Diario, mensual, trimestral.	Diario, continuo.
Objetivos	Impuestos por la empresa.	Ser líderes en el mercado.
Dirección	Autocrática.	Mediante el ejemplo, delegando responsabilidad y concediendo iniciativa a los recursos humanos.
Disciplina	Establecimiento de normas y órdenes.	Inculcando valores y con el ejemplo personal.
Entrenamiento	Ocasional, sin objetivos a largo plazo.	Día a día, con objetivos personalizados, orientando al desempeño.
Acompañamiento al puesto	Ocasional, para controlar, supervisar y dar órdenes.	Diario, para observar la evolución y redirigir los planes de acción.
Métodos de motivación	Económico.	Económicos, sistemas individualizados y desarrollo de carrera.
Sistemas de trabajo	Individual. Se mide el desempeño de cada persona.	Trabajo en equipo sumando las fuerzas para lograr los objetivos.

Actividad resuelta 8.2

¿En qué áreas el proceso de *coaching* puede ayudar a cualquier empresa de restauración?

SOLUCIÓN

El proceso de *coaching* puede ayudar a la empresa de restauración a mejorar distintos aspectos del ámbito laboral. Podríamos destacar los siguientes:

- Sirve para la revisión y mejora de nuestro equipo humano.
- Mejora del proceso de venta. Definiendo correctamente las necesidades del cliente específico de nuestro hotel o restaurante podremos unificar el enfoque de venta deseado y lograr su satisfacción.
- Optimiza los procesos operativos de la compañía. Muchos procesos de trabajo no funcionan por falta de comunicación. El sistema de *coaching* facilita la implementación de dichos cambios y la mejora de la comunicación. Sala, cocina y economato necesitan optimizar su coordinación si desean mejorar el proceso de servicio.
- Ayuda a los directivos a entender que deben preocuparse por su equipo humano, conocerlo e investigar qué es lo que les motiva realmente.
- Incrementa la motivación del equipo humano. La motivación es la clave del desempeño del equipo humano. Cuando nuestros empleados se sienten satisfechos y motivados, trabajan de forma más eficiente hacia el objetivo.
- Se potencia la iniciativa, se generan ideas que son tenidas en cuenta y que mejoran el producto gastronómico y el servicio.
- Se demuestra al equipo humano que su trabajo es valioso y reconocido; así se sentirá realizado profesionalmente y se podrá retener en la compañía el mayor talento posible.
- Se perfecciona el liderazgo del equipo directivo. Todo líder necesita desarrollar en el seno de su equipo un estilo de gestión y liderazgo, el *coaching* es la herramienta ideal para alcanzar dicho estilo.

Estos son solo algunos ejemplos en los que el proceso de *coaching* puede ser sumamente beneficioso para la empresa de restauración.

Enlaces web de interés

www.marketingastronomico.com
http://olacoach.com
http://portaldelcoaching.com/directorio/coaches

Figura 8.6. El *coach* potencia las capacidades de cada uno de los miembros de la organización.

Resumen

- El *manager* pretende **conseguir los objetivos** con unos recursos asignados y procurando conseguir la felicidad de las personas a su cargo.
- Las **funciones** principales **de la dirección de equipos** son: planificación, liderazgo y control.
- Los **principios** básicos **de la dirección de equipos** son: autoridad, unidad de mando, unidad de dirección, disciplina, delegación, equidad, iniciativa, dirigir al objetivo y armonía de objetivos.
- Las leyes básicas de la dirección de equipos son:
  - **Leyes de interacción física:**
    - ✓ **Cuadrado-cubo:** cambio de estructura con crecimiento.
    - ✓ **Pareto:** un mínimo de causas produce la mayor parte de los efectos.
    - ✓ **Velocidad del convoy:** la capacidad de trabajo máxima en un sistema es la del último de sus componentes).
  - **Leyes de interacción humana:**
    - ✓ **Ley de los objetivos:** el *manager* debe anteponer los objetivos empresariales a los particulares.
    - ✓ **Ley del cambio:** todo cambio produce una crisis antes de llegar a los resultados esperados.
    - ✓ **Ley de la competencia:** la competencia promueve la eficiencia.
- El **liderazgo** es la capacidad de influir en las personas para que por convencimiento contribuyan a los objetivos.
- El **perfil** del líder incluye: habilidad comunicativa, responsabilidad, ejemplaridad y cordialidad, junto a rasgos característicos psicológicos, sociales y laborales.
- Las **funciones** del líder son: representar a su grupo, conocer a los miembros de su equipo y motivarlos, establecer metas y objetivos individuales y grupales adecuados, planificar tareas y funciones, crear sinergia y evaluar y corregir.
- Los **estilos** de liderazgo son: líder autócrata: decide, ordena y controla; líder participativo: cuenta con los subordinados en la toma de decisiones; y líder liberal: libertad de decisión y de actuación de los subordinados.
- La **delegación de autoridad** es la cesión de parte de las funciones de mando a puestos inferiores.
- Las **técnicas** y **herramientas** para la delegación de autoridad eficaz son: definir de forma clara la delegación, fijar objetivos claros y precisos, conceder los medios adecuados para ejercer la autoridad, establecer criterios de control e implantar una política de incentivos y sanciones para reforzar.
- El ***coaching*** consiste en potenciar *el* crecimiento personal y profesional de los miembros de un equipo entrenando, motivando y trabajando juntos para el logro de los objetivos de la organización. Lo ejercen personas con altas cualidades y capacidades personales y sociales, que son capaces de crear una situación de confianza, respeto y apoyo que motiva e inspira a la superación laboral.

Actividades finales

De comprobación

8.1. El *manager* de una empresa es:

a) Aquel que intenta conseguir los objetivos que le han marcado, con los recursos que se le asignan, procurando conseguir la felicidad de las personas a su cargo.

b) La persona responsable frente a los resultados económicos de la empresa y frente a la realización profesional de los hombres que maneja.

c) Ambas respuestas son correctas.

d) Todas las respuestas son incorrectas.

8.2. Las tres grandes responsabilidades del director de equipos son:

a) Gestión, motivación y control.

b) Coordinación, liderazgo y control.

c) Planificación, liderazgo y control.

d) Coordinación, motivación y control.

8.3. Gracias a los sistemas actuales de organización de recursos humanos y delegación de autoridad, cuanto más se asciende en la organización, el control:

a) Disminuye.

b) Aumenta.

c) Es suficiente controlar a los subordinados a los que hemos delegado funciones.

d) Las respuestas a) y c) son correctas.

8.4. El líder que involucra a sus subordinados en la toma de decisiones sigue una dirección:

a) Liberal.

b) Autócrata.

c) Democrática.

d) Todas las respuestas son incorrectas.

8.5. En la dirección de equipos, el principio de dirigir el objetivo significa que:

a) Los objetivos de todos los departamentos deben relacionarse armoniosamente.

b) Los administradores deben armonizar las metas personales de los individuos con las metas de la empresa para lograr la eficacia.

c) Los directores tienen que dar órdenes para que se hagan las cosas.

d) Las operaciones que tienen un mismo objetivo deben ser dirigidas por un solo gerente.

8.6. Las leyes de interacción física de la dirección de equipos son:

a) Cuadrado-cubo, Pareto y velocidad del objetivo.

b) Objetivos, cambio y competencia.

c) Objetivos, cuadrado-cubo y competencia.

d) Todas las respuestas son incorrectas.

8.7. Un buen líder debe tener fuertes habilidades en:

a) Establecimiento de metas.

b) Delegación de autoridad y comunicación eficaz.

c) Control y motivación.

d) Todas las respuestas son correctas.

8.8. Entre las funciones de un *coach* se encuentran:

a) Seleccionar y contratar talentos.

b) Entrenar equipos.

c) Gestionar el trabajo en equipo.

d) La respuesta a) es incorrecta.

8.9. La ley del cambio afirma que:

a) Solo las empresas que aceptan el cambio pueden perdurar en el tiempo.

b) Cuando se introduce un cambio, siempre se produce una crisis antes de la adaptación.

c) La empresa debe estar siempre alerta y preparada para adaptarse a los cambios del entorno.

d) Todas las respuestas son correctas.

8.10. ¿Por qué motivos implanta una empresa un sistema de delegación de autoridad?

a) Por dificultades al ejercer el mando centralizado o crecimiento de la empresa.

b) Por políticas de motivación del personal.

c) Por tener un estilo de dirección democrático.

d) Todas las respuestas son correctas.

De aplicación

8.11. D. Andrés Gómez tiene el único salón de banquetes en un pequeño pueblo. Como el resto de salones están a más de 40 km de distancia, no tiene demasiada competencia y su clientela está casi asegurada.

D. Andrés controla todo su restaurante: diseña con el jefe de cocina los menús, organiza el personal, indica al metre los procesos de montaje y de servicio, etc. A los trabajadores les gustaría aportar más, pero D. Andrés quiere que se limiten a obedecer.

En cuanto al servicio de banquetes, el restaurante no emplata, sigue sirviendo en bandeja. Aunque queda peor, resulta más cómodo y económico para la cocina y no hay que ser tan cuidadoso.

Recientemente, D. Andrés ha empezado a perder clientes. Las distancias hoy día no son tantas y muchos no dudan en desplazarse para conseguir un buen servicio. Necesita un cambio si quiere sobrevivir.

Se da cuenta de que debe escuchar la opinión de su personal, formado y con experiencia, e implantar nuevos sistemas de servicio. Al principio ha costado trabajo, ya que el personal más tradicional no quiere cambiar de sistema, no se siente seguro. Ha sido necesario invertir en formación y en material, pero ahora los clientes vuelven porque el restaurante ha vuelto a ser competitivo.

a) ¿Qué tipo de liderazgo ha ejercido D. Andrés tradicionalmente?

b) ¿Qué tipo de liderazgo ejerce ahora?

c) ¿Qué ley de la dirección de equipos aparece en primer lugar?

d) ¿Qué ley de la dirección de equipos ocurre después?

8.12. El director de alimentación y bebidas de un complejo hotelero delega las funciones relativas al restaurante *buffet* al metre. Un año después, los resultados son terribles, se han acumulado quejas, la calidad ha bajado, etc., y el jefe de A&B decide despedir al metre por la mala gestión. ¿Es el metre el único responsable de la situación? ¿Ha cometido el jefe de A&B algún error en la delegación? Razona tu respuesta.

8.13. Describe las tres funciones principales de la dirección de equipos.

8.14. El restaurante «Pérez» está muy bien situado en el centro de la localidad, en una zona con mucho tránsito. Las instalaciones están preparadas para atender a muchas personas y el área de sala es muy eficiente, pero en la cocina el personal se atasca fácilmente, dificultando y ralentizando el proceso, impidiendo que facturemos todo lo que podríamos. ¿Qué ley de la dirección de equipos se refleja?

8.15. En una empresa de restauración, ¿en qué consiste el principio de centralización-descentralización?

8.16. En un restaurante famoso por su *arroz a banda*, ¿en qué consistiría la ley de Pareto?

8.17. ¿Qué tres errores no se deben cometer al delegar?

De ampliación

8.18. El *coaching* es un método muy utilizado en el mundo deportivo, para motivar y sacar el máximo partido a los deportistas de élite. Ahora, se utiliza en todo tipo de empresas para potenciar el desarrollo individual y mejorar el trabajo en equipo.

Investiga en Internet algún caso de *coaching* en restauración.

8.19. La película *Whiplash* plantea el papel del líder, del director, de quien construye y consigue resultados a través de otros en una organización.

Visualizad en el aula o individualmente la película, y después, poned en común vuestros sentimientos y conclusiones, debatiendo las siguientes cuestiones:

1. En una organización, ¿importan más los resultados o el camino seguido hasta lograrlos?
2. ¿Es importante la satisfacción durante el trabajo?
3. ¿Son motivadores las dificultades, la presión y el sufrimiento? ¿Funcionan para lograr el éxito?
4. ¿Cuáles son los métodos que consideráis más adecuados para la motivación?

8.20. Lee el texto de la página siguiente y debate en el aula con tus compañeros la importancia de los valores psicológicos que la psicología humanista ha desarrollado en el *coaching*.

8.21. En el texto de la página siguiente se marcan los años ochenta como el surgimiento del *coaching* tal y como lo conocemos hoy en día, pero ya muchos filósofos y formadores de la historia del pensamiento desarrollaron principios que se pueden relacionar con este. Busca información sobre los orígenes y el surgimiento del *coaching* como disciplina.

8.22. Siguiendo con la búsqueda anterior, obtén información sobre la influencia de Sócrates en el *coaching*. ¿En qué consideraciones del *coaching* ha ejercido influencia?

8.23. **Debate en el aula**

Diferencias, ventajas y desventajas de una dirección tradicional y el *coaching*.

Lectura recomendada

Influencia de la psicología humanista en el *coaching*

El *coaching* es considerado una extensión de la ideología fundamental de la psicología humanista, que pretende que la persona sea responsable de sí misma y acentúa sus aspectos existenciales (la libertad, el conocimiento, la responsabilidad, la historicidad) con una consideración global de la persona. Esta rama de la psicología decae frente a la académica, en los años ochenta, que la crítica por su falta de rigor teórico.

A partir de los años ochenta, el *coaching* comienza a consolidarse como una metodología con identidad propia, y se desarrolla en tres grandes áreas de trabajo, conocidas como:

- *Coaching* personal (*Life Coaching*).
- *Coaching* ejecutivo (*Executive Coaching*).
- *Coaching* organizacional (*Corporate Coaching*).

El coaching habla el mismo lenguaje que la psicología humanista en relación con conceptos como conciencia, libertad, voluntad, autorrealización y liberación del potencial. La psicología humanista ha marcado y aportado gran cantidad de valor añadido al *coaching*, influyendo en que:

- Se valora la peculiaridad de las personas reconociendo que cada ser humano es diferente.
- Se trabaja con la conciencia, dejando de lado todo aspecto del inconsciente. La conciencia es la que otorga libertad y la capacidad de elección al hombre.
- Se buscan significados, no explicaciones.
- Se centra en la persona, no en los objetivos. Nunca un objetivo estará por encima de la persona.
- El *rapport* es fundamental en la relación humana entre el *coach* y el cliente.
- Las principales herramientas de un *coach* son sus cualidades.
- El *coaching* no enseña, la persona aprende.
- Se enmarca dentro de los factores motivadores del ser humano: la autorrealización.
- Se orienta al comportamiento (hacer, vivir y sentir).
- Hace que la persona se plantee qué quiere llegar a ser, desde el presente hacia el futuro, construyendo su realidad.
- La relación *coach*-*coachee* se establece en un marco íntegro de confianza en el otro, aceptando y comprendiendo a la persona dentro del marco de la confianza.

9 Técnicas de comunicación y de coordinación de equipos

Contenidos

Objetivos

- Comprender la importancia de la coordinación de los equipos en la empresa.
- Clasificar los tipos de comunicación utilizados en la organización.
- Entender los métodos de gestión eficaz de la comunicación.
- Conocer los sistemas principales de coordinación de equipos.
- Reconocer y saber utilizar las técnicas y herramientas de coordinación de equipos.

Introducción

El éxito de una empresa depende del trabajo de sus empleados. Si las capacidades individuales son importantes, lograr que formen un buen equipo es fundamental. Que tengan un objetivo común y trabajen codo con codo para alcanzarlo es parte de la labor del coordinador de equipos, que debe aprender a utilizar todas las herramientas a su alcance para lograr la cohesión y la sinergia de las personas que están a su cargo.

Las técnicas a su alcance van desde la gestión de la comunicación, los sistemas de gestión por objetivos y gestión del desempeño, hasta el manejo de todas las técnicas y herramientas de dirección de reuniones y otros métodos.

9.1. Equipos en la empresa

Para comprender la conducta laboral de las personas, tenemos que estudiarlas dentro de su equipo de trabajo, porque influye de forma determinante sobre el comportamiento y sobre su nivel de motivación.

Un equipo es un conjunto de personas que comparten una serie de valores básicos, unidas por una serie de vínculos y por una organización común.

Sabías que...

El modo de actuar de las personas es **diferente** de forma aislada que dentro de un equipo, debido a las numerosas posibilidades de interacciones que se producen entre los miembros que lo forman.

Los vínculos que cohesionan un equipo pueden ser muy diversos; el laboral se caracteriza porque les unen una serie de intereses relacionados con la satisfacción de necesidades económicas y con la consecución de objetivos que serían inalcanzables de forma individual. A cambio, el individuo pierde su libertad de actuación, ya que dentro del equipo actuará condicionado por las decisiones e intereses del resto de los componentes.

El objetivo de cualquier empresa, cuando gestiona los equipos, es conseguir que la cooperación triunfe frente a la competencia. Así, en el equipo cada persona subordinará sus intereses personales a los objetivos generales, sin anular su individualidad.

Cuando un equipo está bien cohesionado, sus componentes mantienen una actitud conjunta y uniforme frente a sus principales retos: esto es el **espíritu de equipo.**

La empresa debe potenciar el espíritu de equipo. En los equipos bien cohesionados se producen efectos de sinergia, que consisten en el aumento del potencial global, logrando mayor productividad. Los buenos resultados, a su vez, refuerzan la motivación y crea en los miembros orgullo de pertenecer al equipo, lo que se traduce en mayores niveles de autoexigencia para no defraudar las expectativas creadas.

La empresa debe aprender a gestionar los equipos hacia la sinergia para lograr el éxito.

Figura 9.1. Resultados derivados de la correcta gestión de los equipos de trabajo.

Sabías que...

La **competencia intergrupal** genera una situación nociva para la empresa:

Se acaparan medios materiales, proyectos y funciones que les permitan el máximo lucimiento, y se rechazan tareas menos llamativas, pero igual de necesarias, empeorando la productividad.

Actividad resuelta 9.1

Un hotel *resort* de un destino paradisiaco, ante la gran demanda de reservas, decide ampliar su capacidad de alojamiento y sus instalaciones. Esta ampliación supone la creación de un restaurante más. El director de alimentación y bebidas del hotel es el responsable de decidir el proyecto del restaurante: temática, diseño, carta, etc.; así como de nombrar al nuevo jefe de restaurante. Para ello, crea un equipo de trabajo con el resto de jefes de restaurante del hotel y algunos jefes de sala y cocina, candidatos a la nueva dirección.

¿Cuáles pueden ser las actitudes y la actuación de los miembros del equipo de trabajo? ¿Cuál deberá ser el comportamiento del director de A&B?

(Continuación)

SOLUCIÓN

Ante las expectativas de ascenso para alguno de los cocineros y jefes de sala, las posiciones entre los miembros del equipo fueron muy diversas:

- En primer lugar, muchos de ellos intentaron ganarse el apoyo personal de los jefes de restaurante participantes en el equipo, recurriendo a amiguismos y favores, no por sus logros profesionales.
- Algunos miembros se pusieron a trabajar en el proyecto: espacios disponibles, demandas de los clientes, etc., para crear una idea lo más adecuada posible.
- Varios de los candidatos se encargaron de marginar a otros a la hora de la valoración de las ideas para el proyecto, llegando a apropiarse de ellas.
- Otro se encargó de vender todo el trabajo como suyo a los superiores, para ganarse más apoyos.
- Los más trabajadores, los verdaderos impulsores del proyecto, quedaron temporalmente eclipsados por las actuaciones individualizadas de otros miembros, que buscaban el interés personal por encima del interés de la empresa.
- El director de A&B detectó la tensión y tuvo que solucionar el problema de competencia. Para ello tomó varias medidas:
  - Desvinculó la relación proyecto restaurante y dirección. Es decir, la elección del director del restaurante no está relacionada con el proyecto, ni limitada a sus miembros. Buscó una nueva alternativa: no tiene relación directa la participación en el proyecto con el ser elegido director del restaurante.
  - Estableció como prioridad actual la creación de un restaurante atractivo para sus clientes y práctico para los trabajadores.
  - Con esta medida, consiguió el consenso del equipo: como cualquiera podría trabajar en el restaurante, su diseño se convierte en la prioridad del equipo por encima de los intereses individuales, aceptando todas las ideas y valorándolas objetivamente.
  - Por último, expulsó del equipo de trabajo a un miembro problemático que se oponía a las decisiones tomadas, y trataba de crear alianzas con otros componentes del equipo para conseguir una posición de poder.
  - En conclusión, el director de A&B fue capaz de dirigir al equipo, corrigiendo los errores iniciales y potenciando la sinergia.

Figura 9.2. Los hoteles *resort* se caracterizan por su variada oferta de restauración.

Actividad propuesta 9.1

Debate en el aula

Comentad las actuaciones de cada uno de los miembros del equipo de la Actividad resuelta 9.1.

¿Cuáles os parecen más correctas? ¿Qué actitud habríais adoptado vosotros? ¿Habéis conocido alguna situación similar en una empresa? En ese caso, ¿cuál fue la solución de la directiva de la empresa?

9.2. Coordinador de un equipo

Todo equipo en una organización necesita una figura que dirija y coordine sus actuaciones, mediando entre todos los miembros para lograr un consenso respecto al logro de sus objetivos. Esta figura es el **coordinador del equipo.**

El coordinador es el miembro responsable de la vida del equipo y del logro de sus objetivos: crea y mantiene a su equipo, estableciendo las metas que debe alcanzar y liderando el camino.

Es el trabajador más preparado, conocedor de las técnicas de equipo y capaz de asumir retos y responsabilidades. Sobre él recae la eficiencia del funcionamiento formal del equipo. Su principal habilidad será la de comunicar ideas y coordinar con liderazgo, creando un ambiente de colaboración y enriquecimiento que deje libres todas las posibilidades, habilidades y creatividad de cada uno de los miembros, para lograr la máxima productividad.

Sabías que...

Si el líder y el coordinador del equipo entran en competencia, corremos el riesgo de que pongan sus objetivos personales de vencer al otro profesionalmente por encima de los objetivos de su equipo.

Esta actitud hace que se descuide al equipo, llegando a perjudicarle si eso contribuye al logro de sus objetivos personales.

El **coordinador** ha de desarrollar las tareas siguientes:

- Decidir los contenidos o puntos en los que se debe trabajar, según los objetivos que el equipo se haya marcado.
- Reforzar el compromiso y la confianza de los miembros del equipo.
- Ser agente motivador, favoreciendo la implicación y la mejora diaria.
- Fomentar la independencia en los miembros y la madurez en el equipo.
- Estimular la reflexión, el debate y la colaboración.
- Colaborar y potenciar que cada miembro del equipo crezca por sí mismo, y sea capaz de prepararse para desarrollar eficazmente su rol en el equipo.
- Combinar adecuadamente las aptitudes del equipo para mejorar los resultados.
- Ser transmisor de la información entre la cabecera de la empresa y los miembros del equipo, fomentando la armonía entre ambas partes.
- Ser un buen comunicador, para que la información culmine en el entendimiento y la sinergia entre todos los miembros del equipo.

Figura 9.3. El coordinador de equipos potencia el desarrollo profesional de sus miembros.

- Consensuar con su equipo todas las decisiones respecto a las estrategias, metodologías y procedimientos a seguir, entendiendo las razones de cada uno de los objetivos.
- Evaluar y recoger todos los datos e informar al equipo sobre cómo se están desempeñando los diferentes roles puestos en práctica o las acciones desarrolladas, así como sus implicaciones y consecuencias.
- Crear el ambiente y las condiciones oportunas para que resulte fácil asumir roles y, así, los miembros del equipo puedan descubrir y experimentar distintas formas de colaboración en la tarea.
- Convertir la actitud por la que cada miembro del equipo se cree en posesión de la verdad, en un proceso de estudio de problemas con el que poder alcanzar el objetivo deseado.

La figura del coordinador es imprescindible para incentivar el esfuerzo individual dirigido a la colaboración en el equipo para la consecución de un objetivo común.

9.3. Gestión de la comunicación en un equipo

La **comunicación** es la base sobre la que se establecen las relaciones sociales. A través de ella, las personas obtienen información respecto a su entorno y pueden compartirla con el resto.

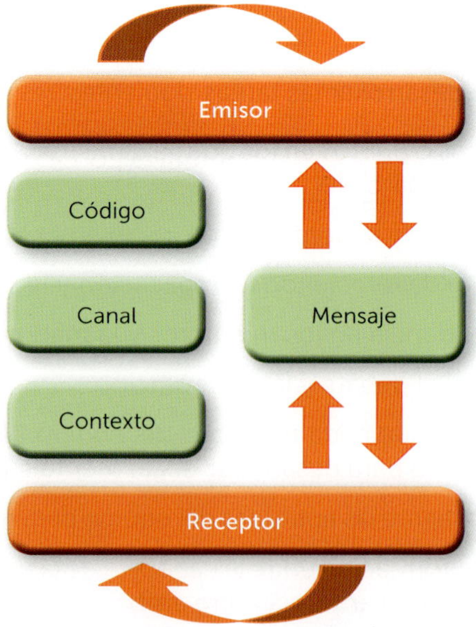

Figura 9.4. Elementos de la comunicación.

La comunicación es el proceso de transmisión y recepción de datos, opiniones, ideas y actitudes buscando la comprensión y la acción en consecuencia.

Los elementos que intervienen en la comunicación son:

- **Emisor:** persona que emite el mensaje. Inicia el proceso de la comunicación.
- **Receptor:** persona a quien va dirigido el mensaje y que lo interpreta.
- **Mensaje:** información o contenido que se transmite.
- **Código:** conjunto de signos y símbolos que se combinan para trasmitir el mensaje.
- **Canal:** medio físico a través del cual se transmite el mensaje.
- **Contexto** o **situación:** circunstancia en la que se produce la comunicación. Hay que tener en cuenta el contexto para conseguir una adecuada descodificación del mensaje.

El emisor tiene que emitir y combinar una serie de señales para dar a conocer su mensaje, mediante un código y un canal determinados, y en una situación concreta.

Para cualquier gestor de equipos, es muy importante el manejo de todos los elementos que intervienen en la comunicación, combinándolos entre sí, de manera que obtenga de ese proceso comunicativo los resultados esperados.

Para una comunicación eficaz, se deben seguir unos principios fundamentales:

- **Claridad:** se debe usar un lenguaje inteligible por el receptor, adecuado.
- **Concreción:** hay que pensar qué es lo que se quiere transmitir. Toda la información contenida en el mensaje debe estar orientada a una misma idea. Disminuyen así las probabilidades de deformación.
- **Descripción:** hablar descriptivamente, construyendo historias con las que se identifique el interlocutor facilita la comunicación y mejora la recepción del mensaje.
- **Cuidado:** en la forma en que se dice el mensaje.
- **Elección:** exhaustiva de los canales más eficaces de transmisión.

9.3.1. Tipos de comunicación en una organización

Los tipos de comunicación en el seno de una organización vienen marcados, tanto por la dirección como por el medio que empleamos.

Comunicación verbal

La **comunicación verbal** es la que se realiza mediante la palabra hablada. En ella emisor y receptor interaccionan directamente mediante dos posibilidades:

- La conversación: permite la transmisión de ideas, de conocimientos... creando un clima de acercamiento entre los interlocutores.
- El diálogo: si la conversación trata de temas previamente acordados y con la intención de un intercambio de ideas se trata de un diálogo cuyo objetivo es obtener unas conclusiones comunes.

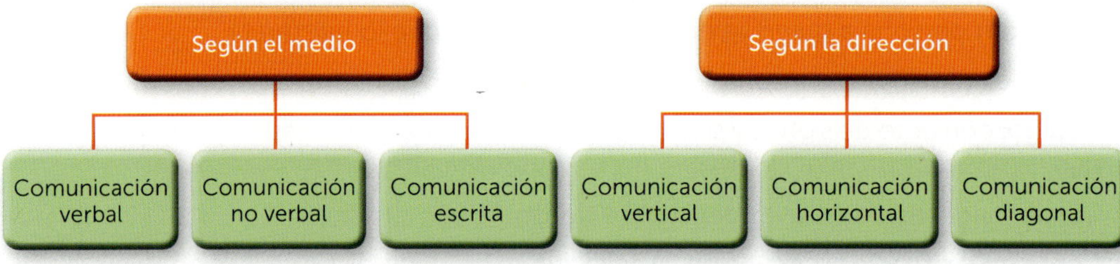

Figura 9.5. Tipos de comunicación en la organización.

Recuerda que...

El lenguaje oral permite transmitir una serie de ideas, sentimientos, conocimientos, etcétera.

Debemos controlar el lenguaje, el tono de voz, la vocalización, el ritmo, la respiración, etc., pero para transmitirse de forma completa el mensaje debe apoyarse en el lenguaje no verbal, a través de los gestos y las expresiones.

La comunicación verbal obtiene respuesta y retroalimentación inmediatas y permite a los implicados corregir o ajustar el mensaje a medida que se desarrolla la comunicación.

Los elementos que intervienen en la comunicación verbal son:

- **Lenguaje:** es el tipo de vocabulario que utilizan los interlocutores, es decir, los términos que emplean para expresar una idea. En la empresa el vocabulario debe ser rico, correcto, claro y positivo.
- **Voz:** permite interpretar la sinceridad, la atención y el entusiasmo en la emisión del mensaje. Debe ser clara, con un tono moderado y agradable, ya que modular la intensidad del volumen da vida al mensaje y el tono transmite las emociones.
- **Pronunciación o vocalización:** debe ser clara, fluida, sin omitir sílabas o terminaciones.
- **Ritmo:** la velocidad adecuada al hablar es de 130 a 150 palabras por minuto; se debe hablar más lento cuando se desea enfatizar algo.

- **Respiración:** debe acompañar al mensaje, controlando que las pausas para coger aire no interrumpan una frase.
- **Silencios:** son importantes en el proceso de la comunicación porque se gestionan para ceder el turno, crear misterio o suspense, etcétera.

¿Sabías que...

Cuando hablamos muy rápido, la respiración se acelera y aumenta el ritmo cardíaco.

En una conversación empresarial, este hecho puede aparentar una agitación, que puede ser malinterpretada por el resto de participantes en la conversación.

Figura 9.6. Es muy importante cuidar la comunicación no verbal en el trato con el cliente.

Comunicación no verbal

La **comunicación no verbal** está formada por las expresiones, los gestos y los comportamientos que acompañan y refuerzan al lenguaje verbal.

Cuando se conversa, nuestro cuerpo también envía mensajes que ofrecen información a nuestro interlocutor. Esto es el **lenguaje gestual.**

El cuerpo humano es capaz de emitir unas 80 000 señales de gran valor comunicativo, que habitualmente el emisor ni siquiera percibe, las emite de forma natural, inherente. A través de estas señales se puede detectar cuál es el estado de ánimo de los interlocutores, el grado de tensión o conflicto de la conversación, etcétera.

En el ámbito laboral, si trabajamos de cara al público debemos aprender a controlar determinados elementos de la comunicación no verbal, que nos ayudarán a crear un ambiente agradable y receptivo para el cliente. A su vez, seremos capaces de interpretar los gestos de este mismo cliente y detectar si está relajado o hay algún problema que le preocupe, corrigiéndolo de inmediato.

Desde el punto de vista de un gestor de equipos, la comunicación no verbal es esencial para enfatizar y reforzar sus mensajes, así como para mostrarse accesible, sincero y cercano a su equipo.

Los elementos corporales que intervienen en la comunicación no verbal son los que vamos a exponer a continuación.

Proximidad

La proxemia estudia el espacio que debe haber entre un individuo y otro, dependiendo de las circunstancias y el entorno. Todo organismo necesita un espacio, una burbuja personal que marca un territorio donde puede desenvolverse cómodamente. Si otro individuo traspasa los límites, puede existir un sentimiento de intimidación. Hay cuatro formas de interacción posibles:

- **Espacio íntimo:** usado en relaciones cercanas, familiares y de amigos. Va desde el contacto físico hasta, aproximadamente, 45 cm. Se subdivide en dos intervalos distintos:
  - Entre 0 y 15 cm: situaciones comunicativas de máxima intimidad.
  - Entre 15 y 45 cm: distancia menos íntima, pero que denota privacidad.
- **Espacio personal:** desde 45 cm a 120 cm. Es la distancia habitual en las relaciones interpersonales y permite el contacto físico con la otra persona. Si extendemos nuestro brazo, llegamos a tocar a la otra persona. Este es el espacio que marcamos en nuestro entorno laboral.
- **Espacio social:** abarca desde los 120 cm hasta los 364 cm y aparece en situaciones donde se intercambian cuestiones no personales. La utilizamos con personas con las que no tenemos una relación directa, como un dependiente.
- **Espacio público:** llega hasta el límite de lo visible o audible. Se suele utilizar en los lugares públicos, donde están presentes las personas desconocidas. Los participantes tienen que amplificar recursos como la voz para posibilitar la comunicación. Por ejemplo, durante una conferencia.

Recuerda que...

Un **buen comunicador** utilizará adecuadamente las distancias personales.

Según aumenta la confianza, disminuye el espacio físico, aumenta el contacto físico y las miradas y los gestos se vuelven más expresivos. La forma en que una persona utiliza su espacio influye en su capacidad de relacionarse con otros, de sentirse cercano o lejano.

Actividad propuesta 9.2

El Sr. Fernández, un jefe de recepción de un hotel, recibe al Sr. Pérez, un nuevo cliente, con un apretón de manos y se le acerca mirándolo directamente a los ojos hasta llegar a pocos centímetros de su nariz.

¿Cómo se podría sentir el Sr Pérez? ¿Cuál podría ser su reacción? ¿Cuál sería la distancia para saludarle al recibirle? ¿Y al despedirle una semana después, si han tenido relación de confianza?

Postura corporal

Es la posición que adopta nuestro cuerpo en una situación de comunicación. La **postura** transmite actitudes y estados de ánimo, así que debe adaptarse y adecuarse al contexto en que se desarrolle la comunicación, de manera que refuerce lo que se está transmitiendo verbalmente y contribuya a una comunicación eficaz. En las relaciones laborales seguiremos las siguientes pautas:

- Cuando se permanece en pie, la postura debe ser erguida, con la columna vertebral estirada. La barbilla estará paralela al suelo y las piernas juntas. Las manos permanecen relajadas. Miramos a nuestro interlocutor para mostrar interés.
- Si estamos sentados, no cruzaremos las piernas y colocaremos las manos relajadamente sobre ellas.
  - Para mostrar interés, nos inclinaremos ligeramente hacia nuestro interlocutor.
  - Cuando se produce una situación de rechazo, el interlocutor se retrae, echándose ligeramente hacia atrás.
  - Cuando alguno de los interlocutores se siente amenazado, tenderá a cruzar los brazos e incluso las piernas, de forma defensiva.
- Si hablamos con otra persona a la vez que caminamos, nuestros movimientos serán suaves y los pies se dirigirán hacia el frente.

Figura 9.7. Postura defensiva.

Gestos de manos, brazos, hombros y cabeza

Son acciones que envían un estímulo visual a la persona que nos observa. Hay algunos gestos que se interpretan de forma casi universal para significar lo mismo. Controlarlos puede volver a ayudarnos en nuestro entorno laboral:

- Las palmas hacia arriba y abiertas indican sinceridad y honestidad.
- Las palmas hacia abajo, abiertas, significan una posición dominante y en ocasiones, poca honestidad.
- Cerrar la mano y apuntar con un dedo, indica una posición dominante y algo agresiva.
- En el apretón de manos, las manos verticales significan igualdad. Si nuestra mano está por encima, significa dominio, control; y si está debajo, sumisión, recato. Si se hace con fuerza, significa seguridad.

  Cuando en el apretón de manos se pone la otra mano encima haciendo un «bocadillo» a la persona saludada, demostramos confianza. Solo es correcto si se utiliza con gente conocida, para demostrar cercanía y afecto.
- Dar la mano y coger la muñeca o el codo debe limitarse a los entornos cercanos, porque se invade la zona íntima del otro.
- Frotarse las manos tiene un significado positivo. Se espera algo bueno, una expectativa positiva y un buen entendimiento entre las partes.
- Juntar las yemas de los dedos de ambas manos significa un alto grado de confianza en uno mismo y seguridad. Hacia arriba se utiliza cuando se opina sobre algo; hacia abajo se suele utilizar cuando se está escuchando.

Figura 9.8. Un sencillo apretón de manos transmite mucha información.

- Cuando cruzamos y agarramos nuestras manos por detrás de la espalda, denota un alto grado de seguridad en nosotros mismos y una clara posición dominante. En cambio, si lo que cogemos por la parte trasera son nuestras muñecas, es signo de intranquilidad e inseguridad.

Expresión facial

«*La cara es el espejo del alma*», una fuente muy valiosa de expresión de emociones y estados de ánimo.

- Cuando mostramos **alegría,** las mejillas se elevan y la curva del labio se desplaza hacia arriba y hacia atrás. Salen arruguitas en la piel debajo del párpado inferior y los ojos se abren.
- Cuando mostramos **tristeza,** la cabeza se inclina y los párpados caen hacia abajo, así como los labios, las mejillas y la mandíbula inferior.
- Cuando se tiene **miedo,** las cejas se elevan y se contraen y los párpados se elevan. Las pupilas se dilatan, los ojos se abren y los labios están en tensión, retraídos.
- Cuando se muestra **sorpresa,** las cejas se elevan de forma circular, estirando la piel y abriendo los párpados. La cabeza y el cuerpo se echan hacia atrás. Los ojos muy abiertos denotan **admiración** y **sorpresa.**

¿Sabías que...

Las **emociones básicas** son:

- Alegría.
- Tristeza.
- Miedo.
- Sorpresa.
- Ira.
- Asco.

- Cuando sentimos **ira,** se fija la mirada y las cejas se colocan bajas, contraídas y oblicuas. El párpado inferior se tensa. La comisura de los labios se contrae y apunta hacia la otra persona, y se puede abrir la boca mostrando los dientes. La cabeza también se proyecta hacia el otro.
- Cuando sentimos **asco,** la nariz se arruga y la comisura de los labios se eleva asimétricamente, retirando la cabeza.
- Los ojos cerrados muestran **seriedad** y **desaprobación.**
- Las personas que miran a los ojos inspiran **más confianza** que aquellas que apartan la mirada.
- Tocarse la cara de múltiples formas es indicativo de que se está contando algo **falso,** así como taparse la boca.

Mirada

La mirada es un regulador activo de la escucha, y un elemento cargado de información emocional. Es muy difícil mantener una conversación sin mirar; por tanto, como cuando escuchamos estamos mirando, recibimos mucha información extra.

- Miramos sin reparos cuando la persona nos agrada y nos sentimos cómodos.
- Mirar durante una conversación denota interés.
- Dejar de mirar indica lo contrario y puede provocar que una conversación acabe.
- Mirar más y fijamente, intensifica las emociones.
- Una mirada fija y fría intimida y puede hacer callar a otro.

Apariencia personal

La apariencia personal es los aspectos de nuestra imagen que controlamos voluntariamente: vestimenta, pelo, aseo, etc. Puede influir de manera positiva o negativa en los demás, así que todo coordinador de un equipo y todas las personas que en su ambiente laboral están en contacto con el cliente, deben cuidar especialmente su apariencia personal.

Hay varios elementos que influyen en la apariencia personal:

- El aseo y la higiene son lo primero que se detecta. Debemos cuidarnos de forma continua, impecable, evidente y perceptible.
- La vestimenta viene determinada por el puesto de trabajo y la empresa, que lo controla estableciendo una uniformidad para todos los empleados. La uniformidad muestra ante el cliente formalidad, imagen de empresa y pulcritud.
- Los complementos como el peinado, las joyas, etc., también aportan información no verbal. La organización suele establecer criterios para todos estos aspectos.

Figura 9.9. Todos en la empresa de restauración deben cuidar su apariencia personal y respetar la uniformidad.

Comunicación escrita

En un colectivo humano tan dinámico como la empresa, el problema de las comunicaciones reviste una importancia decisiva.

Un modo de informar al personal sobre temas de interés es a través de **mensajes escritos** por medios electrónicos o mediante papel.

Las normas generales para la elaboración de mensajes escritos son:

- Escribir para comunicarse es decir algo a alguien. Para que nos entiendan tenemos que escoger nuestras palabras con cuidado, deben ser claras y fáciles de entender.

- Organizar el texto es crear una estructura:
  - Introducción: exponiendo aquello que se va a decir.
  - Cuerpo principal: en el que se desarrolla el tema.
  - Conclusión: corta, clara y precisa.
- Hacer frases cortas: hay que intentar decir lo mismo con menos palabras. La lectura es más clara y rápida.
- Escoger palabras sencillas de uso habitual: tienen mayor probabilidad de ser comprendidos por un mayor número de lectores.
- Evitar las palabras inútiles: sin usar demasiados adjetivos o adverbios.
- Utilizar verbos activos: son más dinámicos que los pasivos.
- Usar palabras expresivas.
- Hacer referencia a la experiencia de los lectores, a su forma de sentir y de reaccionar.
- Construir oraciones que tengan unidad, una idea principal.
- Evitar los detalles excesivos que puedan confundir al receptor.
- Utilizar oraciones positivas, destacando lo favorable.
- Respetar el orden normal de la frase: sujeto, verbo y complemento. Se asimila con mayor rapidez.
- Utilizar una construcción paralela al redactar sus frases, con cuidado al cambiar de tiempo, de modo o de persona gramatical en una misma oración.
- Cuidar la puntuación de los escritos: una puntuación cuidada subdivide párrafos u oraciones. Cuanto más fresco sea el estilo que se quiere adoptar, mayor uso deberá hacerse del punto y el guion, los dos puntos y el punto y coma.

Figura 9.10. El mensaje en la comunicación escrita debe ser cuidadosamente elaborado.

Documentos escritos más habituales en la organización empresarial

Los documentos que más se utilizan en la organización cumplen las siguientes características y normas:

Tabla 9.1. Documentos más habituales en la empresa

	Características	Normas
Informe	Permite que gran número de personas reciban hechos y razonamientos relativos a un problema que deben resolver. No requiere que todas las personas interesadas en él estén presentes y es rápido para el que lo recibe. No permite un diálogo; a veces hace falta una reunión para interpretarlo.	Constará de preparación, investigación, organización, redacción y revisión. Debe ser preciso, claro y con una buena conclusión. Se ha de evitar escribir sobre cosas abstractas; se debe escribir sobre personas, cosas y hechos. Si el informe se basa en sus observaciones y juicios personales, decirlo sin más. Evitar expresiones como «*Pienso...*», «*Creo...*». Se deben prever las posibles preguntas que pueda generar y contestarlas empleando ilustraciones, casos y ejemplos. Se remarcará lo importante para facilitar al lector la interpretación.
Resumen	Su objetivo es ahorrar tiempo al lector. Es muy útil para informar al equipo de trabajo de forma breve y clara, pero incluyendo toda la información importante. Debe escribirse con palabras propias, claras y sencillas. El documento final es mucho más breve que el original.	Leer dos veces o escuchar con atención lo que se va a resumir. Tomar notas para el esquema y subrayar los puntos importantes. Hacer un borrador inicial basado en las notas. Revisar aspectos gramaticales, la estructura de las frases, la ortografía, la puntuación, etcétera. Comparar el resumen con el documento original, asegurándose de incluir todos los puntos esenciales. No incluir ideas propias ni cambiar lo que dice el autor.
Mensaje corto	Nota, carta, *e-mail*, etc., con información para el destinatario. Antes de ponerse a escribirlo, hay que estar seguro de que se conocen todos los hechos que necesita y que los ha comprobado.	Anotar brevemente lo que se quiere decir en un borrador. Revisar los errores gramaticales, sintácticos u ortográficos, o ver si se encuentra ambigüedad en su contenido o en su tono. Redactar el escrito definitivo.
Tablón de anuncios	Forma tradicional de hacer que un mensaje llegue a un gran número de personas rápidamente.	Mantener el tablón de anuncios en un estado adecuado, organizado y cuidado. Establecer un responsable del mantenimiento y control de las noticias que se colocan en el tablón de anuncios.

(Continuación)

Tabla 9.1. Documentos más habituales en la empresa

	Características	Normas
Tablón de anuncios *(continuación)*	Puede dirigirse a todos los empleados o equipos. Es barato. Es inmediato, si se lee con regularidad. Es fácil para el destinatario volver a leer el mensaje en un momento posterior. Depende de que el destinatario tenga interés en recibirlo. Requiere constante atención para mantenerlo presentable y actualizado.	Si las noticias son importantes, informar a la mayor brevedad, antes de que los trabajadores las conozcan por los rumores. Limitar el uso a la información corporativa, y retirar todo lo que no sea de interés o cuyo plazo de validez haya finalizado. Escribir mensajes cortos, claros y precisos, que faciliten el entendimiento. Indicar siempre la fuente responsable de la noticia o a quien acudir para ampliar la información.

Figura 9.11. Aunque tengamos sistemas preestablecidos, la comunicación verbal, se abre camino en todas las direcciones y sentidos del organigrama.

Comunicación vertical

La comunicación vertical dentro de la empresa puede ser:

- **Ascendente:** la información discurre hacia arriba en la estructura jerárquica de la empresa: desde los empleados o mandos intermedios hacia la dirección. Por ejemplo: encuestas, sondeos de opinión, buzones de sugerencias, reuniones con subordinados, etc. Esta dirección permite que los colaboradores participen en la toma de decisiones y en la creación e innovación de la organización.
- **Descendente:** la información fluye hacia abajo en la estructura jerárquica de la empresa: desde la dirección o mandos intermedios hasta los empleados de niveles inferiores. Se utiliza para comunicar órdenes e información importante sobre la empresa: políticas, objetivos, resultados, etc. Por ejemplo: circulares, tablones de anuncios, folletos de bienvenida, manuales de empresa, entrevistas, conferencias, etcétera.

Comunicación horizontal

La comunicación horizontal es la que se da entre los miembros de un mismo nivel jerárquico de una organización o de un mismo departamento. No hay presencia de autoridad. Se da en juntas, asambleas y reuniones.

Es muy importante a efectos de coordinación de actividades, porque es una comunicación entre compañeros de trabajo.

Ayuda a resolver problemas y a tomar decisiones en las que deben intervenir varios departamentos. Por ejemplo: trabajo en equipo o reuniones de trabajo, notas de departamento, comunicados internos.

Comunicación diagonal

Esta comunicación cruza diferentes funciones y niveles en una organización. Surge de la necesidad de la coordinación entre miembros de distintos departamentos y jerarquías, debidas a una urgencia por parte del emisor para conseguir una respuesta del receptor.

Actividad resuelta 9.2

Tenemos las siguientes situaciones en un restaurante. Indica, en cada caso, el tipo de comunicación:

a) El jefe de A&B envía un informe por e-mail a los jefes de departamento de los próximos eventos para el mes entrante.
b) Los miembros del equipo de cocina se reúnen y planifican los menús de los próximos eventos.
c) El metre se reúne con el jefe de cocina para coordinar los eventos.
d) Los jefes de departamento comunican a la dirección de A&B las propuestas mediante un informe.

SOLUCIÓN

a) Comunicación escrita vertical descendente.
b) Comunicación oral horizontal.
c) Comunicación oral horizontal entre dos miembros del mismo nivel jerárquico de diferentes departamentos.
d) Comunicación escrita vertical ascendente.

Actividad propuesta 9.3

¿Qué tipo de comunicación es mejor en las siguientes situaciones?

a) El jefe de cocina quiere hacer un pedido al departamento de compras.
b) El jefe de sala quiere hacer un estudio de los vinos del restaurante y su rentabilidad.
c) El jefe de A&B quiere reunirse con los trabajadores para informar de los resultados.
d) Ante una reclamación, el jefe de A&B se reúne con el jefe de cocina y un camarero para aclarar lo sucedido.

9.3.2. Gestión eficaz de la comunicación

Un buen coordinador, además de ser un buen comunicador, debe utilizar todas las posibilidades que le ofrece la comunicación para lograr una mayor eficacia en su equipo.

La gestión de la comunicación interna implica definir un conjunto de acciones y procedimientos que promueven la comunicación entre los miembros, reducen los focos de conflicto, fortalecen la cohesión de los miembros y contribuyen a la creación de espacios de información, participación, opinión y entendimiento.

Habilidades de un buen comunicador

Toda persona que pretenda ser un buen comunicador debe entrenar y perfeccionar las habilidades que se explican a continuación.

¿Sabías que...

Las **habilidades** de un buen comunicador son:

- Saber escuchar.
- Saber preguntar.
- Ser asertivo.
- No monopolizar la conversación.
- Saber resumir.
- Reformular.
- Ser positivo.

Saber escuchar

Consiste en prestar atención a lo que se dice entendiendo el sentido de las palabras que están comunicando. Para realizar una escucha activa se recomienda:

- Mostrar empatía: ponernos en el lugar del que está hablando.
- No interrumpir ni desviar la conversación hasta comprobar que el interlocutor ha terminado su exposición.
- No pensar en lo que se va a decir, distrayendo la atención.
- No adelantar conclusiones. Asegurarse de que se han entendido las ideas del interlocutor antes de exponer las propias.
- Conocer y aceptar al interlocutor, comprender la estructura de su argumento.
- Cooperar en su exposición, sonreír, asentir.

La escucha activa proporciona una serie de ventajas que favorecen la interrelación, como el mejor conocimiento del interlocutor, conseguir una mayor predisposición para obtener acuerdos, seguridad en la toma de decisiones, etcétera.

Saber preguntar

La capacidad para recoger información depende de la habilidad para hacer buenas preguntas y así conseguir información de nuestro interés.

Según la apertura de la respuesta, distinguimos:

- Preguntas **abiertas:** permiten una respuesta libre y amplia. Se utilizan cuando se quiere conocer mejor al interlocutor o para adquirir mucha información.
- Preguntas **cerradas:** buscan la concreción, limitan la respuesta del interlocutor.

Atendiendo a respuestas influenciadas, se diferencian:

- Preguntas **guiadas:** son un tipo de preguntas abiertas que hacen que el interlocutor responda sobre determinadas áreas. Pueden ser muy útiles en la búsqueda de más información y en *la razón detrás de la razón*.
- Preguntas **no guiadas** o **no influenciadas:** son aquellas que no pretenden influir en la conducta o respuesta del interlocutor.

Según la intencionalidad, distinguimos:

- Preguntas **directas:** buscan información específica.
- Preguntas **indirectas:** aparentan la búsqueda de una información, pero con un objetivo distinto.
- Pregunta **final de chequeo** o **pregunta escoba:** por ejemplo, «*¿Hay alguna otra cosa que pueda hacer por ti?*», «*¿Deseas comentar algo más?*».

Ser asertivo

La asertividad es la capacidad de transmitir lo que se quiere con seguridad y convencimiento, pero con conductas y actitudes que no agredan al interlocutor.

No son asertivos los comportamientos agresivos con provocación, fuerza o violencia, ni los comportamientos donde hay manipulación.

No monopolizar la conversación

Para mantener un diálogo conviene ceder la palabra. Todos los participantes en una conversación tienen derecho a ser escuchados.

Es adecuado no hablar de forma continua sobre uno mismo ni deslumbrar con conocimientos propios y logros, ni tampoco hacer de menos a nadie.

Figura 9.12 Un buen comunicador centra su atención en la conversación y en su receptor.

Saber resumir

Ser capaz de detectar y retener lo esencial. Debemos ser capaces de hacer especial hincapié y destacar la idea principal, que es aquello que básicamente se pretende comunicar.

Reformular

Parafrasear lo que ha dicho el interlocutor. Verificar o decir con las propias palabras lo que parece que el emisor acaba de decir para enfatizar algún punto de la conversación, retomar alguna idea que nos interesa tratar más profundamente y reforzar las opiniones del interlocutor, animándole a continuar la conversación, y haciendo que se sienta escuchado.

Este concepto ayuda a comprender lo que el otro está diciendo y permite verificar si realmente se está entendiendo y no malinterpretando lo que se dice. Por ejemplo, «*Entonces, según veo, lo que pasaba era que...*», «*¿Quieres decir que te sentiste...?*».

¿Sabías que...?

Expresiones de resumen serían:

«*Si no te he entendido mal...*»; «*O sea, que lo que me estás diciendo es...*»; «*A ver si te he entendido bien...*».

Expresiones de aclaración serían:

«*¿Es correcto?*»; «*¿Estoy en lo cierto?*».

Ser positivo

Destacar siempre los aspectos positivos de la conversación, mejorando el clima y facilitando el proceso. Implica mostrar acuerdos y no evaluar. Una actitud positiva ayuda a encontrar soluciones, ventajas, etc., y a enfocar los problemas desde un ángulo mejor.

Otros aspectos importantes

- Al criticar a otra persona, hablar de lo que hace, no de lo que es. Las etiquetas no ayudan a que la persona cambie, sino que refuerzan sus defensas.
- Discutir los temas de uno en uno, no *aprovechar* que se está discutiendo para tratar más temas conflictivos.
- No ir acumulando emociones negativas sin comunicarlas.
- Elegir el lugar y el momento adecuados para comunicar.

9.4. Dirección por objetivos y gestión del desempeño como sistemas de coordinación de equipos

Los dos sistemas básicos más utilizados actualmente por las organizaciones para la coordinación de equipos son la dirección por objetivos y la gestión del desempeño, que vamos a desarrollar a continuación.

Dirección por objetivos

Cuando tenemos que coordinar y organizar a diferentes equipos dentro de una organización, un sistema muy eficaz es la **dirección por objetivos**, siempre que se establezca adecuadamente. En este sistema la empresa marca objetivos para cada uno de los departamentos o áreas y facilita los medios necesarios para conseguirlos. A partir de ese momento, todos los miembros de ese departamento son conscientes de cuáles son sus objetivos concretos y se sienten motivados para conseguirlos.

La dirección por objetivos sirve para motivar a los empleados de una empresa por medio de la participación, el compromiso y la responsabilidad en la consecución de objetivos.

Los responsables de los objetivos deben alcanzar las metas establecidas con libertad de actuación, dentro de las pautas marcadas por la empresa. Si se logran los objetivos, los empleados son premiados.

Cuando se trata de establecer los objetivos, podemos encontrarnos ante tres situaciones, según el grado de participación del equipo responsable, que detallamos a continuación.

Dirección por objetivos con participación nula

La dirección impone los objetivos a los diferentes equipos de trabajo y los incentivos que obtendrán si los alcanzan.

No se tiene en cuenta ni se consulta a los empleados y resulta autoritario y poco motivador para ellos, aunque se sientan obligados a alcanzarlos para poder recibir sus incentivos.

> **Sabías que...**
>
> La **dirección por objetivos** consiste en establecer metas en las diferentes áreas de la empresa, estableciendo quiénes son los responsables de conseguirlas.

Dirección por objetivos con participación consultiva

La dirección establece los objetivos de los equipos, pero posteriormente consulta a los responsables, que pueden hacer propuestas. Se tiene en cuenta la opinión de los equipos, pero no participan en el establecimiento de los objetivos.

Dirección por objetivos participativa

Los responsables de cada equipo negocian los objetivos con la dirección, creándose un alto grado de compromiso. Los propios equipos han participado en el establecimiento de los objetivos, con lo cual se sienten totalmente motivados para su consecución.

Para que este sistema de gestión de equipos funcione, los objetivos deben cumplir una serie de condiciones:

- La dirección por objetivos se aplicará a toda la organización, como una metodología general.

- Los objetivos serán coherentes, coordinados y armoniosos entre todas las áreas de la organización: son partes de un todo que contribuyen a un fin común.
- Los objetivos serán concretos, escritos y medibles: solo así se puede hacer el seguimiento y control del logro.
- Los objetivos serán realistas y posibles de alcanzar: los objetivos inalcanzables crean frustración, y los objetivos demasiado fáciles no estimulan. Los objetivos deben ser difíciles, pero posibles, convirtiéndose en retos que motiven al equipo.
- Los objetivos se establecerán de forma participativa y servirán para la evaluación de las personas; solo así los equipos se sentirán totalmente motivados e involucrados.
- Los objetivos serán revisables: las organizaciones cambian constantemente y debemos ser flexibles y adaptarnos a los cambios.

Figura 9.13. Aunque se establezcan objetivos departamentales, todos se dirigen hacia el objetivo final común de la empresa.

9.4.1. Gestión del desempeño

Directamente relacionado con la gestión por objetivos encontramos otro sistema de coordinación de equipos: **la gestión del desempeño.**

Hacer «que las cosas pasen» en la empresa implica involucrar a todos los equipos que van a hacer posible la consecución de dichos resultados. Este proceso es la gestión del desempeño, que se define como:

> El proceso que permite alinear la estrategia empresarial con los objetivos de las personas y mejorar de forma continua el rendimiento de la organización.

La gestión del desempeño implica la mejora de los procesos, habilidades y actitudes que favorecen el óptimo desempeño de las personas dentro de la organización. Mediante la evaluación del desempeño, cualquier empleado conoce en todo momento qué se espera de él, tanto cuantitativa como cualitativamente.

El proceso se divide en tres fases, que se desarrollarán de forma continua y cíclica:

Primera parte. Planificación del desempeño y definición de objetivos

Se establecen unos parámetros o líneas de actuación que ha de llevar a cabo el evaluado en un periodo de tiempo limitado. El trabajador se compromete a alcanzar un resultado concreto en el tiempo fijado, viendo en qué debe concentrarse.

Los objetivos individuales deben ser congruentes con los objetivos del área a la que pertenece. Se suele partir de los objetivos de la unidad y de ahí, se derivan o reparten los objetivos individuales. En algunos casos, se mide a los individuos por objetivos grupales, fomentando el espíritu de equipo: se benefician o perjudican todos, dependiendo del resultado del equipo.

Figura 9.14. En la gestión del desempeño hay que hacer un exhaustivo seguimiento y evaluación de resultados.

Segunda parte. Seguimiento del desempeño

Consiste en una supervisión continua que analiza las actividades realizadas por el evaluado, los comportamientos del individuo, es decir, las actitudes, la progresión de los resultados obtenidos y el impacto, que son consecuencias de su comportamiento en los resultados.

El objetivo es reforzar las acciones correctas y corregir las acciones inadecuadas.

Tercera parte. Evaluación del desempeño

Es el análisis de los resultados obtenidos y la valoración global del proceso. Se compara el desempeño real con las expectativas, y se establecen líneas de acción para resolver cualquier problema de desempeño para el ciclo siguiente.

El evaluador entrevistará al evaluado para que este pueda clarificarle todas las dudas que puedan surgir y establecer todas las mejoras necesarias del proceso.

9.5. Técnicas y herramientas de coordinación de equipos

Para coordinar adecuadamente un equipo podemos valernos de varias técnicas y herramientas que el coordinador del equipo debe manejar correctamente.

9.5.1. Dirección de reuniones

Una reunión favorece la transmisión de una información a un conjunto de empleados de la organización. Para que sea productiva es necesario que se cumplan unas condiciones:

Figura 9.15. Todas las reuniones deben tener un objetivo claro y estar correctamente organizadas.

- Existencia de al menos un objetivo que justifique su convocatoria.
- Preparación de la reunión por todos los participantes.
- Toma de decisiones y acuerdos.
- Ejecución de las decisiones tomadas y los compromisos adquiridos.

Aspectos a tener en cuenta durante la reunión

Para que la reunión planificada obtenga los resultados esperados, debemos tener en cuenta las siguientes consideraciones:

- Comenzar la reunión con puntualidad, clarificar los puntos del orden del día, así como la finalidad perseguida y priorizar el tratamiento de los puntos.
- Mantener la reunión orientada hacia el objetivo.
- Crear un buen ambiente de trabajo.
- Evitar hacer sentir que las decisiones están ya tomadas.
- Potenciar la intervención de todos los asistentes, escuchando todas las opiniones con respeto.
- Hacer frente y solucionar dificultades como silencios prolongados del equipo, desviaciones del tema, saboteadores o evasiones por parte del equipo.
- Al final de la reunión, aclarar los acuerdos alcanzados y las decisiones tomadas.
- Elaborar un acta en el que se recoja toda la información tratada en la reunión.

Tipos de reuniones

Las reuniones más habituales en un entorno laboral son:

- **Reuniones exploratorias o creativas.** Es una reunión para generar ideas, opiniones, experiencias o sugerencias que posteriormente serán analizadas y evaluadas para que los especialistas o autoridades superiores puedan tomar decisiones con criterio. Estas decisiones no se toman directamente en la reunión, sino que se elevarán los acuerdos considerados a los niveles competentes.
- **Reunión de información.** El objetivo es dar a conocer normas, orientar la ejecución de actividades, etc. La comunicación es básicamente en un solo sentido, del facilitador hacia los participantes, y estos se limitan a la formulación de preguntas para aclarar dudas.
- **Reunión para la toma de decisiones.** El objetivo es lograr que los participantes tomen libremente una decisión, tratando el problema planteado con entera libertad de opinión, discutiendo todos sus aspectos. Lo más importante es llegar a acuerdos y tomar decisiones por consenso del equipo.

Estructura de la reunión

Una reunión debe desarrollarse de forma organizada desde que la planificamos con anterioridad hasta que se ejecuta y se termina. Por ello es recomendable seguir los siguientes pasos:

Preparación o planificación

Con anterioridad a la realización de la reunión, debemos planificarla minuciosamente, estableciendo los siguientes puntos:

- Planteamiento del objetivo de la reunión: informativo, consultivo-deliberativo, formativo o decisorio.
- Determinación del número de asistentes: cuanto menor sea el número de asistentes, mayor será su eficacia, así como su participación e implicación. Cuando el equipo sea superior a las 10 o 15 personas, la reunión no será propicia para la toma de decisiones, aunque sí podrá ser válida para reuniones informativas y para ratificar acuerdos y decisiones previamente consensuadas.
- Elaboración de la agenda o guion: se hará llegar a los asistentes con la suficiente antelación. Incluirá información como la fecha, el lugar, la hora de la reunión, la duración prevista, el orden del día, las finalidades de la reunión en cada uno de los puntos y la documentación de apoyo necesaria. Así, los asistentes podrán preparar la reunión y se podrán obtener unos mejores resultados.
- Logística: elementos necesarios para el desarrollo de la reunión como materiales de apoyo, lugar de realización, espacios adecuados, etcétera.

Ejecución

En el momento real de ejecución de la reunión, hay que cuidar su inicio y su conducción para no desviarnos de los objetivos perseguidos, teniendo en cuenta los siguientes criterios:

- Apertura de la reunión (inicio):
  - Bienvenida y presentación del coordinador.
  - Lectura de la agenda a tratar.
  - Presentación del objetivo de la reunión: indicar al equipo el objetivo de la reunión, para evitar confusiones o desviaciones.
  - Establecimiento de las normas de participación y tiempo de duración de la reunión.
  - Planteamiento del problema o asunto a tratar, de forma sólida y concreta, explicando los antecedentes y la gravedad.
- Conducción:
  - Discusión: intercambio de ideas, experiencias, opiniones y puntos de vista de los participantes. La discusión se favorece con técnicas como:
    - ✓ Inducir la participación con preguntas y respuestas.
    - ✓ Controlar la reunión, evitando que se desvíen del tema.

- ✓ Resumir para concretar y reorientar la discusión.
- ✓ Marcar un orden lógico en los temas.

- Toma de decisiones: cuando el equipo ya ha discutido con amplitud y profundidad los diferentes aspectos del problema o situación que debían tratarse, el coordinador encauzará al equipo a tomar una decisión.

Cierre de la reunión

El coordinador concretará con claridad lo discutido y lo acordado, destacando:

- El objetivo de la reunión.
- Los aspectos que han tratado.
- Las ideas expuestas.
- Las alternativas de solución que han evaluado.
- El acuerdo tomado, especificando responsabilidades.

Recuerda que...

Una reunión sigue las siguientes fases:

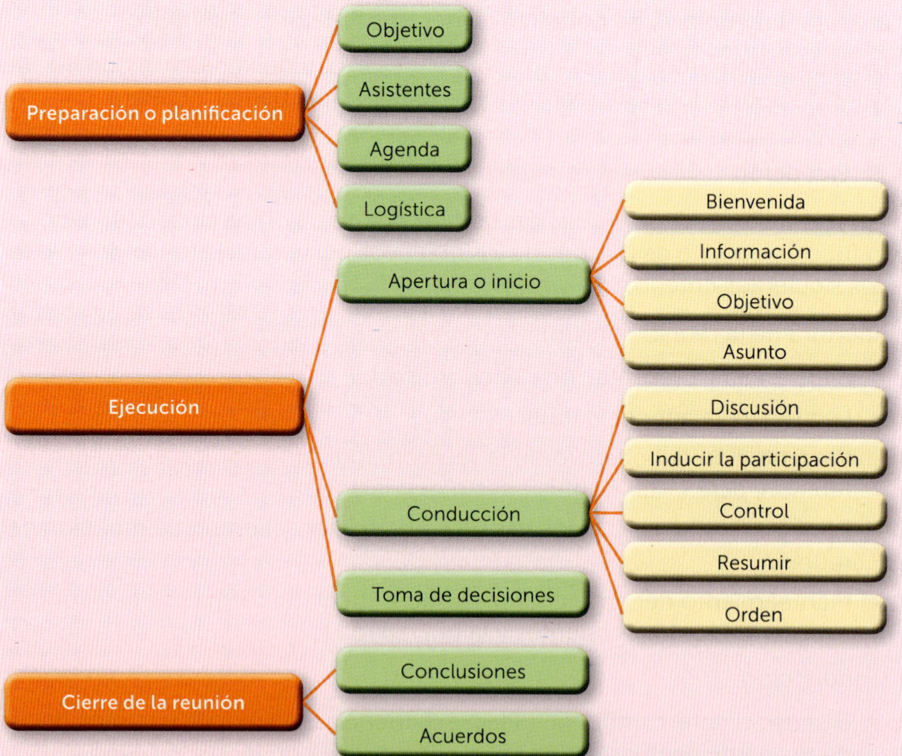

Figura 9.16. Estructura de una reunión.

9.5.2. Otras herramientas de coordinación de equipos

Las principales herramientas utilizadas para coordinar el trabajo en equipo son las que podemos ver a continuación.

Figura 9.17. Herramientas de coordinación de equipos.

Brainstorming

El ***brainstorming*** o **tormenta de ideas** es una propuesta pensada para explotar al máximo la creatividad de todos los miembros del equipo y poder desarrollar ideas más eficaces.

Ha de basarse en un ambiente de trabajo idóneo, respeto y confianza. Sirve para plantear conflictos, resolver problemas, buscar causas, soluciones, respuestas, opciones y alternativas.

Las características de una tormenta de ideas son:

- Todos los miembros del equipo deben sentirse motivados y con confianza.
- Se plantea un tema y todos los miembros del equipo pueden plantear sus ideas.
- No se emiten juicios sobre ninguna idea, ni se desprecian; se valoran y razonan.
- El resultado final es la aceptación de la idea que cumpla con los criterios establecidos previamente.
- El número de miembros debe estar entre cuatro y diez personas.

Role play

El ***role play*** o **desempeño de roles** consiste en representar una situación determinada para poder comprender mejor la actuación de quien o quienes deben intervenir en ella en la vida real.

Figura 9.18. Las herramientas como el *role play* y los juegos de empresa nos preparan para diferentes situaciones empresariales.

Tanto quienes representan los roles como el equipo que actúa como observador logran el objetivo: los actores trasmiten al equipo la sensación de estar viviendo el hecho como si fuera en la realidad.

La representación provoca una vivencia común a todos los presentes y, después, es posible discutir el problema con conocimiento, puesto que todos han participado.

Juegos de empresa

Consisten en reflejar en un juego situaciones específicas al ámbito empresarial.

El coordinador detecta un ámbito de coordinación en el que su equipo podría mejorar y lo plantea mediante un juego.

Durante el juego, el equipo realiza una secuencia de interacciones practicando sus habilidades técnicas.

El proceso es semejante al de su vida cotidiana. Todos los miembros tienden a actuar como lo hacen habitualmente en su entorno laboral y se dan cuenta de su comportamiento y actitudes. Por medio del juego mejoran las relaciones sociales entre las personas. Todos experimentan su modelo de comportamiento y de actitudes. Gracias a ello, consiguen mejorar algunos aspectos de coordinación:

- Oír, procesar, entender y pasar la información.
- Dar y recibir *feedback* de forma asertiva.
- Disentir con cortesía, respetando la opinión ajena.
- Adoptar posturas de cooperación.
- Ceder espacios para compañeros.
- Cambiar de opinión.
- Tratar ideas conflictivas con flexibilidad y neutralidad.

Outdoor training

El ***outdoor training*** potencia las habilidades de un equipo con una metodología vivencial basada en el aprendizaje a través de la experiencia directa. Las vivencias pueden situarse en diversos entornos, pueden ser tirarse en tirolina, hacer *rappel*, jugar al *paintball*, practicar juegos de orientación, construcción de balsas o puentes, etcétera.

El objetivo es proporcionar situaciones que promuevan pautas de comportamiento entre los trabajadores de una empresa:

- Fomentar actitudes cohesionadoras en equipos de trabajo, mejorando las relaciones profesionales y personales.

- Aumentar la motivación hacia los objetivos del conjunto de la empresa.
- Desarrollar una comunicación fluida y receptiva.
- Reforzar comportamientos flexibles en los equipos de trabajo.
- Impulsar una cultura de mejora y aprendizaje.
- Incentivar actitudes que promuevan el liderazgo.

Actividad resuelta 9.3

En el hotel «Paraíso», el funcionamiento es caótico:

a) La coordinación entre departamentos es muy difícil, los miembros no se conocen entre sí y no tienen confianza para tratar los problemas.

b) El departamento de cocina siempre acusa a sala de los problemas del servicio, sin tener en cuenta sus dificultades.

c) Ante situaciones inesperadas o difíciles en las reservas, recepción no sabe cómo actuar.

d) La dirección no sabe cómo mejorar la motivación del personal.

¿Podrías indicar las herramientas a utilizar para solucionar diferentes problemas?

SOLUCIÓN

a) *Outdoor training*: una actividad amena fuera del trabajo diario cohesiona al equipo, hace que se conozcan mejor y desarrolla la comunicación.

b) *Role play*: si cocina se pone en el lugar de sala y viceversa, posiblemente entiendan mucho mejor las dificultades mutuas y sean más flexibles y colaboradores.

c) Juegos de empresa: reflejando situaciones que podrían producirse aprenderán a coordinarse y organizar su actuación.

d) *Brainstorming*: una tormenta de ideas con los empleados puede generar propuestas válidas.

Enlaces web de interés

www.evaballarin.com
www.equiposytalento.com
www.rrhhmagazine.com

Resumen

- El **equipo** es el conjunto de personas que comparten unos valores básicos, unidos por vínculos y por una organización común.
- Sus **objetivos empresariales** son fomentar el espíritu de equipo: cada miembro coopera subordinando sus intereses personales a los objetivos del equipo y la sinergia: aumento de productividad causado por la buena cohesión de un equipo.
- El **coordinador** dirige y coordina las actuaciones de un equipo.
- Las **tareas** del coordinador de un equipo son definir y consensuar objetivos y metodologías, motivar y fomentar el desarrollo profesional de los miembros, combinar y potenciar las aptitudes del equipo y gestionar la comunicación entre el equipo y con el exterior.
- En un equipo es necesario **gestionar** la comunicación.
- La **comunicación** es el proceso de transmisión y recepción de datos, opiniones, ideas y actitudes buscando la comprensión y la acción en consecuencia.
- Los **elementos que intervienen** en la comunicación son: emisor, receptor, mensaje, código, canal y contexto.
- Los **principios** de la comunicación son: claridad, concreción, descripción, forma y canal adecuado.
- La **comunicación según el medio** puede ser: **verbal** (lenguaje, voz, vocalización, ritmo y respiración), **no verbal** (proximidad, postura corporal, gestos, mirada, expresión facial y apariencia) o **escrita** (elaboración de mensajes comprensibles).
- La **comunicación según la dirección** puede ser: **vertical** (entre jerarquías), horizontal (entre compañeros) y diagonal (entre diferentes funciones y niveles).
- La **gestión eficaz** de la comunicación consiste en saber escuchar activamente y saber preguntar, ser asertivo y reformular, así como saber resumir.
- La **dirección por objetivos** es un método de coordinación de equipos, que establece las metas en cada departamento y la responsabilidad en ellas; aumenta la motivación de los empleados por medio de incentivos al alcanzar las metas y los objetivos: concretos, coherentes, coordinados, retos alcanzables y revisables.
- La **gestión del desempeño** como sistema de coordinación de equipos consiste en la valoración del desempeño según los objetivos preestablecidos.
- Las **fases** de la gestión del desempeño son: establecimiento de objetivos, seguimiento, evaluación y toma de medidas.
- Las **herramientas de aplicación de las técnicas de reuniones** consisten en distinguir los tipos de reuniones (exploratorias, informativas y de toma de decisiones) y organizarlas con una estructura definida.
- La **preparación** de una reunión es fundamental. Se definirán los objetivos, los asistentes, la agenda y la logística.
- La **ejecución** de la reunión, comenzará con la **apertura**, que incluye la bienvenida, las normas y los temas a tratar. En la fase de **conducción** se realizará un control de la discusión y toma de decisiones. Y, para concluir, se producirá el **cierre**, con la concreción de decisiones y acuerdos tomados.
- La **discusión guiada** es un debate dirigido sobre un tema debidamente preparado.
- El ***brainstorming*** o tormenta de ideas se realizará entre todos los miembros del equipo. Todas las opiniones se valoran por igual y se tendrán en cuenta.
- El ***role play*** es la representación de una situación para facilitar la comprensión.
- Los **juegos de empresa** reflejan situaciones empresariales por medio de juegos.
- El ***outdoor training*** se utiliza para potenciar habilidades laborales con actividades externas.

Actividades finales

De comprobación

9.1. En un equipo de trabajo el resultado que espera la empresa es:

a) Cooperación.
b) Competencia.
c) Incremento de la productividad.
d) Sinergia.
e) Solo la respuesta b) es incorrecta.

9.2. Los roles de líder y coordinador de un equipo:

a) Siempre recaen en una misma figura.
b) Lo desempeñan distintos miembros del equipo.
c) Necesitan ser compatibles entre ellos, si no son la misma persona.
d) Todas las respuestas son incorrectas.

9.3. Entre los principios fundamentales de la comunicación están (marca la respuesta incorrecta):

a) Elección cuidadosa del canal de comunicación.
b) Claridad.
c) Extensión.
d) Concreción.

9.4. ¿Cuál es el elemento que no interviene en la comunicación verbal?

a) Voz.
b) Gestos.
c) Ritmo.
d) Silencios.

9.5. En la proxemia, el espacio personal es aquel que:

a) Abarca desde los 45 cm hasta los 120 cm, aproximadamente.
b) Se usa en el entorno laboral.
c) Extendiendo el brazo, llegamos a tocar a la otra persona.
d) Todas las respuestas son correctas.

9.6. ¿Qué significa colocar las palmas de las manos abiertas y hacia arriba al hablar?

a) Interés por la conversación.
b) Posición dominante.
c) Sinceridad, honestidad.
d) Confianza en sí mismo.

9.7. ¿Cuál de estas habilidades no es propia de un buen comunicador?

a) Saber preguntar.
b) Resumir y reformular.
c) Monopolizar la conversación.
d) Ser asertivo.

9.8. En la dirección por objetivos, la participación del equipo puede ser:

a) Consultiva.
b) Participativa.
c) Nula.
d) Pueden darse las tres opciones.

9.9. Los tipos de reuniones que pueden desarrollarse en un equipo de trabajo son (marca la respuesta incorrecta):

a) Exploratorias.
b) Informativas.
c) De toma de decisiones.
d) Creativas.
e) Ninguna de las respuestas es correcta.

9.10. ¿Qué herramienta de coordinación de equipos consiste en representar una situación para comprender mejor la actuación de los que intervienen en ella?

a) *Brainstorming*.
b) *Role Play*.
c) *Outdoor training*.
d) Juegos de empresa.

De aplicación

9.11. Analiza qué tipo de distancia mantienes en tu vida cotidiana con las siguientes personas:

a) Tu pareja.
b) Un amigo íntimo.
c) Un profesor que da una clase.
d) El cajero del supermercado.
e) Un camarero.
f) Un conferenciante.
g) Un compañero de clase.
h) Un dependiente.

9.12. Copia y rellena el cuadro con ventajas y desventajas de la comunicación oral y escrita:

	Escrita	Oral
Ventajas		
Desventajas		

9.13. El jefe de alimentación y bebidas de un hotel decide tener una reunión con el metre de uno de los restaurantes, que últimamente está generando muchas quejas por parte de los clientes.

a) ¿Qué tipo de comunicación utilizará para citarle si quiere adjuntar un informe con los datos para que pueda prepararse la reunión?
b) Durante el desarrollo de la reunión, ¿qué tiene que hacer el jefe de A&B para ser un buen comunicador?
c) Nada más llegar a la reunión, el metre se sienta en la silla echándose ligeramente hacia atrás y cruzando los brazos. ¿Qué información le da esto al jefe de A&B?
d) ¿Qué gestos y expresiones debería utilizar el director para infundir confianza y serenidad a la reunión?
e) ¿Cómo debe organizar la estructura de la reunión? Elabora un modelo.

9.14. ¿Cómo escribirías la siguiente expresión de forma corta y sencilla?

> «Se les comunica que para realizar este trabajo lo deben hacer en colaboración con sus compañeros. Si tienen algún problema, no duden en preguntárselo a los compañeros de la otra sección puesto que, dada su formación, es bastante posible que les puedan ayudar.
>
> La fecha tope de entrega de este trabajo es para dentro de una semana. No debe ocupar ni mucho ni poco, unos 7 folios están bien.»

9.15. Nuestro restaurante está perdiendo clientela, no nos adaptamos a las necesidades de los clientes. Muchos camareros han recibido comentarios por parte de los clientes. ¿Qué herramienta podría utilizar el jefe de sala para organizar todas las ideas recibidas? ¿Cómo trasladará después esa información a la dirección del restaurante?

9.16. **Debate en el aula**

En un restaurante, ¿es posible la dirección por objetivos y la gestión del desempeño? ¿Cuáles son las condiciones adecuadas?

De ampliación

9.17. Expresa lo siguiente de forma que la comunicación resulte más eficaz:

a) Una orden de pago de facturas ha sido firmada por el jefe compras.

b) Al comprender que necesitaba una mayor especialización en el campo de la cocina, que él consideraba muy importante para su evolución profesional, se matriculó en la Escuela de Artes Culinarias de Madrid, que está situada en la Ciudad Universitaria, en la zona norte de la misma y que es una de las zonas más nuevas de la ciudad.

9.18. Busca en Internet artículos sobre la dirección por objetivos, pros y contras. Después ponedlo en común y debatirlo en el aula.

10 Planificación de recursos humanos en instalaciones para *catering* y eventos en restauración

Contenidos

Objetivos

- Conocer todo el proceso de organización de un *catering* o evento.
- Distinguir las diferentes fases de la organización.
- Conocer las operaciones previas.
- Determinar todos los elementos que influyen en la organización del evento.
- Establecer la normativa vigente.
- Desarrollar un caso práctico real.

Introducción

Limitarnos al servicio de alimentación y bebidas muchas veces no es suficiente y los clientes necesitan que organicemos un evento completo, con todos los servicios complementarios que eso implica, para sus celebraciones.

Salvando las distancias con los operadores profesionales de congresos, tendremos que ser capaces de calcular el personal necesario y planificar todos los detalles para llevar a cabo el servicio eficazmente y ajustándonos al presupuesto firmado.

10.1. Conociendo la organización de eventos

Las empresas de restauración siempre han servido banquetes, un servicio de alimentación y bebidas confeccionado para un número concreto de comensales que ha sido acordado previamente por los contratantes, con un precio global determinado.

Cuando este banquete se sirve en un lugar total o parcialmente distinto del que se elabora, el servicio se denomina ***catering.***

Si además del servicio de comida y bebida, el acto incluye servicios como la cesión de un salón de trabajo, materiales audiovisuales, etc., la empresa estará organizando un **evento.**

Existen muchas empresas que se dedican específicamente a la organización de eventos y van subcontratando todos los servicios que lo componen. Las empresas de *catering* pueden colaborar en un evento de dos maneras:

- Subcontratadas por una empresa de organización de eventos.
- Actuando como organizadoras y subcontratando todos los servicios extra que requiera el evento.

La organización de *catering* y eventos es más compleja que un banquete normal porque supone:

- Alquiler de instalaciones que, en ocasiones, no se conocen. El cliente decide el lugar en el que quiere que se realice el evento y tenemos que adaptarnos a sus condiciones arquitectónicas, sus instalaciones, etcétera.
- Transporte de alimentos. Hay que cuidar la seguridad e higiene en la manipulación de alimentos. Hay que invertir en vehículos de transporte con los sistemas de conservación adecuados.
- Alquiler de material específico según las peticiones de los clientes. Nuestra empresa puede disponer de determinado material pero, a veces, son necesarias carpas, más mesas, mantelería, etcétera.

- Contratación de personal extra. Estos servicios son eventuales, son muy pocas las empresas que pueden permitirse tener un personal fijo o discontinuo formado por ellos para estas actividades. El resto recurren a empresas de trabajo temporal y no tienen demasiada seguridad sobre los trabajadores que reciben.

Figura 10.1. Hoy día la empresa de restauración especializada es capaz de organizar cualquier tipo de evento.

Los principales tipos de eventos que se pueden organizar son:

- Bodas, bautizos y comuniones.
- Despedidas de solteros.
- Comidas y cenas familiares: aniversarios, Navidad, etcétera.
- Reuniones de empresa: convenciones, reuniones del consejo, celebraciones: Navidad, jubilaciones, etcétera.
- Congresos y convenciones para empresas, organizaciones, etcétera.
- Jornadas de empresa de varios días de duración.
- Cenas y comidas anuales de asociaciones, agrupaciones o instituciones.
- Actividades de asociaciones, agrupaciones o instituciones.
- Actos de entregas de premios.
- Actos publicitarios, presentaciones de productos.
- Actos políticos: celebraciones, presentaciones, nombramientos, despedidas, etcétera.
- Fiestas benéficas.

Además de las empresas especializadas, muchas empresas de restauración tradicional, así como los hoteles, se han sumado a la organización de eventos como una actividad complementaria, que supone una fuente de ingresos extra. Las ventajas que tiene la organización del evento son:

- Planificación previa: según las condiciones, se planifican los costes y se emite el presupuesto.

- Acuerdo mediante contrato: las condiciones acordadas se firman por ambas partes, disminuyendo los riesgos.
- Ingresos asegurados: no hay incertidumbre sobre cuántas personas acudirán a comer hoy a mi restaurante.

Bien organizados, los eventos pueden ser muy rentables, pero hay que tener mucho cuidado en el control del coste de todos los elementos que lo componen.

10.1.1. Fases en la organización de un evento

Hasta que un evento llega a realizarse se producen varias situaciones que debemos preparar cuidadosamente, como la toma de contacto con el cliente y la emisión del presupuesto. De la percepción del cliente dependerá que lleguemos a firmar el contrato y a realizar con él el evento. Después, todo deberá quedar registrado para ser analizado y potenciar la mejora continua. Estas son las principales fases en la organización del evento.

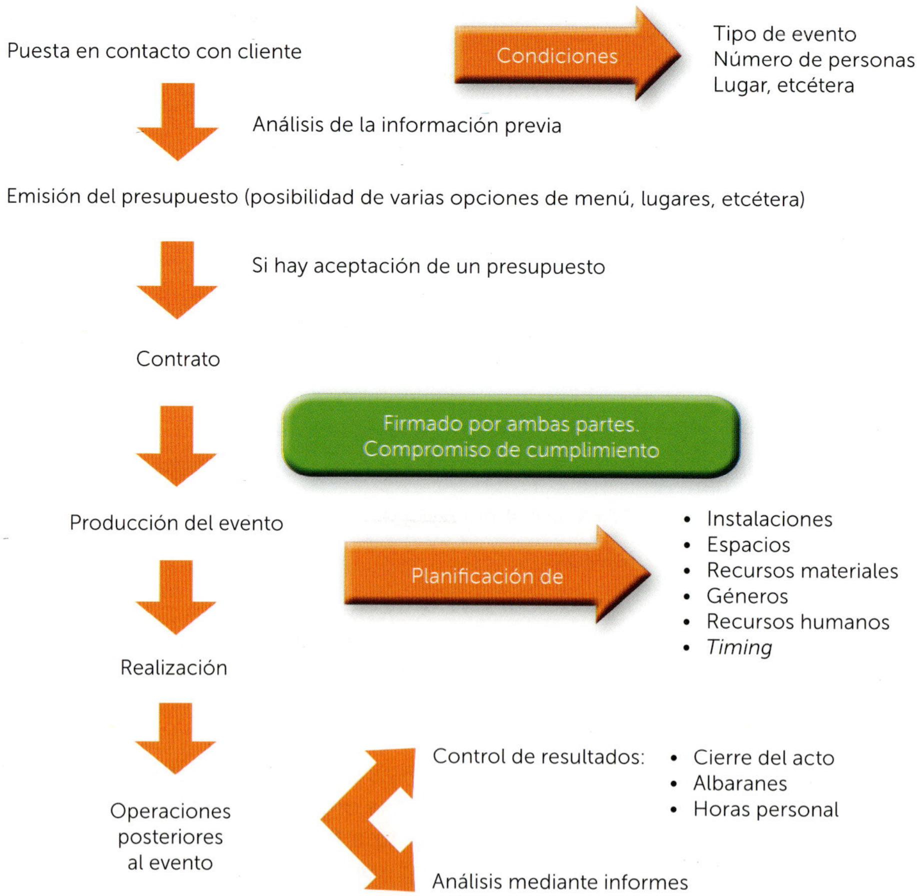

Figura 10.2. Fases en la organización de un evento.

10.2. Operaciones previas a la organización

Antes de organizar el evento, es necesario reunirse con el cliente, emitir el presupuesto con base en sus demandas y, si lo acepta, firmar el contrato. Del cuidado de estas fases dependerá que nuestra empresa consiga o no el evento.

10.2.1. Contacto con el cliente y análisis de la información previa

El primer paso en la organización de un evento o en la realización de un servicio de *catering* es la **puesta en contacto del cliente con nuestra empresa,** en concreto, con nuestro departamento comercial. Se realizará una reunión informativa donde cada una de las partes tiene su papel:

El cliente expondrá el tipo de servicio que desea realizar, detallando:

- Tipo de servicio.
- Fecha y hora.
- Lugar donde se realiza el servicio.
- Número de personas que asistirán.
- Tipo de servicios extras que necesita: instalaciones, habitaciones, cuidado de niños, etcétera.

La empresa le explicará al cliente:

- Los tipos de menús y precios.
- Los servicios complementarios y precios.
- Se mostrarán físicamente o en fotos los salones, los montajes y los platos, para hacer tangible nuestro servicio.

Sabías que...

Si en el establecimiento no existe disponibilidad en las fechas solicitadas, existen dos alternativas:

- El cliente puede intentar cambiar la fecha.
- La empresa puede proponerle otras instalaciones aptas para el evento.

El cliente y el responsable de la empresa analizarán juntos todas las características del servicio, matizando los puntos que se consideren necesarios.

- El cliente tendrá claro nuestro sistema de servicio y las normas de nuestro establecimiento o del local donde se vaya a desarrollar el evento.
- Cuando se trate de un evento complejo, se tendrán en cuenta todos los servicios complementarios que implica, y se aconsejará al cliente para que el resultado sea lo más satisfactorio posible.
- Cuando el evento requiera instalaciones, hay que consultar la disponibilidad de fechas antes de comenzar.
- Se explicarán al cliente los condicionantes en cuanto al número de invitados, según las instalaciones y el tipo de evento.
- Los departamentos implicados en el evento estarán disponibles para explicar cualquier duda al cliente.

Con toda la información previa, el cliente solicitará un presupuesto del evento.

10.2.2. Emisión del presupuesto por parte de la empresa

Para la elaboración del presupuesto, todos los departamentos implicados informarán de los posibles costes que se deben contemplar. Por lo general, los costes que componen el presupuesto son:

1. Materias primas: comida y bebida.
2. Material de sala y cocina.
3. Personal:
   a. Personal del servicio: total de horas trabajadas.
   b. Desplazamiento del personal: tiempo invertido e importe.
4. Transporte de géneros y materiales.
5. Servicios complementarios.
6. Condiciones especiales:
   a. Pruebas de menú.
   b. Menús especiales.
   c. Descuentos.
7. Margen comercial o beneficio neto.
8. Generalmente, la suma de estos costes se dividirá entre el número de personas del evento y se ofrecerá al cliente un precio por persona.

En el apartado de la organización del evento detallaremos todos estos elementos.

GRAN HOTEL MENDIETA

Presupuesto de evento

N.º de presupuesto: 3256

Madrid, 18 de marzo de 2019

Apreciados señor López y señorita Pérez:

Nos complace presentarle el presupuesto de los servicios solicitados por ustedes.

Este presupuesto ha sido realizado según sus indicaciones y está abierto a cualquier sugerencia o modificación que crean oportuna.

Agradeciendo la confianza depositada en nuestra empresa y esperando que nuestra oferta sea de su agrado, quedamos a su disposición para cualquier aclaración.

Atentamente,
Manuela León

DATOS DEL CLIENTE

Cliente:	**Dirección:**	**Población:**
Teléfono de contacto:	**E-mail:**	

Datos del servicio

Motivo:	**Fecha:** 5/06/2019	**Salón banquete:** Ocaso
• Celebración boda civil.	**Hora:** Mediodía	**Número de comensales:** 450
• Banquete.	**Lugar:** Finca Los Cigarrales	
• Baile posterior.	**Boda civil:** Patio principal	

Figura 10.3. Modelo de presupuesto de servicios.

(Continuación)

Boda civil

Altar carpa para los novios.

Sillas vestidas para los invitados.

Sistema de megafonía.

Decoración floral.

Cuarteto de cuerda de acompañamiento.

Aperitivo cóctel

Detalle de bebidas del aperitivo.

Detalle de elaboraciones del aperitivo.

Menú

Detalle de los entrantes.

Carnes menú.

Pescados menú.

Postre menú.

Detalle bodega.

Baile posterior

- **Barra libre:** 4 horas.
- **Orquesta:** 4 horas.
- **Animación y cuidado infantil:** 2 horas.

Precio del menú por comensal: euros + IVA

El precio que se halla bajo cada menú incluye:

- Prueba de menú.
- Alquiler de la finca para todo el evento.
- Instalaciones y montaje para celebración de boda civil.
- Cuarteto de cuerda para la boda civil.
- Aperitivo.
- Menú de comida.
- Orquesta para la celebración posterior**: 4 horas.
- Barra libre para la celebración posterior.
- Personal de servicio.
- Desplazamiento del personal a la finca.
- Coordinación general del evento.
- Alojamiento para los novios y 4 habitaciones más en la finca.

Las siguientes partidas no se hallan incluidas en el precio: IVA.

** El servicio de celebración posterior tiene una duración máxima de 4 horas. Por cada hora que pase, se cobrarán las horas extras de personal y las bebidas consumidas.

Forma de pago

A la firma del contrato, se pagará el 25 % del total previsto y el día después del evento se abonará el 75 % restante.

El precio final puede sufrir variaciones si hay alguna modificación en las características del servicio.

Figura 10.3. Modelo de presupuesto de servicios.

10.2.3. Aceptación del presupuesto y firma del contrato

Remitido el presupuesto a los clientes, y aclaradas las posibles modificaciones, el cliente decidirá si acepta o no. En caso de **no aceptación,** dejaremos archivado el presupuesto y nos servirá para analizar nuestros errores, como la competitividad en precio. En caso de **aceptación** del presupuesto, procederemos a **firmar el contrato.**

En este momento, si el presupuesto ofrecía varias opciones, por ejemplo, de menú, se mostrarán al cliente todas las ofertas para que pueda realizar la elección.

La prueba del menú se puede realizar en este momento o más adelante, siempre que se concrete el rango de precios de los platos entre los que nos vamos a mover.

Puesto que estamos vendiendo un producto intangible, la manera de materializar la venta al máximo es el empleo de medios audiovisuales para mostrar al cliente el local decorado, los salones montados para un evento, etcétera.

Sabías que...

Una vez formalizado el contrato, se entregará una copia a cada área de producción implicada, para que puedan coordinarse y organizar el evento ajustándose a las condiciones pautadas en este documento.

El objetivo es:

- La satisfacción del cliente.
- Un resultado económico óptimo.

El contrato recogerá todos los detalles del evento acordados con el cliente. Además de los datos del presupuesto, el contrato incluirá:

- Datos completos del establecimiento, incluido el CIF.
- Datos completos de los clientes que contratan, incluido el DNI.
- Número de invitados.
- Número de menús infantiles.
- Precio por persona: adulto e infantil.
- Porcentaje del precio que ha sido entregado a cuenta.
- Firma del representante de la empresa.
- Firma del cliente.
- Fecha del contrato.

Ambas partes leerán el contrato conjuntamente y aclararán todas las dudas que puedan surgir antes de la firma.

El cliente se quedará con una copia del contrato.

10.3. Organización del evento

Una vez firmado el contrato con el cliente, la empresa debe comenzar a organizar el evento y a planificar todo lo relativo a instalaciones, equipamientos, espacios, necesidades de materiales y de recursos humanos, además de todos los servicios complementarios que pueda necesitar el cliente.

10.3.1. Planificación de instalaciones, equipamientos y espacios

Las **instalaciones** y **equipamientos** van a depender de lo que la empresa haya acordado con el cliente. En ocasiones, la empresa realizará el evento en sus propias instalaciones y en otros momentos, se desplazará para el servicio.

Es importante que el conjunto del establecimiento esté en armonía con el tipo de servicio y de clientes que vamos a recibir.

El **local** tendrá el espacio adecuado para poder distribuir las mesas sin que los clientes estén incómodos y estará insonorizado, según normativa. Se suelen calcular 1,5 m^2 por cliente.

Estará provisto de los aparatos de climatización y música ambiental para cuando sea necesario. Todo el mobiliario de decoración irá en consonancia con la categoría y el estilo del establecimiento.

El acceso a la cocina debe ser rápido y fácil para los camareros, con puertas para evitar ruidos y olores.

La cocina cumplirá con las normativas de seguridad e higiene y de prevención de riesgos laborales, y estará habilitada con los elementos necesarios para la regeneración y el montaje de platos. En caso contrario, la empresa deberá gestionar el alquiler de estos medios.

El local informará a la empresa si dispone o no de medios de montaje, para que la empresa pueda organizarse, alquilarlo y transportarlo si es necesario.

10.3.2. Determinación de necesidades de géneros y materiales

La rentabilidad del evento depende en gran parte de que seamos capaces de calcular adecuadamente nuestras necesidades, tanto de géneros como de materiales, a fin de realizar un aprovisionamiento con la mejor relación calidad-precio posible.

Necesidades de comida y bebida

El responsable de cocina será el encargado de calcular el material y las instalaciones de cocina que se necesitan y, también, los géneros.

Desglosadas todas las elaboraciones del evento, el establecimiento dispone de las fichas técnicas de todos. Con estas fichas, donde figuran los pesos y las cantidades, se calcularán las necesidades de géneros multiplicando por el número de comensales y se procederá a hacer el pedido.

Al hacer el pedido hay que tener en cuenta:

- La calidad del producto a la que nos hemos comprometido.
- El producto debe ser entregado en el plazo adecuado.
- El precio debe ajustarse a la previsión del presupuesto.

Es muy importante disponer del equipamiento adecuado, un centro de producción donde las elaboraciones puedan ser conservadas adecuadamente para un transporte seguro en términos alimentarios: abatidores de temperatura, envasador al vacío, contenedores térmicos, etcétera.

El responsable de sala, el metre, es el encargado del cálculo de necesidades de bebida según lo acordado con el cliente y según el número de comensales. Cada establecimiento posee tablas donde se indica el consumo medio por persona según el tipo de servicio, y así se puede hacer el cálculo de necesidades de bebidas.

Sabías que...

Además de llevar comida para todos los comensales que el cliente contrata, debemos llevar una **previsión de menús de emergencia** para cualquier incidencia que pueda suceder durante el servicio: menús vegetarianos, mujeres embarazadas, dietas especiales, etcétera.

Necesidades de material

Las necesidades de material variarán según el tipo de servicio o el número de comensales. Los materiales más habituales que usamos en un servicio son:

- Mesas: cuadradas, redondas o rectangulares.

Figura 10.4. Las necesidades de material han de calcularse cuidadosamente.

- Para calcular el número de mesas necesarias hay que tener en cuenta que se dejarán entre 0,50 y 0,75 m de espacio para cada comensal.
- Sillas: serán cómodas para el cliente e irán acorde con la decoración del local.
- Material auxiliar: aparadores y mesas auxiliares para el almacenaje de material y para el uso como apoyo en el servicio de determinados platos.
- Mantelería y servilletas.
- Cubertería.
- Vajilla.
- Cristalería.
- Carros de postres, de quesos, etc. Según las necesidades de los servicios.

Algunos locales nos obligan a trabajar con su propio material. En este caso, tendremos que haber presupuestado el coste del alquiler.

10.3.3. Determinación de las necesidades de recursos humanos

El cálculo del **personal necesario** es un proceso complicado, tanto para la sala como para la cocina. Lo hacen los responsables de sendos departamentos.

En cocina, el jefe de cocina debe tener en cuenta:

- La producción y el servicio no coinciden en el tiempo, rompiendo todos los esquemas habituales de cálculo de personal.
- Cuanto más se pueda preelaborar, más se puede ir avanzando en los días anteriores con nuestro personal fijo y menos personal extra se necesita el día del banquete.
- Cuando nos desplacemos a servir un evento fuera de nuestras instalaciones, casi todos los platos llegarán listos para regenerar, pero la mayor parte del trabajo ya se ha elaborado previamente.

En conclusión, las tareas de cocina pueden agruparse en regeneración y montaje de platos, para lo que necesitaremos contratar un número muy pequeño de cocineros, que trabaje el día del evento.

En sala, el metre debe calcular el personal que necesita teniendo en cuenta:

- El tiempo previo del que dispone: al igual que en cocina, si realizamos el servicio en nuestras instalaciones, podemos montar previamente. Si nos desplazamos, el montaje se realizará inmediatamente antes del evento, precisando más personal.
- Si nos desplazamos para el evento, además del transporte, hay que tener en cuenta la carga y descarga del material.
- Cada tipo de menú y servicios requiere un número distinto de camareros.
- Si se trata de un evento único, tras el banquete, los propios camareros efectúan el servicio de recogida, exceptuando los que estén ocupados en la barra libre, etcétera.

Según el tipo de servicios, las necesidades habituales en cuanto al número de camareros y las horas de trabajo varían, como se aprecia en la Tabla 10.1.

Tabla 10.1. Cálculo del número de trabajadores según el evento

Café	2 horas de trabajo	Metre. 1 camarero cada 50 personas.
Copa de cava	3 horas de trabajo	Metre. 1 camarero cada 40 personas. 1 ayudante cada 400 personas. Nadie extra de montaje. 1 responsable de cocina.
Cóctel	5 horas de trabajo	Metre. 1 camarero cada 20 personas. 1 ayudante cada 300 personas. 1 persona extra de montaje por cada 100 comensales. 1 responsable de cocina. 1 cocinero cada 100 personas.

(Continuación)

Tabla 10.1. Cálculo del número de trabajadores según el evento

Cóctel cena	6 horas de trabajo	Metre. 1 camarero cada 18 personas. 1 ayudante cada 250 personas. 1 persona extra de montaje por cada 80 comensales. 1 responsable de cocina. 1 cocinero cada 100 personas.
Cóctel especial	8 horas de trabajo	Metre. 1 camarero cada 15 personas. 1 ayudante cada 200 personas. 1 persona extra de montaje por cada 80 comensales. 1 responsable de cocina. 1 cocinero cada 100 personas.
Comida de trabajo	8 horas de trabajo	Metre. 1 camarero cada 15-20 personas. 1 ayudante cada 4-6 mesas. 1 responsable de cocina. 1 cocinero cada 75 personas. 1 persona de bodega cada 250 personas. 1 persona extra de recogida cada 100 personas. 1 persona extra de montaje cada 100 personas.
Buffet	9 horas de trabajo	Metre. 1 camarero cada 15 personas. 1 ayudante cada 100 personas. 1 responsable de cocina. 1 cocinero cada 100 personas. 1 persona de bodega cada 250 personas. 1 persona extra de recogida cada 100 personas. 1 persona extra de montaje cada 100 personas.
Cena	9 horas de trabajo	Metre. 1 camarero cada 15-20 personas. 1 pasavino cada 75 comensales. 1 ayudante cada 4-6 mesas. 1 responsable de cocina. 1 cocinero cada 50 personas. 1 persona de bodega cada 250 personas. 1 persona extra de recogida cada 100 personas. 1 persona extra de montaje cada 100 personas.
Cena de gala o boda	10 horas de trabajo	Metre. 1 camarero cada 15-20 personas. 1 pasavinos cada 50 comensales. 1 ayudante cada 4 mesas. 1 responsable de cocina. 1 cocinero cada 50 personas. 1 persona de bodega cada 250 personas. 1 persona extra de recogida cada 100 personas. 1 persona extra de montaje cada 100 personas.

- **Desplazamiento del personal.** Cuando determinamos las necesidades de personal, en el coste hay que tener en cuenta si es necesario el desplazamiento hasta el evento.

  El personal puede desplazarse en vehículo propio o se habilita un medio común para todos, como un autobús. Este coste se habrá tenido en cuenta en el presupuesto.

  Importante: en las empresas de *catering* y banquetes se dispone de una pequeña plantilla fija, que es la que planifica y especialmente en cocina, preelabora. Para el día del evento, es habitual la contratación de personal extra.

Si la empresa es muy regular en cuanto al trabajo, puede lograr una cartera de extras que se convierten en personal fijo discontinuo. Así, se aseguran aspectos como el conocimiento de nuestro estilo de trabajo, nuestros valores, tendrán su uniformidad, etcétera.

Las empresas que soliciten personal de forma eventual a empresas de trabajo temporal o similares, cada vez reciben a personas nuevas que tienen que ser adiestradas rápidamente antes del comienzo del evento.

10.3.4. Servicios complementarios

En la planificación de un evento, muchas empresas de restauración subcontratan servicios complementarios a otras empresas para la organización completa del mismo, siempre que no dispongan de ellos en su propia empresa. Estos servicios complementarios pueden ser:

- **Alquiler de locales.** Cuando el servicio no se realiza en nuestras instalaciones, el local cobra un canon o alquiler a la empresa de *catering* que va a realizar allí el servicio.
- **Transporte.** El coste del transporte de material y consumos se habrá previsto en el presupuesto.

  La empresa puede tener camiones normales y camiones frigoríficos, en propiedad o en alquiler. En cualquiera de los casos, hay que calcular la capacidad de almacenaje que necesitamos para transportar todo el material.

  Es posible que el cliente solicite un medio de transporte para sus invitados al evento. En este caso, se incluirá el coste como un servicio especial.
- **Orquestas, DJ o espectáculos.** Se contratarán según las peticiones del cliente. El precio se contemplará en el presupuesto.
- **Personal de apoyo:**
  - Se contratarán azafatos/as según las peticiones del cliente en cuanto a número y horarios.
  - También se pueden contratar servicios de animación o servicio de cuidado de niños.

  Estos servicios son un extra solicitado por el cliente y su precio estará incluido en el presupuesto.

- **Seguridad.** Determinados eventos, según el número de personas que vayan a acudir, requieren un servicio de seguridad, que será necesario subcontratar a una empresa privada especializada.
- **Decoraciones florales.** Del local, de las mesas, etc. Antes de la firma del contrato, el cliente habrá sido informado de todas las posibilidades y habrá decidido el tipo de decoración, cuyo coste se ha incluido en el presupuesto.

Sabías que...

Por seguridad alimentaria el transporte de los alimentos debe ser siempre en camiones frigoríficos para evitar que se rompa la cadena de frío.

Una vez en las instalaciones, dispondremos del material necesario para la regeneración.

Figura 10.5. Después del evento comparamos los costes reales con los presupuestados.

10.3.5. Operaciones posteriores al evento

Una vez finalizado el evento, se procederá al control y a la evaluación de resultados respecto a:

- **Facturación del servicio al cliente.** Tras finalizar el evento se procede al cobro del servicio, descontando la parte que había entregado como reserva. Si hay algún cambio respecto a lo contratado, habrá que aclarar y acordar los motivos con el cliente (servicios extras solicitados, aumento de horas de barra libre, etcétera).
- **Obtención de costes reales y comparación con los presupuestados.** Para controlar todos los costes, se recaudan y contabilizan todos los albaranes de géneros, servicios, etcétera.

  En cuanto al personal, se hará recuento de todas las horas de personal consumidas.

  Estos datos deben cotejarse con nuestras previsiones, para controlar y localizar las posibles desviaciones.

- **Incidencias durante el servicio.** Además del control económico, en el cierre de cada una de las áreas implicadas en el evento se registrará cualquier anomalía para poder evitarla en un futuro.
- **Opinión y evaluación del cliente.** El día que se facture el servicio al cliente, le pediremos su opinión sobre todo lo que considere oportuno.

Con todos los datos, la empresa elabora un **informe**, que servirá para la toma de decisiones y la implantación de cambios para la mejora continua.

10.4. Normativa vigente

Los establecimientos de restauración deben cumplir las siguientes normativas:

- Reglamento CE n.° 852/2004, relativo a la higiene de los productos alimenticios.
- Real Decreto 3484/2000 de 29 de diciembre, por el que se establecen las normas de higiene para la elaboración, distribución y comercio de comidas preparadas. Este Real Decreto define y establece normas de higiene de elaboración, envasado, almacenamiento, transporte, distribución, manipulación, venta, suministro y servicio de comidas preparadas.

Estas normas se adaptan a las directrices comunitarias y normas del *Codex Alimentarius*, y dan cabida a las nuevas modalidades de elaboración y venta de comidas preparadas, tales como la venta a domicilio o la venta de comida para llevar.

Las empresas del sector alimentario están obligadas a realizar actividades de autocontrol basadas en los principios de análisis de peligros y puntos de control crítico, debiendo seguir las guías de prácticas correctas de higiene.

Además de estas normativas, la empresa deberá cumplir con la reglamentación estatal y autonómica y las ordenanzas municipales en cuanto a:

- Normativa turística.
- Normativa laboral.
- Normativa de incendios.
- Higiene alimentaria.
- Higiene hídrica.
- Accesibilidad.
- Drogodependencias y tabaquismo.
- Orden público.
- Instalaciones eléctricas.
- Protección de datos personales.
- Consumo.
- Medio ambiente.

10.5. Caso práctico

A continuación se muestra un ejemplo de la estructura y cronograma de un evento:

CONGRESO DE FARMACIA

MOTIVO

Congreso para 3200 personas que se celebrará en el pabellón 9 y 10 de IFEMA.

ESTRUCTURA

- **Aperitivo**
  - La zona del aperitivo se montará en la entrada principal del pabellón 9.
  - Se montarán 8 barras de 10,8 m cada una, 40 mesas altas y 28 de 1,40 × 1,40 m.
  - Para el servicio del aperitivo se montarán dos *offices*.
  - Uniformidad: tanto chicas como chicos vestirán pantalón negro *gourmet* y americana blanca.
- **Cena**
  - El servicio se realizará en el pabellón 10.
  - La sala quedará dividida en cuatro zonas y cada zona contará con un *office*, una bodega y una cocina.
  - Zona 1: con 960 personas.
  - Zona 2: con 960 personas.
  - Zona 3: con 600 personas.
  - Zona 4: con 600 personas.
  - La sala se montará con 312 mesas de 1,60 m de 10 personas por mesa.
  - Los *offices* estarán situados en lugares diferentes.
- **Cronograma del servicio (ver cuadro horarios de responsables)**

Hora	Tarea
15:00	Entrada de 30 camareros que se encargarán de montar aperitivos.
15:30	Entrada de 30 camareros que se encargarán de perfilar las barras libres.
16:00	Llegada de 30 camareros uniformados, responsables de la bienvenida.
16:30	Llegada de 30 camareros uniformados que repasarán cristal aperitivo.
17:00	Llegada 30 camareros que repasarán su zona.
17:30	Llegada 30 camareros que repasarán su zona.
18:00	Llegada 30 camareros que repasarán los carros de licores de su zona.

(Continuación)

Hora	Tarea
18:30	Llegada de 30 camareros para la preparación de pícnics.
19:00	Llegada de 30 camareros inicio de pícnic.
19:30	Llegada de 30 camareros inicio de pícnic.
20:15	Cada responsable, con su grupo de camareros y en su zona, explicará la orden de servicio.
20:45	Los camareros asignados, se trasladan al aperitivo compuesto por: • En mesa de apoyo: – *Chips* de patatas con alga nori. – Tempura de verduras. – Diabluras japonesas. – Mini coca de queso fresco y tomate. – Mini tosta de anchoas. • Pasado por camareros: – Montadito de salmón ahumado. – Pincho de langostino y mango. – Crujiente de chistorra. – Crujiente de morcilla. – Brocheta *yakitori*.
21:30	Entrada de los invitados: comienza el aperitivo.
22:15	Los invitados empiezan a trasladarse al pabellón 10 para la cena. En este momento se aprovechará para recoger al máximo la zona del aperitivo.
22:30	Acceso de todos los invitados. Todo el servicio se realizará por parejas, completando mesas y a la orden.
23:00	En el momento indicado, se empezará a servir agua a medida que los invitados se vayan sentando. A la orden se servirá vino blanco. Se servirá el pan y se retirará el plato de respeto.
23:20	A la orden sacarán el primer plato: «Ensalada de rape con langostinos, verduras confitadas y aceite de oliva». Una vez servido el plato, se retirarán lo números de mesa. Se repasa agua, vino blanco, pan. A la orden se marca el vino tinto. A la orden se retiran platos.
23:35	Se sirve el segundo plato: «*Magret* de pato en láminas con reducción de cítricos». Se repasa agua y vino tinto. A la orden se marca cava.

(Continuación)

Hora	Tarea
23:35 *(cont.)*	Se retiran platos. Se retira plato de pan.
24:00	Se sirven postres: «*Panchineta* con *coulis* de frambuesa». Se repasa agua y cava.
24:15	Se retiran postres. Se sirven dos platos de postre de mesa de tejas.
24:20	Se marca café. Se sirven licores.
24:30	El personal asignado a barra libre comienza a prepararla. 12 camareros por barra (total: 32 camareros).
01:00	Salida del primer turno (saldrán 30 camareros cada 30 minutos). El personal encargado del cierre, cena. En mesas de aperitivo en zona de barra libre se dejan algunos frutos secos y chocolates.
01:30	Salida segundo turno. Empieza la barra libre.
04:30	Fin de la barra libre. Personal que se queda al cierre (90 camareros): • 32 camareros en la barra libre. • 8 reposiciones de barras. • 50 recogidas.
08:00	Llegada de un grupo de montaje.

- **Material de bienvenida**

Bodega	
Cantidad	**Tipo**
1000 copas	Cava
250 copas	Vino blanco
250 copas	Vino tinto
250 copas	Zumo de naranja
1500 tubos	Cerveza

(Continuación)

- **Material barras aperitivo**

Bodega	
Cantidad	**Tipo**
24 botellas	Cava
12 botellas	Cerveza s/a
72 botellas	Cerveza
96 botellas	Cola
24 botellas	Cola light
48 botellas	Refresco de limón
48 botellas	Refresco de naranja
48 botellas	Tónica
12 botellas	Agua
12 botellas	Zumo de piña
12 botellas	Zumo de melocotón
12 botellas	Zumo de naranja
24 botellas	Vino blanco
24 botellas	Vino tinto

Material	
Cantidad	**Tipo**
5	Tableros
250	Copas de agua
250	Copas de cava
196	Tubos
4	Cubetas negras
6	Pinzas de hielo
4	Jarras de cristal
2	Moquetas
4	Cubiteras
2	Cavietera

(Continuación)

- ***Office***

  Puntos a tener en cuenta en el *office*:

  - Repartir bandejas de aperitivos en el *office*.
  - Mesas de aperitivo.
  - Pinzas y bandejas organizadas.
  - Servicio de café: jarras y termos.
  - Bodega distribuida por *office*.

- **Responsables por zona**

Responsables banquete				
Director del servicio: **Jefe de cocina:** **Logística:**				
Zona 1	**Zona 2**	**Zona 3**	**Zona 4**	**Aperitivo**
1 responsable barra libre	1 responsable barra libre	1 responsable barra libre	1 responsable barra libre	2 responsables aperitivo
1 responsable aperitivo	1 responsable aperitivo	1 responsable aperitivo	1 responsable aperitivo	–
1 responsable *office*	1 responsable *office*	1 responsable *office*	1 responsable *office*	–
1 responsable cocina	1 responsable cocina	1 responsable cocina	1 responsable cocina	–
1 responsable logística	1 responsable logística	1 responsable logística	1 responsable logística	–

Enlaces web de interés

http://www.gestionrestaurantes.com
http://www.alternativexperience.com
http://www.rrhh.magazine.com

Resumen

- Las empresas de restauración pueden ofrecer servicios de **banquetes** (servicio de alimentación y bebidas para un número concreto de comensales acordado previamente, con un precio global determinado), ***catering*** (servicio del banquete en lugar total o parcialmente distinto del que se elabora) *o* **eventos** (servicio de comida y bebida, alquiler salón, materiales audiovisuales, etcétera).
- Los **elementos** a tener en cuenta en un evento son el alquiler de instalaciones y adaptación del servicio, el control en el transporte de alimentos (seguridad e higiene), el alquiler de material específico requerido por el cliente y la contratación de personal extra.
- Las **ventajas** que tiene la organización de un evento son la posibilidad de que exista una planificación previa, un acuerdo por contrato y que es un ingreso seguro.
- Las **operaciones previas** a la organización del evento son la **puesta en contacto con el cliente,** que supone la explicación de los menús, servicios complementarios, salones y precios, así como el **análisis de la información previa**, en el que se analiza el sistema de servicio y normas del establecimiento, la asesoría al cliente de los servicios complementarios, la disponibilidad de instalaciones requeridas y los condicionantes y dudas. Asimismo, se produce la **emisión del presupuesto** y, por último, se producirá en caso de la aceptación del presupuesto, la **firma del contrato**, que incluye los datos completos del cliente y del evento.
- Por otra parte, la **organización** del evento incluye varios aspectos. El primero es la **planificación de instalaciones**, **equipamientos** y **espacios**, en todo lo que se refiere al local, que debe disponer de los espacios adecuados en armonía con el tipo de servicio y una superficie de 1,5 m^2 por cliente; a los desplazamientos rápidos a cocina y la disponibilidad de una cocina que cumpla con las normativas de seguridad e higiene y prevención de riesgos.
- El segundo aspecto de la organización es la **determinación de las necesidades de géneros**, de la que se encargarán el jefe de cocina y el jefe de sala, el cálculo en base a fichas técnicas de los platos y la realización del pedido, según las calidades acordadas.
- En cuanto a la **determinación de necesidades de materiales**, habrá que calcular el número de mesas, sillas, material auxiliar, mantelería, cubertería, vajilla, cristalería, etcétera.
- También hay que tener en cuenta la determinación de las necesidades de **recursos humanos en la cocina**, ya que a mayor preelaboración, menos personal extra se necesitará, y el personal para la regeneración y montaje. La contratación de poco personal puede suponer retrasos.
- El **personal de sala** depende del tipo de servicio (a mayor lujo, más camareros) y de los desplazamientos (se necesita personal de carga y descarga y para la recogida). Es necesario preparar una tabla orientativa que incluya el personal necesario.
- Se planificarán los **servicios complementarios** recogidos en el contrato, como el alquiler del local, el transporte de los invitados, los elementos musicales, el personal de apoyo, la seguridad y la decoración del local.
- Por otra parte, la imagen de la empresa puede verse reforzada con un **servicio posventa**, que incluye todas las operaciones realizadas una vez finalizado el evento, que permiten el control y la evaluación de resultados. Este servicio incluye la facturación al cliente, la comparación del presupuesto con los costes reales, el registro de incidencias y la opinión y evaluación del cliente respecto a nuestra empresa.

Actividades finales

De comprobación

10.1. Un *catering* es:

a) Un banquete con un precio global determinado.
b) Un servicio de alimentación y bebidas, confeccionado para un número concreto de comensales.
c) Un banquete que se sirve en un lugar total o parcialmente distinto del que se elabora.
d) Ninguna de las respuestas es correcta.

10.2. Las empresas de *catering* pueden colaborar en un evento:

a) Como organizadoras, subcontratando los servicios extra requeridos.
b) Como empresa subcontratada para el servicio de alimentación y bebidas.
c) Las dos respuestas anteriores son posibles.
d) Ninguna de las respuestas es posible.

10.3. Entre las ventajas de la organización de un evento están:

a) La planificación previa.
b) Los ingresos asegurados.
c) El acuerdo mediante contrato.
d) Solo la respuesta b) es incorrecta.
e) Las respuestas a), b) y c) son correctas.

10.4. En las operaciones previas a la organización de un evento:

a) Se planifican las necesidades de personal.
b) Se comparan los costes reales con los planificados.
c) Se emite el presupuesto.
d) Se pide la materia prima necesaria.

10.5. Cuando la empresa emite el presupuesto para un evento, el precio:

a) Es el resultado de la suma de los costes más el beneficio bruto.
b) Se divide entre el número de personas y se ofrece al cliente por persona.
c) Es fijo, independientemente de los servicios especiales requeridos.
d) Las respuestas a) y b) son correctas.

10.6. Si nuestro cliente acepta el presupuesto para un evento, el siguiente paso es:

a) La organización del evento.
b) El cálculo de las necesidades.
c) La firma del contrato.
d) La reserva de las instalaciones.

10.7. ¿Qué elemento es básico para calcular de necesidades de materias primas?

a) La calidad acordada.
b) La ficha técnica de los platos.
c) El precio de las materias primas.
d) La experiencia del responsable de cocina.

10.8. Los establecimientos de restauración deben cumplir las siguientes normativas:

a) Reglamento CE n.° 852/2004, relativo a la higiene de los productos alimenticios.
b) El Real Decreto 3484/2000, de 29 de diciembre, por el que se establecen las normas de higiene para la elaboración, distribución y comercio de comidas preparadas.
c) Las directrices del *Codex Alimentarius*.
d) Los reglamentos estatales y autonómicos que se les atañan.
e) Todas las respuestas son correctas.

10.9. ¿Qué se considera personal de apoyo en los servicios complementarios de un evento?

a) Azafatos/as.

b) Servicios de animación.

c) Cuidado de niños.

d) Todas las respuestas son correctas.

10.10. Una vez finalizado el evento, es muy importante:

a) Revisar las incidencias para proponer mejoras.

b) Hacer recuento del material.

c) Controlar la salida de los clientes.

d) Ninguna de las respuestas es correcta.

De aplicación

10.11. Razona por qué la organización de un evento es más compleja de lo que cabría esperar.

10.12. ¿Qué elementos debemos tener en cuenta al elaborar el presupuesto para un evento?

10.13. ¿Cuántas horas de trabajo por camarero se calculan para los siguientes eventos?

a) Café.

b) Copa de cava.

c) Cóctel especial.

d) *Buffet*.

e) Cena de gala.

10.14. Nombra las fases que se desarrollan en la organización de un evento.

10.15. ¿Cómo organizarías la distribución del trabajo de cinco camareros que tienen que elaborar y servir un desayuno en las «V Jornadas de Salud», que organiza la Asociación Municipal de Salud de un municipio de Madrid?

El menú del desayuno saludable es el siguiente:

- Zumos variados.
- Café o té.
- Ensalada de frutas y yogurt.
- Tostadas con aceite o mermelada de fruta natural.

El número de personas que acudirán al evento son 60, entre los cuales se cuenta con la presencia del alcalde y dos representantes del ayuntamiento.

10.16. Para la Actividad de aplicación 10.16, calcula el material necesario para ofrecer el servicio en mesa.

10.17. Sabiendo que en el desayuno saludable de la Actividad de aplicación 10.16 se realizará una ponencia por parte de un especialista en nutrición sobre la dieta mediterránea, y un representante del ayuntamiento hará una introducción de la jornada, elabora un cronograma de servicio y compáralo con el del resto de la clase.

10.18. Respecto a la Actividad de aplicación 10.16, si nos referimos a los camareros que estén realizando sus tareas en el *office*, ¿qué aspectos tendrán que tener en cuenta para el buen funcionamiento del servicio?

10.19. Debates en el aula

- ¿Por qué son tan importantes las operaciones posteriores a un evento?
- ¿Qué importancia tiene, en un evento, elaborar un cronograma de servicio? ¿Piensas que se cumplen o se deberían cumplir todas las pautas que se marcan?

De ampliación

10.20. Caso práctico:

Planifica y organiza una reunión de trabajo, teniendo en cuenta los siguientes datos:

EMPRESA ASIS
Datos reunión de trabajo

MOTIVO

Reunión de trabajo para la elaboración de un proyecto de tecnología entre varios departamentos de la empresa ASIS.

NÚMERO DE PERSONAS

Acudirán 40 personas.

LUGAR DE CELEBRACIÓN

Instalaciones de la empresa ASIS.

Cuenta con sala de reuniones para 50 personas y una antesala.

Además cuenta con otro tipo de salones a nuestra disposición.

SERVICIOS

- **Café**
  - Se realizará un café al inicio de la reunión (8:30-9:00), mientras los participantes se acreditan.
  - Se realizará un café a las 11:00 de la mañana.
- **Comida**
  - Se realizará una comida tipo cóctel a las 14:00 horas.
  - Después de la misma se clausurará la reunión en la sala de reuniones y se realizarán las despedidas.

Preguntas para el estudio:

Una vez analizados los datos, elabora un guion completo del evento siguiendo esta estructura:

1. Estructura de los servicios.
2. Cronograma.
3. Material necesario.
4. Organización de *office*.
5. Responsables por zona.

Bibliografía

BALLENATO PRIETO, G. *Trabajo en equipo*. 2009. Ediciones Pirámide.

BALLESTEROS PULIDO, R. *La Psicología aplicada a la empresa*. Tomo I. 1982. Ediciones CEAC.

BAYÓN, F.; GARCÍA, I. *Gestión de Recursos Humanos: Manual para técnicos en empresas turísticas*. 1992. Síntesis.

BAYÓN MARINÉ, F. *50 casos prácticos sobre Recursos Humanos y Organización de Empresas*. 2003. Síntesis.

BAYÓN MARINÉ, F. *Organizaciones y Recursos Humanos*. 2002. Síntesis.

BREAK WELL, G. *Cómo realizar entrevistas con éxito*. 2002. Gestión 2000.

CARDONA HERRERO, S. *Entrevistas de selección de personal*. 1991. Díaz de Santos.

CASAS i BARTOL, J. *Cómo reclutar y seleccionar el personal*. 1992. De Vecchi.

CHIAVENATO, I. *Administración de Recursos Humanos: el capital humano de las organizaciones*. 2009. McGraw-Hill.

CHRUDEN, HERBERT J.; SHERMAN ARTHUR W. *Personnel Management*. 1968. South-western Pub. Co.

DALZIEL, J. L. *Un modelo de gestión por competencias*. 2004. Gestión 2000.

DE ANSORENA CAO, Á. *15 pasos para la selección de personal*. 1996. Paidós.

DE LA CALLE, M. C.; ORTIZ DE URBINA, M. *Fundamentos de Recursos Humanos*. 2006. Prentice Hall.

DONNELLY, J. H.; GIBSON, J. L.; IVANCEVICH, J. M. *Dirección y Administración de empresas*. 1994. Addison-Wesley Iberoamericana.

DOR, C. *Motivación de equipos humanos*. 2000. Deusto-Gestión.

ENGEL, P.; RIEDMANN, W. *Casos sobre motivación y dirección de personal*. 1992. Deusto.

FERNÁNDEZ- RÍOS, M. *Análisis y descripción de puestos de trabajo*. 1995. Díaz de Santos.

FERNÁNDEZ-RÍOS, M. *Valoración de puestos de trabajo*. 1997. Díaz de Santos.

GALIANA, H. *El nuevo libro de la grafología*. 2001. Círculo de lectores.

GARCÍA SANCHIDRIÁN, J. *Haga lo que hagan. Motivación*. 2007. Fundación Confemetal Editorial.

HAYGROUP. *Las competencias: clave para una gestión integrada de los recursos humanos*. 1996.

JAY, R. *Entrevistas de selección*. 2002. Prentice Hall.

JIMÉNEZ, A; BLANCO, J. L. *Qué motiva a sus colaboradores*. 2007. Fundación Confemetal Editorial.

LARSON WILLIAMS, W. *Realizar entrevistas de trabajo*. 2001. Prentice Hall.

MEPSA. *Test y baterías en selección profesional. Relación alfabética de tests*. 1988.

MORLEY, I. E.; STEPHENSON, G. M. *The social psychology of bargaining*. 1997. Londres. George Allen & Unwin.

MUNDUATE JACA, L.; MEDINA DÍAZ, F. J. *Gestión del conflicto, negociación y mediación*. 2005. Pirámide.

OLLEROS, M. *El proceso de captación y selección de personal*. 2005. Gestión 2000.

PARDO, M. A.; LUNA, R. *Recursos Humanos para Turismo*. 2006. Prentice Hall.

PÉREZ GOROSTEGUI, E. *Introducción a la administración de empresas*. 1997. Centro de estudios Ramón Areces.

PUCHOL, L. *El libro de la entrevista de trabajo*. 2010. Díaz de Santos.

ROIG IBÁÑEZ, J. *El estudio de los puestos de trabajo*. 1996. Díaz de Santos.

SÁNCHEZ GARCÍA, J. C. *Selección de personal. Guía práctica*. 1997. Ediciones Salamanca.

SPRENGER R. K. *El mito de la motivación: cómo escapar de un callejón sin salida*. 2005. Díaz de Santos.

STEVENSON, N. *La motivación del personal de su empresa*. 2002. Pearson Educación.

VALERO MATAS, J. A. *Casos prácticos de recursos humanos y relaciones laborales*. 2010. Pirámide.

ZERILLI, A. *Reclutamiento, selección y acogida del personal*. Deusto.

Webgrafía

http://www.cuvitt.com
http://www.insht.es

Legislación

Real Decreto 286/2006, sobre la protección de la salud y la seguridad de los trabajadores contra los riesgos relacionados con la exposición al ruido.

Resolución de 1 de febrero de 2012, de la Dirección General de Trabajo, sobre registro, depósito y publicación del convenio del Sector de Hostelería y Actividades Turísticas, suscrito por la Federación Empresarial de Hostelería- Restauración.

Real Decreto Legislativo 2/2015, de 23 de octubre, por el que se aprueba el texto refundido de la Ley del Estatuto de los Trabajadores.

Real Decreto 1659/1998, de 24 de julio, por el que se desarrolla el artículo 8.5 E.T. en materia de información al trabajador sobre los elementos esenciales del contrato de trabajo.

Ley 14/2000, de 28 de diciembre, de medidas fiscales, administrativas y del orden social.

Real Decreto 1424/2002, de 27 de diciembre, por el que se regula la comunicación del contenido de los contratos de trabajo y de sus copias básicas a los servicios públicos de empleo y el uso de los servicios telemáticos en relación con aquella.

OTAS/770/03, de 14 de marzo, por la que se desarrolla el Real Decreto 1424/02, de 27 de diciembre.

Estatuto de los Trabajadores. Establece los derechos y obligaciones que se derivan a las partes (trabajador y empresario) en virtud del contrato de trabajo. Junto a ello hay que tener en cuenta aquellos otros derechos y obligaciones establecidos por la Constitución Española, por otras Leyes, así como por los Convenios Colectivos y los derivados de la autonomía de la voluntad de las partes plasmada en el correspondiente contrato de trabajo individual.